개정판

Food and Culture around the World

세계 식생활과 문화

머리말

좀 더 색다른 식품, 창의적인 맛, 건강한 음식과 조리법에 대한 대중의 관심이 폭주하는 시대에 현대인은 살고 있습니다. 음식을 평가하고 식문화를 체험하는 것이 전 세계적인 취미 활동이 되고, 이를 기록한 방송과 SNS가 열광적으로 소비되는 글로벌 트렌드 속에서 무엇이 현대인을 이토록 음식과 식문화에 열광하게 만들었는지 생각을 하게 됩니다. 아마도 그 근본에는 가장 뿌리 깊고 감성적인 욕구, 즉 존재에 대한 위로를 음식에서 받고 싶은 현대인의 마음이 있지 않을까 생각이 됩니다.

음식 문화를 연구한다는 것은 그 음식을 만드는 사람과 먹는 사람의 내면세계를 이해하는 일입니다. 식문화는 그들이 사는 자연환경과 사회환경, 나아가 그들이 살아온 과거와 현재의 역사를 기반으로 이루어져 있기에 개인적이면서도 사회적인 문화코드가 됩니다. 사람과 사람 사이, 민족과 민족 사이, 문화권과 문화권 사이를 소통하는 도구로 식문화를 바라보고 연구해온 저자들은 남다른 관심으로 현재의 변화하는 식문화를 지켜보고 있습니다. 4차 산업시대, 사람이 아닌 로봇이 만드는 음식과 농장이 아닌 실험실에서 나오는 식재료, 가족이 아닌 홀로 먹는 식사 등 현대의 식문화가 급변을 보이는 상황에서 소통은 더욱 중요한 의미를 지니는 것 같습니다.

저자들은 이 책을 읽는 분들에게 음식문화를 통하여 오늘날의 지구촌을 이해하는 중요한 키워드를 드리고 싶었습니다. 각 사람들이 내재화한 음식코드의 비교와 이해를 통해 우리는 다른 사람들을 이해하게 되는 창을 가지게 되는 것이지요. 그리고 미래에 전개될 식문화에 대한 인사이트를 드리고 싶습니다.

이 책이 식품과 조리를 공부하는 사람들에게 본인의 전공지식을 더 예리하고 명민하게 적용할 수 있는 도구가 되었으면 좋겠습니다. 단순한 음식이나 식재료의 소개, 또는 정보의 집합이 아닌 충돌하고 이합집산하는 문화권 사이에서 각 나라의 음식문화가 어떻게 변형되고 융합되어 고유한 특성으로 발전하게 되며 사람들의 주목을 끄는지 종적, 횡적으로 통찰하고 현대사회에 적용하는 혜안을 얻기 바랍니다. 비전공인들에게 이 책은 음식문화를 소통의 도구삼아 활용할 수 있는 살아 있는 교양 지식이 되어줄 것을 기대합니다. 음식을 통하여 기쁨을 얻고 음식을 대접하며 소통하는 이 땅의 모든 장삼이사에게 음식문화를 연구하는 한 사람으로서 감사를 드리며 이 책을 헌정합니다.

2019년 9월

저자 일동

c o n t e n t s 차례

Chapter 01

식문화의 이해

Food Culture

음식은 사회구성원들의 정서와 가치관, 생활습관 등이 응축되어 있는 대표적인 문화이다. 따라서 우리 자신은 물론 다른 사회의 구성원을 이해하기 위해서는 음식에 대한 이해가 동반되어야 한다. 식문화는 '식품을 조리 · 가공하는 체계와 식사행동체계를 통합한 문화'라고 정의할 수 있으며, 음식의 재료가 되는 식품의 획득방법과 종류, 식품의 조리와 가공법, 식기류, 상차림 및 음식을 먹는 방법, 식사예절 등을 모두 포괄한다. 식문화는 한 사회 또는 그 나라의 구성원들에 의해 습득되고 공유되며 학습에 의해 전달되는데, 문화가 정적이지 않고 동적인 특성을 가지고 있듯 식문화 역시 주변 환경이나 사회구성원들의 가치관에 따라 끊임없이 변화한다. 본 장에서는 식문화의 개념을 이해하고 식문화의 형성과 발달과정을 설명하였다. 마지막으로 '무엇을 먹느냐', '어떻게 조리하느냐', '어떻게 먹느냐'로 구분할 수 있는 식문화의 구성요소를 차례대로 살펴보고자 한다.

✪ 학습목표

- 식문화의 개념을 이해한다.
- 식문화의 형성과 발달과정을 알아본다.
- 세계의 주식문화권에 따라 주식이 식문화 전반에 미친 영향을 이해한다.
- 식사도구에 따른 식사예절의 특징을 알아본다.

1 식문화의 개념

문화와 음식

'문화culture'란 경작이나 재배 등을 뜻하는 라틴어에서 유래된 말로 '인간사회의 구성원에 의하여 습득, 공유, 전달되는 행동양식 또는 생활양식의 총체'라고 정의된다. 넓은 의미에서 문화는 자연에 대립되는 말로, 자연상태의 사물을 인간의 힘으로 변화시키거나 새롭게 창조해 낸 것이 바로 문화이다. 문화는 다음과 같은 몇 가지 특성을 가지고 있다.

첫째, 문화는 학습되는 경험이다. 문화는 생물학적으로 결정되는 것이 아니며, 문화구성원에 의해 학습된다.

둘째, 문화는 집단현상으로 세대에서 세대로 전달되는 사회화 과정을 거친다.

셋째, 문화는 정적이지 않고 동적이다. 과거와 현재의 문화가 같을 수 없으며, 문화는 여러 가지 요인에 의해 끊임없이 변화하는 과정을 거친다. 문화가 형성되고 변화하는 과정에는 다양한 자연환경적인 요소뿐 아니라, 사회적 · 경제적 · 정치적 요소 등 다양한 요인들이 영향을 미친다.

넷째, 문화는 가치체계를 가지고 있다. 달리 말해, 좋고 나쁜 것을 구분하며 일정한 상징성을 지닌다.

식문화의 정의

문화의 개념을 음식에 적용하면, 먹을거리 자체는 자연이지만 먹을거리에 인간이 여러 형태의 힘을 가하여 변화시키거나 새롭게 창조해 낸 것이 바로 '식문화'라고 할 수 있다. 단순한 수렵이나 채집에서 벗어나 농사를 짓고 가축을 사육하기 시작한 것을 인류 식문화의 시작으로 보는 것은 바로 이러한 맥락에서이다. 더 넓게는 인간이 불을 사용하게 된 시점을 식문화의 시작으로 보는 관점도 있는데, 불의 사용은 곧 음식을 익혀 먹는 '조리'의 시작을 의미하기 때문이다.

인간의 식생활이 동물의 식생활과 크게 구별되는 두 가지 특징은 인간은 '조리'와 '더불어 먹기'를 한다는 점이다. 획득한 먹을거리를 있는 그대로 섭취하는 동물과 달리, 인간은 어떤 형태로든 그것을 '조리'해 먹는다. 이때 조리는 반드시 불을 이용해 익혀 먹는 것을 의미하지는 않는다. 샐러드나 회처럼 불을 이용하지는 않지만 인간의 손을 거치는 음식도 조리의 범주에 들어간다. '더불어 먹기'는 '공식共食'이라고도 하는데, 인간은 더불어 함께 먹음으로써 사회구성원 간의 단결과 친목을 강화하는 사회적 동물이다. 가족식사부터 잔치, 의례 등이 모두 더불어 먹기의 범주에 들어간다.

따라서 조리나 더불어 먹기와 관련된 인간의 모든 식생활이 식문화의 범위에 포함된다. 식문화를 '식품을 조리 · 가공하는 체계와 식사행동체계를 통합한 문화'라고 정의하는 것도 바로 이러한 개념에서 출발한다. 식문화는 음식의 재료가 되는 식품의 획득방법과 종류, 식품의 조리 · 가공법, 식기류, 상차림 및 음식을 먹는 방법, 식사예절 등을 모두 포괄한다.

식문화는 한 사회 또는 한 나라의 구성원들이 습득하고 공유하고 학습에 의해 전달해 온 식생활 패턴 또는 양식이다. 그러나 문화가 정적이지 않고 동적인 특성을 갖고 있듯이 식문화 역시 그대로 정체되어 있지 않으며, 주변 환경이나 문화구성원들의 가치관에 따라 끊임없이 변화한다. 때로는 생태적인 변화나 경제적인 변화가 사용 가능한 식품의 종류를 바꾸어 놓기도 하며, 다른 나라의 식품이나 식습관이 전해져 원래 식문화에 영향을 미치기도 한다. 그럼에도 불구하고 모든 사회는 식문화 변화에 저항하여 전통적인 식문화를 지키려고 하는 특징이 있기도 하다. 또한 문화가 상징성을 갖듯 음식은 특정 식문화권 안에서 다양한 상징성을 갖고 있다.

자문화 중심주의와 문화상대주의

어떤 음식이 맛있다는 것은 개인의 취향뿐 아니라 문화적 차이에 의해서도 결정되는데, 심지어 문화에 따라 먹을 수 있는 것과 없는 것이 다르기도 하다. 우리는 때때로 내가 먹을 수 없는 것을 먹는 사람들을 이상한 눈으로 바라보기도 한다. 사람은 자신이 속한 문화를 기준으로 세상을 이해하고 행동하기 때문이다. 이처럼 자기 문화를 기준으로 다른 문화를 이해하고 판단하는 관점을 '자문화 중심주의ethnocentrism'라고 한다. 반면에 각각의 문화는 고유한 환경과 역사적 배경에서 만들어진 것이므로 그 자체의 맥락에서 이해되고 존중받아야 한다는 관점을 '문화상대주의cultural relativism'라고 한다.

예를 들어, 북극지방의 원주민인 이누이트Inuit를 통상적으로 에스키모Eskimo라고 부르는 것은 바로 자문화 중심주의적인 사고방식에서 나온 말이다. 에스키모는 '날고기를 먹는 사람들'이라는 뜻으로, 이누이트들의 식습관을 비하하는 서양인의 시각이 투영된 말이다. 우리나라 사람들이 개고기를 먹는다고 비난을 받거나, 프랑스 사람들이 '개구리를 먹는 사람들froggy'이라고 조롱을 받는 것도 모두 자문화 중심주의적인 시각에서 비롯된 것이다. 우리는 모두 상징성을 가지고 있는 특정 식문화를 학습하며 자라기 때문에 다른 식문화를 아무런 편견 없이 받아들이는 것이 쉽지 않다. 특히, 그것이 자신이 속한 식문화에서 부정적인 의미를 지니고 있을 때 더욱 그러하다. 그러나 세계의 다양한 식문화를 문화상대주의적인 시각으로 올바르게 바라볼 수 있도록 끊임없이 노력해야 한다.

세계의 식문화를 공부할 때는 다음과 같은 관점을 갖도록 노력해야 한다.

첫째, 각 문화의 자연·사회문화적인 배경과 역사적 배경이 식문화 형성에 어떻게 영향을 미쳐왔는지를 이해해야 한다. 각 지역의 식문화는 그 지역이 처해 있는 특수한 환경과 상황에 적응해 온 역사적 과정에서 축적된 결과이기 때문이다.

둘째, 한 나라의 식문화는 식품의 생산, 조리와 가공, 상차림, 음식 먹는 습관식사 시간, 횟수 등, 식사도구, 식사예절 등 여러 요소를 포함하고 있고, 각각의 요소마다 그 나라의 자연적·사회경제적 조건의 특성과 그 민족의 특성이 내재되어 있으므로, 여러 각도에서 식문화를 관찰해야 한다.

셋째, 비교론적인 관점을 가져야 한다. 식문화는 서로 비교·연구될 때 각각의 식문화가 지닌 개별성과 특수성을 확인할 수 있으며, 공통분모를 찾을 수 있다. 각 식문화의 차이점과 유사성을 발견하면 그 식문화의 특성을 더욱 뚜렷이 이해할 수 있다.

2 식문화의 형성과 발달

식문화의 형성

한 사회나 문화권의 식생활문화는 그들이 처한 자연환경을 토대로 여러 사회경제적 요인들과 상호 영향을 주고받으며 그 지역의 생태계에 적응하면서 오랫동안 변화, 발전, 계승되어 왔다. 식문화의 형성에는 크게 자연적인 요인과 사회문화적인 요인이 영향을 미친다. 자연적인 요인은 지형이나 기후, 토양 등을 말하며, 사회문화적인 요인은 종교, 의례, 경제, 가치관 등과 같이 식습관의 정착과 변화에 영향을 미치는 요인을 말한다.

식문화 형성에 영향을 미치는 이러한 요인들은 각각 별개로 작용하는 것이 아니고 서로 밀접하게 관련되어 있다. 한 사회나 문화권의 상용음식과 조리법 및 가공법, 식사방법 등 기본적인 식생활의 형성에는 기본적으로 자연환경 조건이 작용한다. 사회문화적 조건 역시 영향을 미치는데, 특히 가족제도, 구성원들의 가치관, 종교, 산업과 경제상태, 국제관계 등이 주요한 조건으로 작용한다. 따라서 각 시대의 식생활은 그 시대가 처한 사회문화적 배경을 잘 반영하고 있다고 할 수 있다. 예를 들어, 쌀을 주식으로 하는 한국인의 식생활 양식은 벼농사에 적합한 기후와 지형, 토양 그리고 생산된 쌀의 특성과 그에 따른 밥 짓는 방법, 계절이나 지방에 따른 반찬의 종류, 밥그릇과 수저, 상차림 등의 요소가 서로 다차원적으로 연관되어 형성된 것이다.

식문화의 변화

한 사회나 문화가 어떤 음식에 대한 선호 여부를 확립하고 나면, 흔히 변화에 대해 깊은 저항감을 보인다. 그러나 오랜 역사 동안 오로지 자신들만의 문화를 고수하며 유지하는 경우는 거의 없으며, 식문화는 끊임없이 변화한다. 식문화를 포함한 문화의 변화를 흔히 문화변동이라고 하는데, 문화변동은 크게 발명, 전파, 문화접변의 세 가지 형태로 이루어진다. 발명은 필요에 의해 새롭게 만들어져 사회구성원들의 수용에 의해 문화변동이 일어나는 것을 말하며, 전파는 한 사회에서 다른 사회로 문화가 전달되어 변동이 일어나는 것을 말한다. 문화접변이란 두 개 이상의 문화가 접촉에 의한 상호작용을 통해 문화변동이 일어나는 것을 말한다.

식문화의 발명

개인이 이루어 낸 발명이나 발견이 문화변동으로 연결되기 위해서는 다른 사람들이 그것을 받아들이고 사용해야 한다. 그렇게 될 때 발명이나 발견의 내용물은 문화의 한 요소를 이루게 되고 기존 요소들과의 상호작용을 통해 문화변동에 기여하게 된다. 식문화 발명의 예로 일본의 스시를 들 수 있다. 소금에 절인 생선에 쌀밥을 넣어 자연 발효시킨 이른바 보존식품으로 발달한 스시는 동남아시아에서 중국을 경유해 벼농사 재배와 함께 일본으로 전해졌다. 초기에는 식초를 사용하지 않고 소금에 절인 생선에 쌀밥을 넣어 자연 발효시킨 나레즈시였는데, 지금은 후나즈시붕어초밥로 명맥을 유지하고 있다. 하지만 자연적으로 발효시켜 만드는 나레즈시는 먹을 수 있을 때까지 반 년 이상 기다려야 하는 것이 문제였다. 도시의 발달과 함께 더 빨리 만들어 내야 하는 필요성이 고조되면서 식초 양조기술이 비약적으로 발전한 안에이1772~1781기에 식초를 사용한 인공 스시가 고안된 것으로 알려져 있다.

1 _ 스시
출처 : Hiroshige(에도시대), 스시.

식문화의 전파

문화적 요소나 특성들이 어느 한 지역에서 다른 지역으로 퍼져나가는 현상을 전파라고 한다. 전파는 문화변동에서 매우 중요한 비중을 차지한다. 식문화에서는 신대륙 발견에 의한 식재료의 전파를 가장 대표적인 예로 들 수 있다. 아메리칸 인디언들이 재배하던 작물들은 오늘날 세계 식량공급의 거의 절반을 차지한다. 대표적인 것들로 감자, 옥수수, 콩, 호박, 카사바, 토마토, 고추 등이 있다. 감자나 옥수수는 세계의 주요 식량으로 활용되고 있으며, 카사바는 아프리카로 건너가 주식으로 자리 잡았다. 고추는 신대륙 발견 이후 지구 곳곳으로 전파되어 전 세계의 식문화를

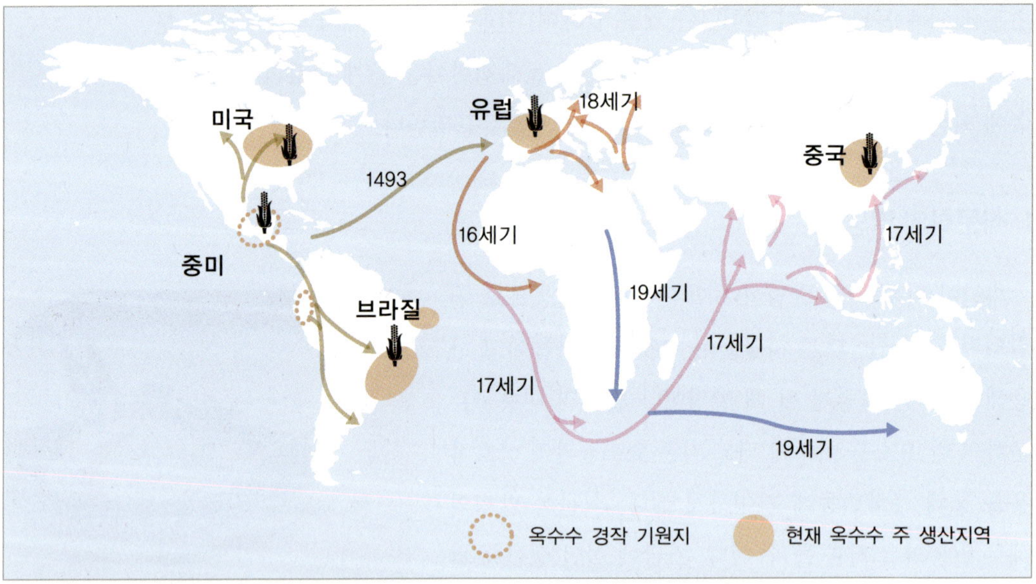

2 _ 옥수수의 전파 경로
출처 : Gilles Fumey & Olivier Etcheverria(2004), Atlas mondial des cuisines et gastronomies.

크게 변화시켰다.

전파는 식재료와 같은 식문화의 물질적인 요소에서만 일어나는 것은 아니다. 다양한 조리기술이 한 사회에서 다른 사회로 전파되기도 하며, 종교나 이데올로기와 같은 정신문화에 이르기까지 문화의 전 영역에 걸쳐 전파가 일어난다. 특히, 기독교, 불교, 이슬람교 등 주요 종교는 다른 지역으로 전파되어 그 지역의 식문화 형성에 지대한 영향을 미쳐왔다.

: 식문화의 접변

전파는 특정 지역의 문화요소가 다른 지역으로 확산되거나 이동되는 것으로만 끝나는 것이 아니다. 많은 경우 한 지역에서 다른 지역으로 전파된 문화요소는 그 지역의 기존 문화요소들과 충돌하거나 대립하는 과정에서 기존의 문화요소들과 혼합되거나 자기 자신을 변용하게 되는 경우가 흔하다. 이처럼 서로 다른 문화들이 접촉하여 서로 간의 문화요소가 섞이고 새로운 문화로 변화해 가는 과정을 문화접변

acculturation이라고 한다. 인도에서 시작된 커리가 세계 각국으로 전파되어 각각의 문화 안에서 독특한 커리음식으로 재탄생한 것은 식문화접변의 한 예라고 할 수 있다.

문화접변은 문화 간의 동등한 상호 교류를 통해 일어나기도 하지만, 많은 경우 강한 문화가 약한 문화를 침탈하고 지배하는 과정을 통해 이루어진다. 서구 제국주의 국가들이 아메리카나 아프리카를 침략하면서 서구문화가 제3세계의 문화를 변화시킨 것이 그런 예이다. 문화접변의 결과 기존의 문화가 발전하기도 하지만, 기존 문화의 해체나 상실 또는 동화assimilation가 일어나기도 하며 새로운 문제가 발생하거나 반동적인 결과가 나타나기도 한다. 예를 들어, 여러 개발도상국들에서 식생활의 서구화에 따라 건강상의 문제들이 일어나는 것은 문화접변의 부작용이라고 할 수 있다. 문화접변은 이탈리아의 슬로푸드운동처럼 이에 반대하는 움직임을 낳기도 한다.

3 _ 세계 각지의 다양한 커리요리
출처 : 쓰지하라 야스오(2002), 음식 그 상식을 뒤엎는 역사.

③ 식문화의 구성요소

지구상에는 여러 민족이 서로가 다른 자연환경 속에서 각자 발달시켜온 음식을 특유의 방법으로 먹으며 식생활을 영위하고 있다. 식문화를 제대로 이해하기 위해서는 다음과 같은 세 가지 방향에서 접근해야 한다.

첫째, 무엇을 먹느냐의 문제이다.

둘째, 어떻게 조리하느냐의 문제인데, 같은 식재료를 먹는다고 해도 국가나 민족마다 제각각 조리 또는 가공하는 방법에 차이가 있다.

셋째, 어떻게 먹느냐의 문제이다. 고유의 식품을 이용해 고유의 조리법으로 만들어진 음식은 고유의 방법으로 상에 차려진다. 더불어 식기류와 상차림뿐만 아니라 음식을 먹는 방법도 매우 다양하게 발전해 왔다.

그러나 이러한 고유의 식문화는 고정되어 있는 것이 아니라 변화한다. 무엇을 먹는지, 어떻게 요리하는지, 어떻게 먹는지는 시대에 따라 변화하며, 오늘날과 같은 세계화 시대에는 이러한 변화가 더욱 빠르게 진행되고 있다.

무엇을 먹고 있는가

주 식

문화는 우리가 무엇을 먹을지를 결정하는 가장 중요한 결정요인이다. 각 나라나 민족은 제각각 음식의 재료가 되는 식품의 종류와 생산방법이 다르다. 대표적으로 국가나 민족의 식생활은 그 기본이 되는 주식에 따라 몇 개의 문화권으로 나눠볼 수 있다. 즉, 밀을 주식으로 하는 문화권, 쌀을 주식으로 하는 문화권, 옥수수를 주식으로 하는 문화권, 감자를 주식으로 하는 문화권 등이 있다표 1-1. 세계 인구의 1/3은 쌀을, 1/3은 밀을, 나머지 1/3은 보리, 호밀, 옥수수, 감자, 고구마 등을 주식으로 활용한다. 밀은 유럽, 북아메리카, 인도 북부, 파키스탄, 중동, 중국 북부, 북아프리카 등에서 주식으로 이용하고 있으며, 주로 빵이나 국수 형태로 만들어 먹는다. 북아프리카에서는 쿠스쿠스 형태로 이용되기도 한다. 밀을 재배하는 지역에서는 보통 목

표 1-1 | 주식에 따른 식문화권의 구분

주식	특징	지역
밀	빵이나 국수 형태	유럽, 북아메리카, 인도 북부, 파키스탄, 중동, 중국 북부, 북아프리카
쌀	밥이나 국수 형태	동북아시아, 동남아시아, 서아시아 일부
옥수수	죽이나 빵 형태	멕시코, 페루, 칠레 등 중남미, 아프리카

축이 많이 이루어지기 때문에 육류와 유제품을 많이 섭취하는 특징이 있으며, 이를 이용한 식품 저장법도 발달하였다.

벼를 재배하는 인도 동부, 방글라데시, 미얀마, 태국, 라오스, 캄보디아, 베트남, 말레이시아, 인도네시아, 필리핀, 중국 중남부, 대만, 우리나라, 일본 등은 쌀을 주식으로 생활한다. 지역에 따라 찹쌀 또는 멥쌀을 이용하며, 보통 밥이나 국수 형태로 소비된다. 쌀을 주식으로 하는 지역에서는 육류보다 콩이나 생선을 주된 단백질원으로 이용하는 곳이 많다.

멕시코가 원산지인 옥수수는 멕시코, 페루, 칠레 등 중남미지역과 아프리카에서 주식으로 이용된다. 페루나 칠레에서는 낟알 그대로 또는 가루를 내어 죽을 쑤어 먹으며, 멕시코에서는 옥수수가루를 반죽해 둥글고 얇게 펴서 구워먹는다. 아프리카에는 옥수수가루를 익혀 만든 죽의 일종인 우갈리를 주식으로 하는 곳이 많다.

그 밖에도 감자, 고구마, 토란, 마 등의 서류도 주식으로 이용되는데, 특히 고구마, 토란, 마는 동남아시아와 태평양 남부의 여러 섬에서 주식으로 먹고 있다. 수수와 기장은 사하라 이남 아프리카와 인도, 중국 일부지역에서 주식으로 활용되며, 중앙아프리카에서는 카사바를 주식으로 먹는다.

이처럼 대부분의 지역에서 식물성 식품을 주식으로 먹지만, 예외적으로 육류를 주식으로 먹는 지역도 있다. 흔히 에스키모라고 불리는 이누이트는 전통적으로 육류를 주식으로 삼고 있으며, 몽골인들도 육류를 주식에 가까울 만큼 많이 먹고 있다.

어떤 식품을 주식으로 삼는가 하는 것은 보통 그 지역에 처한 자연환경의 영향을 가장 많이 받는다. 따라서 기후와 토양 등 환경이 비슷한 지역에서는 같은 식품을 주식으로 삼는 경우가 대부분이다. 또한 어떤 식품을 주식으로 먹느냐에 따라 부식이 달라지며, 요리법이나 식사예절 등에도 차이가 나므로 주식은 식문화의 중심적인 역할을 한다. 주식은 각 문화권에서 강력한 상징적 의미를 지니고 있기 때문에 '문화적인 슈퍼푸드cultural superfood'라고 불리기도 하며, 부식으로 활용되는 다른 식재료에 비해 쉽게 변화하지 않는다.

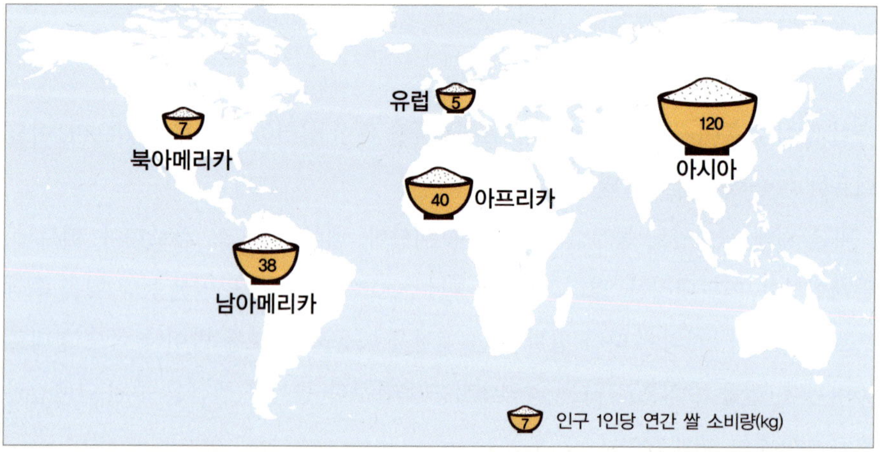

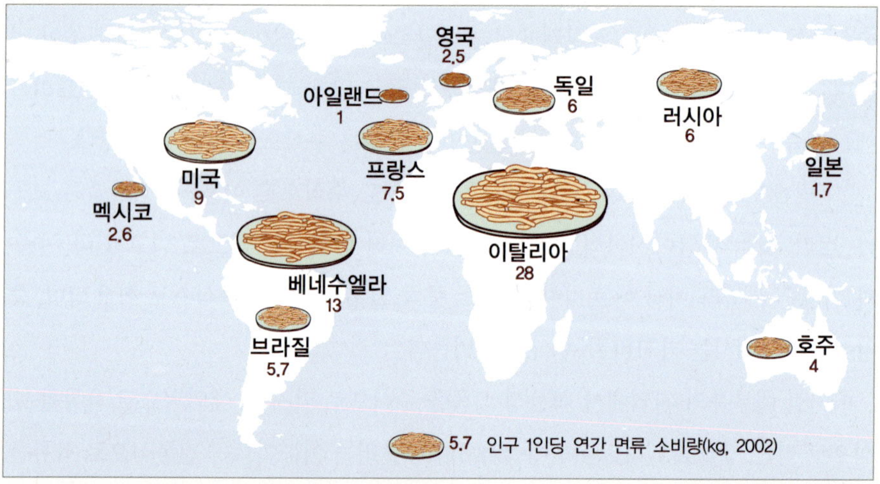

4 _ 세계 주요 국가의 쌀 소비량 및 면류 소비량 비교
출처 : Gilles Fumey & Olivier Etcheverria(2004), Atlas mondial des cuisines et gastronomies ; FAO ; UNAFPA.

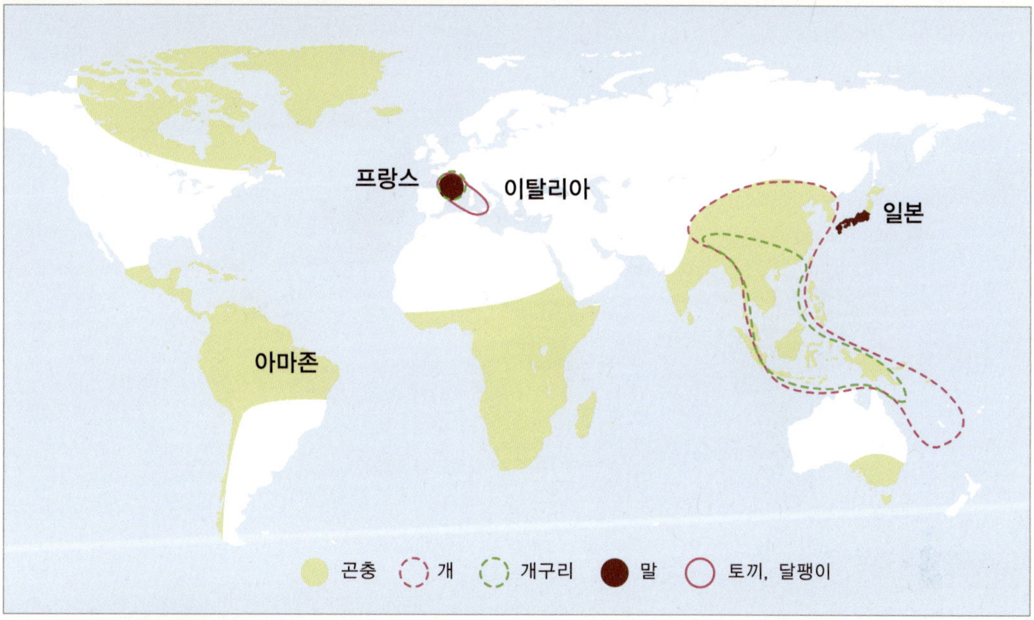

5 _ 세계의 독특한 식재료
출처 : Gilles Fumey & Olivier Etcheverria(2004), Atlas mondial des cuisines et gastronomies.

독특한 식재료

무엇을 먹는가의 문제는 주식의 경우처럼 자연환경의 영향을 받는 경우가 많다. 그러나 주식 이외 식품의 선택에서는 각 문화마다 특징적인 면이 많이 나타난다. 개고기를 먹는 우리나라와는 다르게 서양에서는 개고기를 먹는 것을 야만인 문화라고 비판하는 것처럼 나라마다 선호음식과 혐오음식도 차이가 있다. 독특한 식재료를 이용하는 지역을 살펴보면 **그림 5**와 같다.

종교에 따른 금기식품

세계에는 수많은 종교가 존재하지만, 가장 대표적인 종교의 분포도를 살펴보면 **그림 6**과 같다. 이 중 음식과 관련된 금기사항이 중요한 종교로는 이슬람교, 유대교, 힌두교 등이 있다.

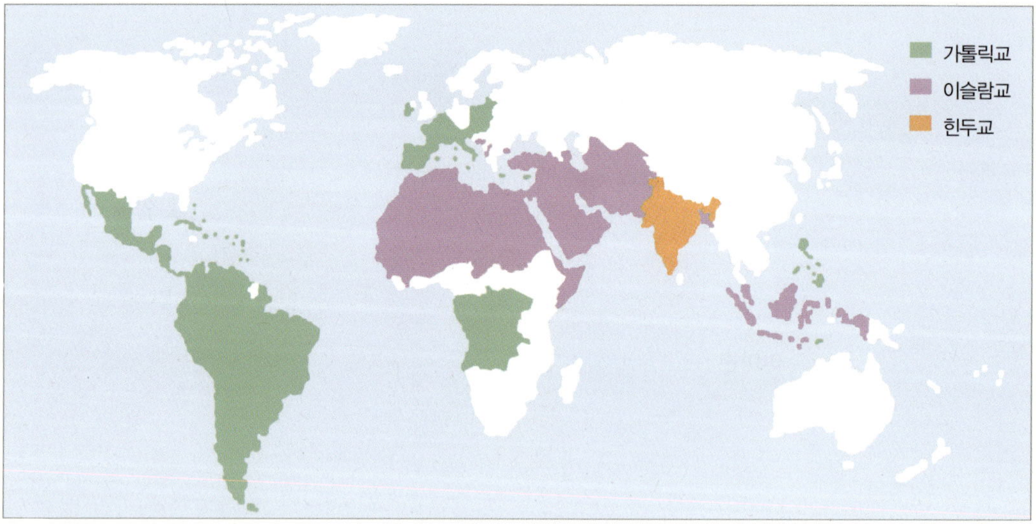

6 _ 세계의 종교 분포

이슬람교 아랍인들은 동쪽으로 서아시아의 아랍 걸프 국가들에서 서쪽으로는 북아프리카의 모로코까지 광활한 지역에 다양한 정부 형태를 가진 22개국으로 나뉘어 살고 있다. 국적은 다르지만 이들은 민족, 언어, 종교가 같고 동일한 역사와 문화 속에서 동일한 생활관습과 전통을 이어 온 한 공동체의 사람들이다. 이슬람문화권 국가들은 코란의 음식 규정을 따르며, 음식을 허용된 음식할랄, halal과 금지된 음식하람, haram으로 나눈다. 이슬람에서 규정하는 할랄과 하람은 무슬림들에게 그들의 식생활에서 반드시 지켜야 하는 지침서의 역할을 하고 있다. 대표적인 금기식품은 다음과 같다.

- 돼지
- 육식성 동물
- 맹금류(다른 동물이나 시체를 먹는 조류)
- 피
- 적절한 방법dhabihah으로 도살되지 않은 동물의 고기, 즉 할랄을 행하지 않고 도살한 동물
- 알라 외의 다른 신에게 바쳐진 동물
- 죽은 동물의 사체
- 술

음식 금기의 대부분이 육류에 관한 것이기 때문에 엄격한 도살방법에 따른 고기만을 섭취할 수 있다. 이슬람법에 맞게 도살된 고기에는 이를 표시하는 마크가 붙는다. 이슬람력 9월에 해당하는 라마단 기간 동안의 금식은 매우 중요하며, 이때는 일출부터 일몰까지 음식과 물을 일체 금식한다.

유대교 유대인들은 어떤 음식이 유대인들에게 적합한지를 규정한 '코셔kosher'를 따른다. 코셔음식은 유대인의 율법을 따르는 정결한 음식을 말하는데, 이는 모세오경인 토라와 탈무드에서 기원하며, 허락된 짐승, 부위, 도축방법, 조리법 등을 포함한다. 그 내용을 살펴보면 허락된 동물로는 네 발 달린 짐승 중 굽이 갈라지고 되새김질하는 것으로 소, 양, 염소 등은 허용하나 돼지, 토끼, 낙타는 허용되지 않는다. 지느러미와 비늘이 있는 생선만 허용하므로 어패류는 금지된다. 그 밖에 메뚜기를 제외한 날개 달린 곤충도 금기되며, 맹금류 역시 금기 대상이다. 동물의 피 역시 금기시되기 때문에 랍비의 감독하에 정해진 방법으로 도살하고 피를 철저히 제거한 것만을 식용할 수 있다. 또한 젖과 고기의 혼합이 금지되기 때문에 육류와 유제품을 조리하는 도구 역시 철저하게 분리한다. 또한 안식일인 토요일에는 요리를 하지 않는다. 대표적인 금기식품은 다음과 같다.

7 _ 유대인의 도축 율례인 셰히타(shechita)를 묘사한 15세기 정밀화

- 굽이 갈라지지 않고 되새김질하지 않는 동물
- 비늘과 지느러미가 없는 물고기
- 메뚜기를 제외한 날개 달린 곤충
- 육식성 동물
- 피
- 적절한 방법shechita으로 도살되지 않은 동물의 고기
- 죽은 동물의 사체
- 젖과 고기의 혼합

- 유월절의 음식 금기
- 십일조를 내지 않은 작물

힌두교 쇠고기를 먹지 않는 것이 힌두교의 가장 큰 특징으로 힌두교도들은 대부분 채식주의자이다. 인도는 국민의 약 30%가 엄격한 채식주의자로, 특히 카스트 최상위 단계인 브라만의 경우 음식금기를 철저하게 지킨다. 채식주의자 중에는 비채식주의자와의 동석을 거부하는 경우도 있다. 엄격한 채식주의자는 육류와 어류뿐 아니라 달걀도 먹지 않는다. 채식주의의 보급에 결정적인 역할을 한 정·부정의 관념과 카스트제도는 '음식의 위계화'라는 독특한 인도음식문화를 만들어 냈다. 카스트제도에서 최상단인 브라만은 '정'을, 최하단인 불가촉 천민은 '부정'을 상징한다. 따라서 상단에 있는 카스트들이 먹는 음식이 정한 만큼 그 음식도 높은 지위를 차지하게 되고, 하단에 있는 카스트들이 먹는 음식이 부정한 만큼 그 음식도 낮은 지위를 차지한다. 계율을 준수하는 높은 신분의 브라만들이 지키는 채식주의는 식사의 가장 우월한 형태로 인정받는다.

채식주의

채식주의자는 동물성 식품 중 어느 정도까지 섭취를 허용하는지에 따라 다양하게 분류한다표 1-2. 붉은 살코기는 먹지 않으나 해산물, 물고기나 닭고기 등을 먹는 경우는 페스코 베지테리언pesco vegetarian이라고 한다. 육류는 먹지 않지만 유제품과

표 1-2 | 채식주의의 분류와 특징

분류	특징
데미/세미 베지테리언 (demi-vegetarian/semi-vegetarian)	유제품, 달걀, 닭, 생선 섭취
페스코 베지테리언 (pesco vegetarian)	유제품, 달걀, 생선 섭취
락토 오보 베지테리언 (lacto-ovo vegetarian)	유제품, 달걀 섭취
락토 베지테리언 (lacto vegetarian)	유제품 섭취
오보 베지테리언 (ovo vegetarian)	달걀 섭취
비건(vegan)	유제품과 달걀을 포함한 모든 종류의 동물성 음식을 먹지 않는 가장 철저한 채식주의자

달걀을 먹는 경우는 락토 오보 베지테리언lacto-ovo vegetarian, 유제품만 먹는 경우는 락토 베지테리언lacto vegetarian, 달걀만 먹는 경우는 오보 베지테리언ovo vegetarian이라고 한다. 가장 극단적인 채식주의자를 비건vegan이라고 하는데, 비건이란 유제품과 달걀을 포함한 모든 종류의 동물성 음식을 먹지 않는 가장 철저한 채식주의자라고 할 수 있다.

어떻게 요리하여 먹는가

어떻게 조리하는가의 문제는 무엇을 먹는가의 문제와 더불어 식문화를 결정짓는 중요한 요소가 된다. 같은 식품을 먹더라도 어떻게 조리해 먹느냐에 따라 식문화가 달라지기 때문이다. 또한 조리법의 발전에는 한 나라가 발전시켜온 맛의 철학 또는 건강에 대한 철학이 크게 영향을 미친다.

기본적으로 자연환경은 요리법에 영향을 미친다. 예를 들어, 수자원이 부족한 지역에서는 물의 사용을 최소화하는 방법으로 요리법이 발달한다. 스튜를 끓이면서 동시에 쿠스쿠스를 익혀내는 북아프리카의 조리도구는 해당 지역의 기후 조건과 연관이 있다. 음식철학 또한 요리법에 큰 영향을 준다. 우리나라를 비롯해 중국문화권의 음양오행의 철학이 식문화에 미친 영향을 생각해 보면 쉽게 이해할 수 있다. 또한, 요리법은 먹는 방법과 서로 연관이 있다. 다시 말해, 숟가락과 젓가락을 사용하느냐, 나이프와 포크를 사용하느냐에 따라서도 요리법이 달라지며, 공통형 상차림인지 개별형 상차림인지의 여부도 요리법에 영향을 미친다. 요리법은 부엌의 형태와도 관련이 있다.

8 _ 세계의 다양한 차와 커피도구

어떤 방식으로 먹는가

동물과는 달리 인간은 가족이나 친지, 사회구성원과 더불어 함께 음식을 먹음으로써 먹는 즐거움을 누리는 사회적 동물이다. 따라서 음식물을 입에 넣는 방법, 사용하는 식탁과 식기의 형태, 자리에 앉는 순서, 음식의 상차림과 먹는 순서, 손님 접대방법 및 식사에 관한 금기사항 등이 각 나라의 문화에 따라 모두 다르다.

세계의 식사도구

음식을 먹는 방법을 기준으로 지구촌의 식문화권을 분류해 보면, 크게 음식을 손으로 집어서 먹는 수식 문화, 숟가락이나 젓가락을 사용하는 저식 문화, 그리고 나이프, 포크, 스푼을 사용하는 문화로 구분할 수 있다**그림 9, 표 1-3**. 태국 등 동남아시아 일부 지역에서는 숟가락과 포크를 주요 식사도구로 사용하기도 한다. 하지만 같은 식사도구를 사용한다고 해도 요리하는 방법과 먹는 방법 등이 각 사회의 식문화에 알맞게 발전해 왔기 때문에 식사도구의 모양이나 사용하는 방법 등에 차이가 나타난다.

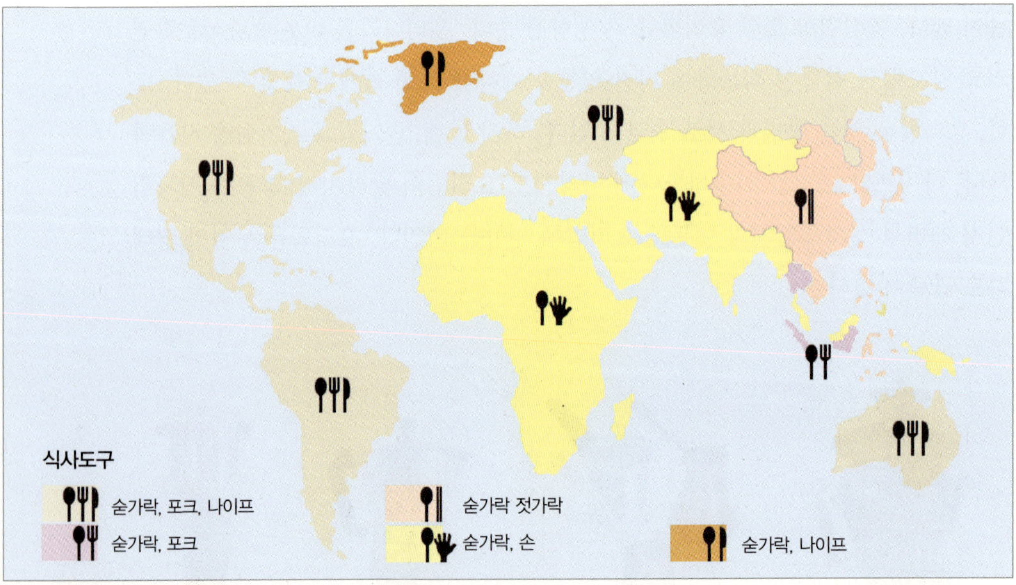

9 _ 세계의 식사도구 분포
출처 : Gilles Fumey & Olivier Etcheverria(2004), Atlas mondial des cuisines et gastronomies.

표 1-3 | 먹는 방법에 따른 문화권의 분류

먹는 법	특징	지역	인구
수식 문화권	이슬람교권, 힌두교권, 동남아시아의 일부 지역에는 엄격한 수식 매너가 있다.	동남아시아, 서아시아, 아프리카, 오세아니아	40%
저식 문화권	중국과 한국에서는 수저를 함께 사용, 일본은 젓가락만 사용한다.	한국, 일본, 중국, 대만, 베트남	30%
나이프, 포크, 스푼식 문화권	17세기 프랑스 궁정요리 중에서 확립되었으며, 빵은 손으로 먹는다.	유럽, 러시아, 북아메리카, 남아메리카	30%

상차림의 유형

한 개의 그릇에 여러 명이 함께 먹을 음식을 담아낼 것인가 아니면 1인분씩 따로 담아낼 것인가에 따라, 또는 음식을 동시에 모두 차려낼 것인가 아니면 하나의 요리를 먹고 난 후 다음 요리를 제공할 것인가에 따라 상차림은 달라진다. 또한 상차림의 유형에 따라 식사예절도 각각 다르다. 상차림 유형은 다음과 같은 두 가지 기준에 따라 나눌 수 있다.

첫째, 음식의 분배방법에 따라 개별형과 공통형으로 나눈다. 개별형은 밥상에 음식을 1인분씩 그릇에 담아 제공하는 형태로 태국 칸토크 상차림이나 인도의 탈리가 대표적이다. 서구에서도 1인분씩 접시에 음식을 담아서 식탁에 낸다. 공통형은 여러 명의 식사를 한 상에 차려내는 방법이다. 두 가지 유형을 병용하여 혼합하는 경우도 있다. 공통형 상차림이라고 해도 일반적으로 주식에 해당하는 음식은 개인별로 분배하는 것이 세계적 경향이다.

둘째, 음식의 배치방법에 따라 공간 전개형과 시계열형으로 나눌 수 있다. 공간전개형은 1회의 식사에 제공되는 요리를 모두 차려내는 서비스법으로 일명 '한상차림'이라고 할 수 있다. 시계열형은 코스요리 형태로 시간차를 두고 음식이 제공되는 방법이다. 서구의 경우 일반 가정에서 시계열형이 보급된 것은 19세기에 러시아식 서비스가 보급된 이후로, 그 전까지는 공간 전개형 상차림을 따랐다.

10 _ 인도의 탈리 상차림 도구

11 _ 공간 전개형 상차림의 예
출처 : Mary Ellen Best(1838), 요크의 한 가정에 차린 정찬.

식사도구에 따른 식사예절

수식 문화권 손을 이용해 식사를 하는 수식 문화권은 아프리카, 서아시아, 동남아시아, 오세아니아 등에 분포되어 있으며, 전 세계 인구의 40%가 수식 문화권에 속한다. 종교적으로는 이슬람교 또는 힌두교를 믿는 지역에 수식 문화가 분포되어 있다. 손으로 음식을 먹는 행위를 다른 문화권에서는 비위생적이고 원시적이라고 생각하기 쉽지만, 식사를 할 때는 반드시 오른손 세 손가락만 사용하며 적절한 손동작을 사용하는 등 복잡한 식사예절이 존재한다. 또한 식사를 시작하기 전 손을 씻는 예식이나 식전과 식후의 기도 등의 규칙이 존재한다.

수식 문화권이 가장 잘 발달되어 있는 이슬람문화권의 일반적인 식사예절을 간단히 살펴보면 다음과 같다.

- 좌석배치에 규칙이 있다.
- 식사 전에 손을 씻는다.
- 식사를 하기 위하여 자리에 앉은 사람은 음식을 먹기 전에 우선 무릎 위에 냅킨을 놓고 오른쪽 옷소매 끝을 팔꿈치까지 걷어 올린다.
- 남성이 먼저 먹는다. 전통 아랍사회의 색깔이 비교적 많이 남아 있는 사우디아라비아와 아랍 걸프만 국가에서는 여성이 남성 식구들과 떨어져 식사하는 경우가 많다.

- 음식을 먹기 전 신에게 감사의 표시를 한다. 그리고 '비스밀라알라의 이름으로'라고 말한다. 그리고 다시 '타팟달드시죠'이라는 말이 이어지면서 식사가 시작된다.
- 오른손의 엄지, 검지, 중지의 세 손가락의 두 번째 마디까지 사용한다. 나이프나 포크는 사용하지 않는다. 엄지와 오른손 두 손가락을 식사도구로 쓴다. 음식을 집을 때는 오직 오른손만을 사용한다.
- 식사 후에는 손을 씻고 입 안을 헹군다.
- 식사 중에 이야기를 하지 않는다.
- 식사가 끝나면 '알 함두릴라알라께 찬양을'라고 말한다.
- 입에 음식을 넣은 채 말을 한다거나 바닥에 앉아 식사할 때 발바닥이 보이는 것은 예의 없고 점잖지 못한 행위로 간주한다.

저식 문화권 저식 문화는 밥을 주식으로 하는 동양권에서 발달하였다. 하지만 각 나라의 음식문화에 따라 젓가락의 형태가 다르며 수저를 사용하는 방법에도 차이가 난다. 예를 들어, 식사할 때 숟가락과 젓가락을 모두 사용하는 우리나라와 달리 중국과 일본에서는 주로 젓가락만 사용한다. 중국에서 숟가락은 탕을 먹을 때에만 쓰이며, 일본은 국도 젓가락을 이용해 먹는다. 특히, 젓가락만으로 음식을 먹는 일본의 경우 젓가락 예절이 어느 나라보다도 엄격하고 복잡하게 발달하였다. 중국의 기본적인 식사예절은 다음과 같다.

- 숟가락과 젓가락을 사용하는 법이 엄격하게 구분되어 있다.
- 숟가락은 탕을 먹을 때만 사용하며 요리나 쌀밥 또는 면류를 먹을 때는 젓가락을 사용한다.
- 밥이나 탕류를 젓가락으로 먹을 때는 반드시 밥그릇이나 탕그릇을 손으로 들어서 입에 대고 먹는다.
- 탕을 먹을 경우 다 먹고 난 뒤 반드시 숟가락을 엎어 놓는다.

나이프, 포크, 스푼식 문화권 육식을 주로 하는 서양의 경우 포크와 나이프 문화가 발달하였다. 포크와 나이프를 주요한 식사도구로 사용하는 서양의 문화는 서유럽 국가의 식사예절에 바탕을 두고 있는데, 유럽인들의 식탁문화는 서로가 영향을 미쳐왔으므로 대개가 비슷하다. 나이프, 포크, 스푼을 사용하는 식생활 형태는 북 ·

중 · 남아메리카, 호주 등으로 이민 온 백인들을 통해 급속히 확산되었다. 포크와 나이프를 사용하는 문화권에서는 보통 식사 도중 손을 식탁 밑으로 내리지 않으며, 팔꿈치를 식탁에 대고 있는 것도 실례다.

- 모든 요리를 포크와 나이프를 사용하여 먹는다. 감자튀김, 빵 등은 손으로 먹는다.
- 식사 도중에 손을 식탁 밑으로 내리지 않는다. 팔꿈치를 식탁에 대지 않는다. 나이프, 포크류는 바깥쪽부터 차례로 사용한다.
- 사용 중인 포크는 아래로 향하게 하고 나이프는 칼날 부분이 안쪽을 향하게 하여 팔자로 걸쳐놓는다.
- 식사가 끝나면 포크는 위를 향하게 하고 나이프는 칼날이 안쪽으로 향하게 하여 접시 중앙의 오른편에 나란히 놓는다.
- 입에 음식을 넣고 이야기하지 않는다.
- 트림을 하지 않는다.

좀 더 조사해 보기

1. 세계 여러 나라의 주식이 갖는 문화적인 상징성에 대해 조사해 보자.

2. 개고기를 식용하는 식문화권의 자연환경 및 사회문화적 배경을 조사해 보자.

3. 아래의 그림을 보고 함께 토론해 보자.

❶ 위와 같은 조리도구로는 어떤 음식을 만들 수 있을까?
❷ 이러한 조리도구를 사용하면 어떤 장점이 있을까?

Chapter 02

식문화의 역사

History of Food Culture

선사시대 인류는 자연에서 채집과 사냥으로 식량을 획득하는 유목생활로 시작하여 점차 농경사회로 이행하면서 조리와 발효, 저장음식이라는 식문화 자산을 축적하게 되었다. 강을 중심으로 세계 4대 문명 발상지를 따라 발달한 식문화는 고대의 무역로와 실크로드를 따라 상호 영향을 주고받으면서 융합 발전하였다. 중세의 향신료에 대한 관심이 신대륙 발견으로 연결되면서 근세 이후 식재료는 더 이상 단순한 먹을거리가 아니라 자본을 축적하는 중요한 도구로 사용되었다. 근대 시민사회의 형성에 중요한 역할을 한 식문화는 오늘날 건강 유지라는 본질적 가치 위에 자원의 회복 가능성과 공정무역, 양심적 소비라는 새로운 패러다임으로 정비되고 있다. 선사시대부터 현대의 식문화에 이르는 시대적인 흐름을 파악하고 슬로푸드로 대변되는 오늘날의 식문화에 대하여 알아보자.

✪ 학습목표

- '비옥한 초승달지대'에서 일어난 고대의 식문화에 대하여 알아본다.
- 동서양 간의 향신료 교역이 성행한 원인과 결과에 대하여 이해한다.
- 구대륙과 신대륙 간에 일어난 '콜럼버스의 교환'의 의미를 이해한다.
- 플랜테이션 농업이 현대 식생활에 미친 영향에 대하여 알아본다.

1 음식문화의 태동 : 선사시대

선사시대를 연구하는 인류학과 고고학적인 흔적에 의해 인류가 고대 농경사회를 형성하는 과정을 알아볼 수 있다.

수렵과 채집 : BC 100만 년 전

인류의 조상들은 약 100만 년 전에는 열매와 씨앗을 주식으로 먹었으며 점차 작은 짐승을 사냥하면서 동물성 식사를 시작하였다. 원시인들은 10~20명씩 남녀가 사냥과 채집의 분업을 통하여 유랑하면서 충분한 육류와 에너지를 섭취하였다. 유골상태를 통하여 볼 때 좋은 영양상태를 가진 것으로 보이지만 유랑생활의 불안정성으로 인하여 평균 수명이 매우 짧고 인구 증가에 제한이 있었다. 호모사피엔스는 아프리카에서 출발하여 서서히 중동 지역으로 퍼져나간 것으로 보인다.

불과 조리의 신화들

그리스 신화에서 프로메테우스가 인간에게 불을 전해준 죄로 영원한 형벌을 받는다. 그 외에도 불과 관계된 지식 때문에 고난을 받았다는 영웅들의 이야기가 많다. 불과 아궁이를 지키는 신에 대한 종교는 이란의 배화교(조로아스터교)나 동양의 조왕신처럼 동서양을 막론하고 인류 문명의 모든 초기 종교에 나타날 정도로 불의 사용은 인류를 변화시켰다고 할 수 있다.

자연 발화에 의한 불은 한번 꺼뜨리면 되살리기가 어려웠기 때문에 인류 최초의 분화된 직업인이 바로 불이 꺼지지 않도록 지키는 사람, 바로 신전의 사제였을 것이다. 또한 불을 숭상하는 사제들은 부족의 안녕을 위해 바쳐진 제물을 태우는 번제를 드림으로써 최초의 조리 전문가들이 되었다고 역사학자들은 추정한다.

불의 발견과 조리 : BC 50만 년 전

약 50만 년 전부터 100만 년 전 사이에 인류는 조리를 시작하였다. 처음에는 단순히 불 위에서 고기를 놓아 굽는 식으로 조리하다가 땅을 파고 숯을 놓고 그 위에 음식을 올린 후 흙으로 덮어 서서히 익혀내는 구덩이 조리법으로 발전하였다. 이 방법은 지금도 피지나 오세아니아 원주민들이 많이 사용하는 방식으로 땅속에 묻는 것이 오븐처럼 열효율이 좋으면서도 태워 낭비되는 부분이 적은 발전된 방법이다. 불을 사용하면서 원시인들의 두뇌용적이 커지고 체력이 증가한 것으로 보인다. 또한 조리도구들도 같이 비약적으로 발달하였다. 날카로운 돌칼로 고기를 잘게 잘라서 음식이 더 빨리 익을 수 있게 손질을 하거나 거북이 등껍질이나 갑각류의 껍질, 심지어 동물 가죽 속에 잘게 썬 음식을 넣고 물을 부어 끓이거나 동물가죽 속에 음식

표 2-1 | 고대 농업의 역사적 기록과 유적

연 대(BC)	유적발굴지	식문화의 전개
10000	서남아시아	• 밀, 보리를 심다. • 양, 염소를 가축화하다.
8000	멕시코	고추와 스콰시를 심다.
	페루	리마콩을 심다.
7000	서남아시아	• 밀을 심다. • 옷감용 아마를 재배하다.
7000	서남아시아, 뉴기니아	돼지를 가축화하다.
6000	중국 북부(북경 원인)	조를 심다.
	중동	사과를 재배하다.
6000~4000	서남아시아(현대 아르메니아)	포도를 재배하고 와인을 만들다.
5000~6000	서남아시아	• 소를 가축화하다. • 병아리콩, 렌틸콩을 심다.
5000	중국 양자강 삼각주, 중부 인도	벼를 경작하다.
4000	서남아시아	올리브를 심다.
3000	서남아시아	도시, 수로, 바퀴, 쟁기와 돛이 나타나다.
2686	이집트	피라미드를 짓다.
2500	중국	물소를 가축화하다.

을 보관하였다. 진흙으로 만든 냄비는 기원전 5000년경으로 보이는 유적지에서 발굴되었다.

파종과 가축화 : 정착과 도구의 사용

1 _ 이집트의 농업

약 1만 년 전에 인류는 야생식물과 동물을 파종하고 길들이기 시작하였다. 산물들이 맛을 더 좋게 하거나, 수확량을 늘리기 위해, 또한 다루기 쉽게 하기 위해 인류는 돌연변이종을 주의 깊게 관찰하여 자연 교배라는 아이디어로 유용한 생물 자원을 확보해 나갔다. 지금의 중동지역에서 최초로 밀과 보리를 심었고, 이어 양과 염소, 돼지와 소를 가축화하였다. 소나 말처럼 길들인 동물의 힘을 이용할 수 있게 되자 농업은 급격히 발달하기 시작하였다.

문명의 요람 : 비옥한 초승달지대에서 생긴 일

초기의 인류 주거사회는 오늘날의 이라크 지역에서 나일 강을 잇는 지중해 동부 연안의 '비옥한 초생달지대fertile crescent'에 형성되었다. 유프라테스, 티그리스 강 두 개의 강 사이라는 뜻의 메소포타미아 지대에서 최초의 고대 왕국이 형성되었으며, 이 지역을 문명의 요람이라고 부른다. 이 지역은 보리와 밀, 완두콩과 병아리콩의 원산지이며, 이곳에서부터 소와 말, 염소가 가축화되었다.

또한 이 지역에서 처음으로 경작된 작물은 보리이다. 그리고 잡풀들에서 밀을 골라 재배하기 시작하였다.

경질밀

비옥한 초승달지대

고대 농업혁명(BC 1만 년)과 음식문화의 발생

1만여 년 전 빙하기가 끝나면서 지구의 기온이 올라갔다. 그전에는 작물을 생산할 수 없었던 지역에서 농산물을 생산하는 것이 가능하게 되었고 기존의 농지에서는 수확량이 급증하였다. 식량의 증가는 곧 인구의 증가를 가져왔다.

인류 초기의 문명들은 다량의 신선한 물을 공급받을 수 있는 큰 강 주위에서 시작되었다. 약 기원전 5000년 전부터 서남아시아의 티그리스와 유프라테스 강, 이집트의 나일 강 그리고 중국의 황하와 인도의 인더스 강은 인류문화가 최초로 결집되어 나타난 지역들이다. 이들 문명은 비슷한 시기에 나타나며 물을 다스리는 공동 수로작업을 통해서 사회구조가 확립되었다. 종교적 · 정치적 조직이 생기고 점차 음식과 음식을 동반한 제례는 공동체의식을 발달시키는 도구 역할을 하였다.

정착민 식문화의 시작 : 부풀린 빵과 술의 역사

2 _ 페르시아의 와인 : 기원전 6000년 전 도기병들은 와인이 공기와 만나 산화하여 식초로 변하는 것을 막기 위해 와인병의 입구를 좁고 길게 제작하였는데, 병마개와 함께 자주 발굴된다.

약 BC 7000년경에 밀의 돌연변이 품종 중에서 껍질이 부드러운 것들이 재배되기 시작했다. 현재 연질밀이라고 부르는 이 새 품종들은 불에 굽지 않아도 껍질을 벗길 수 있었고 그 결과 반죽할 때 합성된 글루텐에 의해 반죽을 부풀리게 할 수 있었다. 부풀린 빵은 이집트에서 처음 발명되었다. 이집트인들은 이전에 쓰고 남은 반죽을 일부 넣거나 맥주를 붓거나 또는 맥주 발효통의 찌꺼기를 조금 넣어도 반죽이 부푸는 것을 알게 되었다. 부풀린 빵을 중심으로 새로운 기술들이 발달되었는데, 닫힌 공간에서 가열하면 더욱 빵이 잘 부푸는 것을 알게 되면서 오븐이 만들어졌다. 빵의 형태를 잡기 위해 삼각형이나 사각형의 몰드도 사용되었다. 이집트의 직업 제빵사들은 최소한 40여 가지의 다른 종류의 빵과 과자를 만들었다고 기록되어 있다.

고대의 밀과 납작한 빵의 기원

세계에는 약 3만여 품종의 밀이 있는데, 이들은 모두 고대의 야생밀에서 기원한 것이다. 고대의 밀엠머, 스펠트, 엔콘이라고 불리는 품종들은 여러 겹의 껍질로 둘러싸여 있었다. 오늘날 중동지방이나 아프리카에서 두럼밀 또는 쿠스쿠스라고 불리는 경질밀은 바로 고대 농사를 시작할 때 인류가 사용한 품종의 후손들이다. 고대의 밀을 식용으로 이용하려면 단단한 겉껍질을 벗겨내기 위해 밀씨를 불에 구워 쳐대거나 밟아 비벼서 껍질을 벗겨내는 작업을 진행해야 했다. 밀씨에서 왕겨를 제거하기 위해 굽고 치거나 부순 작업은 밀 반죽을 부풀게 만드는 글루텐을 형성하지 못하게 만들어 빵이 부풀 수 없었다. 원시의 밀을 사용한 초기의 빵은 아주 단순하게 밀가루와 물을 섞어서 동그랗고 납작한 반죽을 만들어 불가의 뜨거운 바윗돌에 올려놓아서 구워냈다.

고대 밀 수확과 타작의 흔적으로 만들어진 납작한 빵은 오늘날에도 여러 문화권에 남아 있다. 밀과 물을 반죽하여 뜨거운 팬에서 구워낸 인도의 차파티chapatti나 같은 반죽을 기름에 튀겨낸 푸리poori, 밀과 물 반죽을 오븐에서 구워낸 유태인들의 마초matzo, 튀르키예의 괴즈레메goesleme와 같은 빵이 그 대표적인 경우이다.

중동의 납작한 빵

인도의 차파티

튀르키예의 괴즈레메

보리와 밀, 포도와 같은 탄수화물이 있는 재료가 공기 중에서 발효되면 술이 만들어진다. 동물 가죽 주머니나 항아리에 남겨진 포도즙이 우연히 와인으로 발효된 것을 마시면서 의도적으로 와인 만들기를 시작하였을 것으로 보인다. 와인을 만들려면 포도나무를 심은지 최소 2년이 지나야 하고 또 수확된 포도를 으깨어 걸러 발효시켰다가 발효가 멈추도록 저장하여야 한다. 그러므로 와인을 마시기 시작하는 시기는 이미 유랑의 시대가 끝나고 정착생활이 확고해진 시기이다. 고대 유적에서 나온 토기병 바닥에 남은 타르타르산은 와인이 증발한 찌꺼기로 이들을 분석하면 고

3 _ 청동기시대의 유적 : 이스라엘에서 발굴된 와인 만드는 장소이다. 위 구덩이에 포도를 일렬로 놓고 사람들이 맨발로 밟아서 터뜨리면 즙이 구멍을 따라 아래 구덩이로 떨어진다. 구멍은 필터링을 위해 억새나 풀로 막았고 구덩이 앞에는 밟는 사람들이 붙잡을 수 있는 막대를 꽂은 구멍이 있다.

4 _ 이집트의 발굴현장에서 나온 '맥주 만드는 이집트인'

대인들이 와인을 얼마나 마셨는지 알 수 있다. 와인은 상류사회인들의 음료인 반면 맥주는 평민의 음료로 사용되었다.

맥주는 빵의 발효와 비슷한 시기에 만들어졌다. 처음에는 묵은 밀이나 보리가 기온이 맞아 우연히 싹을 틔웠을 것이고, 보리싹이나 밀싹은 껍질을 까기가 좋고 단맛이 있어 나중에는 일부러 싹을 틔워 먹었을 것이다. 싹이 튼 곡식에 든 아밀라제가 전분을 맥아당으로 분해하여 알코올 발효된 것이 맥주이다. 오늘날에도 중동에서는 이런 방식으로 만드는 맥주가 있다. 오늘날처럼 맥주에 호프를 넣은 것은 약 13세기 중세의 독일에서 시작된 것이다.

❷ 음식문화의 교류 : 고대와 중세

고대 향신료의 길

메소포타미아지역에서 발명된 바퀴와 쟁기, 그리고 돛단배는 인류문화를 한 단계 발전시킨 문명의 산물이다. 바퀴와 쟁기는 동물의 힘을 농사에 이용하는 도구로 소

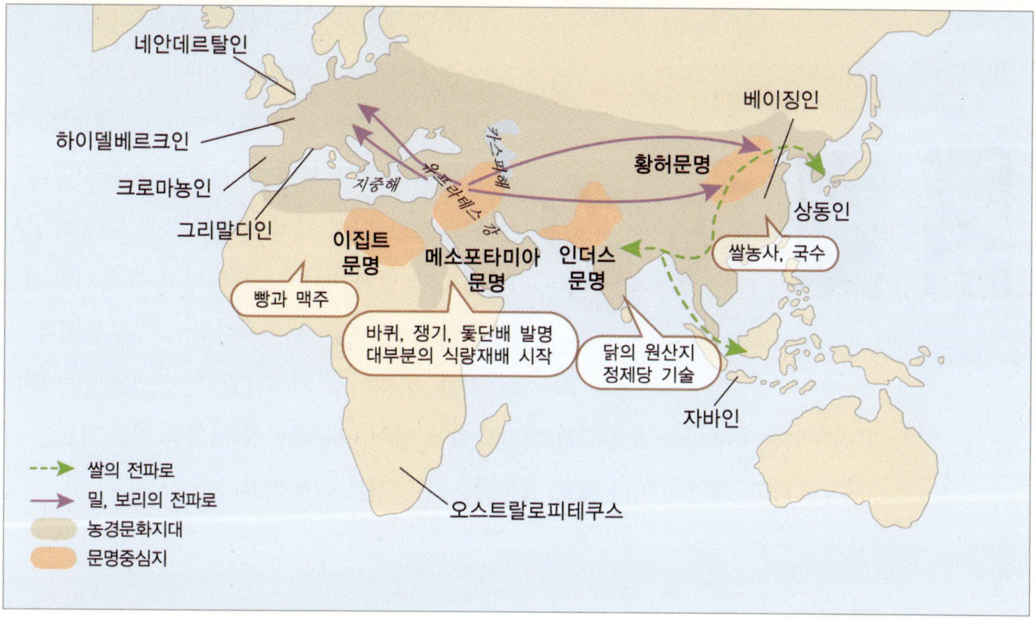

5 _ 원시인과 고대 식재료 전파로 식문화의 기원지

나 말이 바퀴가 달린 수레들을 끌어 더 많은 상품들을 물물교환시장에 수송할 수 있었고 동물들이 쟁기를 끌어 사람이 손으로 곡식을 심는 것보다 훨씬 효과적으로 경작지를 이용하게 되었다. 또한 돛단배를 이용함으로써 육로보다 빠르고 비교적 덜 위험한 상황에서 먼 지역과의 무역이 가능하게 되었다. 이런 발명품들 때문에 메소포타미아의 도시들은 강력한 무역중계지가 되어 3만 명 이상의 사람들이 모여 사는 대도시를 형성하였다.

실크로드

기원전 첫 1만 년 전 인류는 상인들이 되어 여러 지역을 떠돌아 다녔고 이들의 음식과 문화도 무역로를 타고 이동되었다. 지중해에서는 와인 만드는 법이, 이집트의 올리브유가, 풍요의 삼각주에서 염소와 양을, 그리고 인도에서는 후추를 비롯한 향료들이 지중해를 따라 서쪽과 북쪽으로 전달되었다. 기원전 6000년경 중동의 사람들이 동쪽으로 이주하면서 인도로 들어갔다. 이들은 가축화된 소와 양, 염소와 밀을

6 _ 사체액설

키우던 경험을 인도 대륙에 전파하였다.

중국인들은 서쪽에서 인도로 들어가 쌀과 차를 전달하였다. 기원전 750년경에 인도 유러피안인들은 북부의 건조한 초원지역에서 남쪽으로 인도 대륙의 중심부로 이동하면서 인도에 말과 소를 소개하였고 흑해연안에서 슬라브 언어를 쓰는 사람들이 동부유럽과 러시아, 아시아로 퍼져나갔다. 실크로드는 냉대고원지역을 통과하는 초원길과 히말라야를 넘어 타클라마칸 사막을 가로지르는 사막길, 그리고 해안을 따라 배로 이동하는 바닷길로 이루어졌다.

향신료 무역

로마인들의 주 무역품목은 실크와 향신료였다. 향료들은 육로로 실크로드를 타고 오거나 인도나 아프리카에서 바다를 건너 전달되었다. 생강이나 강황(터메릭), 계피 등 동양에서 온 향료는 식용, 향수, 의식에 태우는 향, 의료용으로 사용되었다. 이 중 계피는 후추, 카다몸과 더불어 가장 고가로 거래되었다.

5세기 로마를 점령한 비시고트족과 훈족 역시 매년 1톤의 후추를 로마에 요구하였을 정도로 중세기에도 유럽사회는 향신료를 갈망하였다. 로마가 멸망한 이후 향

표 2-2 | 지중해 연안과 아시아의 향신료들

지중해 연안의 향신료	아시아의 향신료
양귀비(poppy)	계피(cinnamon)
캐러웨이(caraway)	후추(pepper)
고수(coriander)	생강(ginger)
커민(cumin)	카다몸(cardamom)
겨자(mustard)	육두구(nutmeg)
수막(sumach)	정향(colve)
사프란(saffron)	몰약(myrrh)

신료 무역은 중동 상인들이 주도하였고 이슬람 사회는 이 지역을 통과하는 향신료에 대한 통관세로 막대한 부를 축적하였다.

향신료가 이처럼 애호된 이유는 그리스시대부터 내려온 사체액설에 대한 믿음 때문이었다. 중세까지 인류는 인체를 이루는 4가지의 기운**화기, 공기, 수기, 토기**이 조화를 이루어야 건강을 유지한다고 믿었다. 사체액설에 따르면 향신료를 먹는 것이 인체가 하늘의 기운을 받는 유일한 방법으로 믿어졌다. 고대 의학 지식이었던 사체액설은 인도로 전해져 아유르베다 경전에 나타나며 이것이 티베트을 건너 동양한의학의 기본인 사상의학으로 변화되었다고 한다.

중세에서 근대로 : 콜럼버스의 교환

유럽인들은 중세기 말 이슬람인들이 지배하고 있는 실크로드를 통하지 않는 새 향신료 교역로를 개척하고자 하였다. 비스쿠 다 가마가 이슬람인들을 피해 아프리카 희망봉을 돌아가는 항로를 개척하자 사람들이 앞다투어 신항로 개척에 나서 마침내 콜럼버스가 1492년 서인도제도를 발견하였다.

신대륙이 발견되면서 그때까지 단절되어 있던 구대륙과 신대륙 간의 생물자원 교

7 _ 신항로의 개척 : 인도의 향신료시장이던 고아로 가는 실크로드는 이슬람인들이 장악하는 무역로를 지나야 했기 때문에 비스쿠 다 가마는 아프리카 대륙을 돌아가는 신항로를 개척하였다.

8 _ 튀르키예 이스탄불의 향신료시장(스파이스 바자르)

류가 시작되었다. 이를 역사학자 크로스비Alfred Crosby는 '콜럼버스의 교환'이라고 표현하였다. 신대륙에서 구대륙으로 건너온 식품들은 감자와 고구마, 호박이나 고추, 옥수수 등이다. 유럽요리에 큰 변화를 준 토마토와 카카오, 담배와 호두, 땅콩 역시 콜럼버스 교환의 결과로 아시아에 전해졌다. 반면, 소, 닭, 개, 염소, 돼지나 양 등 비옥한 초승달지역에서 가축화하여 기르던 대부분의 식용 동물과 밀, 보리나 귀리, 쌀 등의 곡류, 계피, 마늘, 생강, 겨자, 올리브, 커피와 같은 구대륙의 향신료와 채소들은 신대륙으로 전해졌다.

식문화 에피소드 episode

마르코 폴로와 파스타

마르코 폴로(Marco Polo, 1254~1324)는 지중해 무역의 중심에 서 있는 부유한 북부 이탈리아의 베니스인이다. 그는 지금의 이란인 페르시아와 아프가니스탄 그리고 아르메니아를 통하는 실크로드를 따라 중국으로 간 여행을 기록한 견문기 《동방견문록》을 지었다. 그의 견문기에는 각종 동방의 진귀한 산물과 풍속이 기록되어 있다. 그는 특히 당시 비싼 가격으로 거래되는 동방의 향신료의 산지 자료를 기록함으로써 서구인들에게 동양에 대한 열망을 불러일으켰다. 그가 비단과 중국 물건 같은 증거품들을 갖고 있었기에 그의 견문록은 사실로 받아들여졌다. 마르코 폴로는 중국의 국수에 대한 기록을 남김으로써 오랫동안 음식역사학자들은 마르코 폴로가 파스타 제조법을 유럽으로 가져왔다고 믿었다. 그러나 최근 음식역사가인 클리포드 라이트는 그의 저서인 《지중해의 향연》에서 파스타의 주 재료인 경질밀은 중국에서 재배된 적이 없기 때문에 폴로가 먹은 것은 국수이지 파스타가 아니라고 주장하였다. 라이트는 '마카로니'의 기원은 중세기 시칠리아지방, 이탈리아 그리고 아랍을 오가던 아랍 상인들이 이동하기 편하게 듀럼밀 반죽을 만들어 말려서 가지고 다니던 것에서 유래되었다고 주장한다.

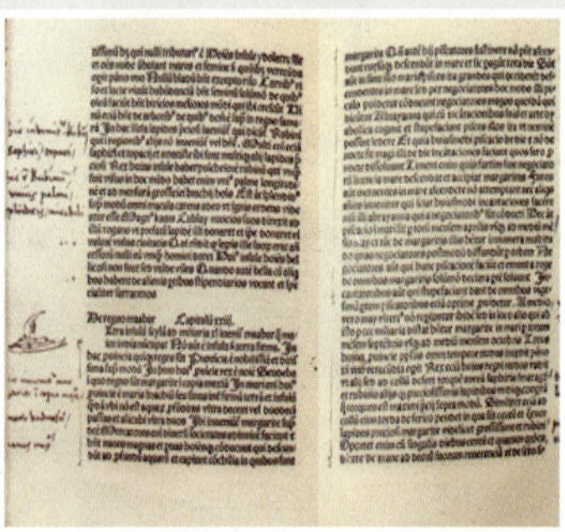

마르코 폴로의 《동방견문록》

《동방견문록》에 나오는 후추의 섬

표 2-3 | 콜럼버스의 교환 대차대조표

유럽, 아프리카, 아시아 → 아메리카				아메리카 → 유럽, 아프리카, 아시아			
동물	채소, 향신료	곡류, 콩류	과일	동물	채소, 향신료	곡류, 콩류	과일
• 소 • 닭 • 개 • 염소 • 말 • 돼지 • 양	• 양배추 • 당근 • 오이 • 가지 • 양파 • 올리브 • 커피 • 계피 • 마늘 • 생강 • 겨자 • 육두구 • 후추 • 참깨	• 보리 • 귀리 • 쌀 • 밀 • 병아리콩 • 렌즈콩 • 사탕수수	• 사과 • 바나나 • 체리 • 포도 • 레몬 • 오렌지 • 복숭아 • 배 • 자두 • 석류 • 수박	• 칠면조	• 감자 • 고구마 • 호박 • 고추 • 해바라기 • 올스파이스 • 바닐라 • 담배	• 강낭콩 • 옥수수 • 마니오크 • 땅콩 • 피칸	• 아보카도 • 블루베리 • 크랜베리 • 파파야 • 파인애플 • 토마토 • 카카오

3 근대의 식문화

15세기경 반복되는 기아와 흑사병, 전쟁 등으로 인구가 급격히 감소하였다. 인적 자원의 부족은 다시 농장 유실, 재배 기술 상실과 같은 식량 생산 감소로 이어져 식료품이 절대적으로 부족한 시기가 되었다. 콜럼버스의 교환으로 구대륙은 새로운 구황식물과 특용작물을 공급받았지만 새로운 식품에 대한 중세사회의 문화적인 저항이 강하게 나타났다.

표 2-4 | 1340~1450년 약 100년간 중세기 말 세계적인 인구의 변화 (단위 : 100만)

나라/지역	1340년대	1450년대
동부 유럽	13.0	9.5
이탈리아	10.0	7.5
프랑스	19.0	12.0
독일과 스칸디나비아	11.5	7.5
이베리아 반도	9.0	7.0
합계	62.5	43.5

옥수수

콜럼버스에 의해 스페인으로 들어온 옥수수는 매우 생산성이 높은 작물로 농민들의 빈곤한 식탁에 환영받았다. 그러나 옥수수만을 주식으로 상용한 결과 펠라그라병이 유행하게 되었다. 현대의 영양학자들이 옥수수에 부족한 트립토판을 콩이나 육류로 보충하면 건강한 음식을 만들 수 있다는 사실을 증명하기 전까지 옥수수는 질병을 가져오는 가난한 농민의 식품으로 여겨졌다.

옥수수와 잉카왕의 저주 : 펠라그라

전통적으로 페루의 원주민들은 말린 옥수수알도 라임석과 함께 며칠 물에 담가두었다가 갈아서 요리한다. 또한 옥수수가 주식이지만 콩요리를 자주 곁들인다. 이런 조리방식과 달리 옥수수가 유럽에 도입되자 유럽인들은 건조한 옥수수가루만으로 죽을 끓여 주식으로 사용하였다. 그리하여 옥수수의 제한 아미노산인 트립토판의 부족으로 인해 1700년대에서 20세기 초까지 유럽에서는 악성 펠라그라가 유행하였다.

감 자

페루의 고지대에서 처음 발견된 감자는 스페인의 탐험가들에 의해 유럽으로 들어왔다. 그러나 옥수수에 비해 오랫동안 감자는 그다지 유럽인들에게 환영을 받지 못했다.

9 _ 토르티야를 미는 여인
출처 : Carl Nebel(1936).

10 _ 잉카의 옥수수 설화

11 _ 펠라그라에 걸린 사람의 모습
출처 : Dr. James W. Babcock(1856~1922).

날로 먹으면 설사를 유발하는 등 생감자의 독성과 빵으로 제조할 수 없는 감자 전분의 특성 때문에 주식이 빵인 유럽에서 감자는 인기가 없었다. 감자를 먹으면 병에 걸린다는 소문이 돌아 프랑스 부르고뉴에서는 법령으로 감자 재배를 금지한 기록도 있다. 영양분이 희박하고 척박한 토양에서도 잘 자라는 감자는 유럽의 인구 증가에 큰 기여를 하였다. 그러나 1840년대 유럽 전역에 감자의 잎과 줄기가 검어지며 뿌리가 썩는 감자잎마름병이 유행하였다. 특히, 가난한 소작농이 많은 아일랜드에서는 연이은 감자 농사의 실패로 인하여 인구의 1/3 정도가 기아로 사망하였고 미국으로 이민선을 타게 되는 원인이 되었다.

식문화 에피소드 episode

애국 감자와 귀족 장미

좋은 에너지원 식품인 감자는 15세기에 유럽에 전달되었지만 오랫동안 유럽인의 외면을 받았다. 200년이나 지난 17세기경에서야 일반인들이 감자를 심기 시작했는데, 그 이유는 바로 프랑스의 마리 앙투아네트 왕비 덕분이다. 프랑스 대혁명 전 마리 앙투아네트 왕비는 트리아농 궁에 텃밭을 가꾸는 취미가 있었는데, 어느 날 보라색의 감자꽃이 핀 것을 보고 모자에 꽂았다. 이를 본 귀족 부인들이 일제히 이를 따라하기 위해 감자꽃을 구하게 되었고 이는 감자를 많이 심게 되는 원인이 되었다. 프랑스대혁명 당시 극심한 기아가 발생하자 혁명 정부는 전국적으로 감자 심는 것을 장려하였다. 혁명의 구호가 "궁정 정원에 반공화국적인 귀족 장미를 뽑아버리고 애국적인 감자를 심자."였다고 한다.

기호식품의 확산

17~18세기는 역사상 가장 식생활이 양극화된 시기 중의 하나였다. 사람들의 평균 신장과 체격이 작아질 정도로 서민의 식생활은 어려운 반면 커피와 초콜릿, 차 등 고급 기호식품의 소비가 확장되었다.

에티오피아가 원산지인 커피는 이슬람의 수도사들 사이에 각성제로 사용되다가 유럽으로 들어왔다. 1689년 파리에서 프로코프라는 이탈리아 사람이 최초의 커피하우스를 열었는데, 대성공을 거두자 18세기에는 파리에만도 300여 개의 카페가 생겼다. 초기에는 이슬람방식대로 원두를 버터와 함께 갈아 페이스트 형태로 만들어 이용하다가 1710년 가루를 낸 커피에 뜨거운 물을 부어 걸러내는 깔끔하고 효율적인 프렌치프레스 추출법이 프랑스에서 발명되었다. 또한 프랑스인들은 커피에 우유를 첨가해 카페오레를 만들었는데, 이로서 기호품이었던 커피가 아침식사의 주요 메뉴가 되어 널리 소비되었다.

4 근대화에 미친 식문화의 영향 : 식민지와 플랜테이션 농업

근대로 오며 식품들은 대량으로 재배되고 대량으로 유통되기 시작하였다. 농민들이 생산한 주곡이나 육류뿐 아니라 초콜릿과 설탕, 그리고 커피와 차는 대량생산과 유통단계를 거치면서 생필품으로, 기호품으로, 화폐에 버금가는 재산의 역할을 하게 되었다. 더불어 근대 식민주의와 자본주의를 형성하였고 나아가 오늘날의 식문화 형성에 기본적인 틀을 제공하였다.

12 _ 초콜릿을 따르는 사람 : 고대 아즈텍인들은 초콜릿을 여러 번 따라서 두꺼운 거품이 일게 하여 마셨다.
출처 : Codex Tudela 문서(작가미상).

13 _ 초콜릿을 든 소녀
출처 : Jean-Etienne Liotard(18세기).

설탕의 소비량과 에스닉푸드

인도가 원산지인 사탕수수는 설탕으로 가공 정제하기 어려워 높은 가격으로 판매되었는데, 아랍 상인들이 유통을 독점하고 있었다. 중세기 십자군에 의해 유럽에 도입된 설탕은 고급 사치품으로 일부 상류계층만 사용할 수 있었다. 그러나 커피, 초콜릿, 차 등의 기호품이 증가하자 18세기에는 필수품이 되었다. 신세

14 _ 사탕수수밭

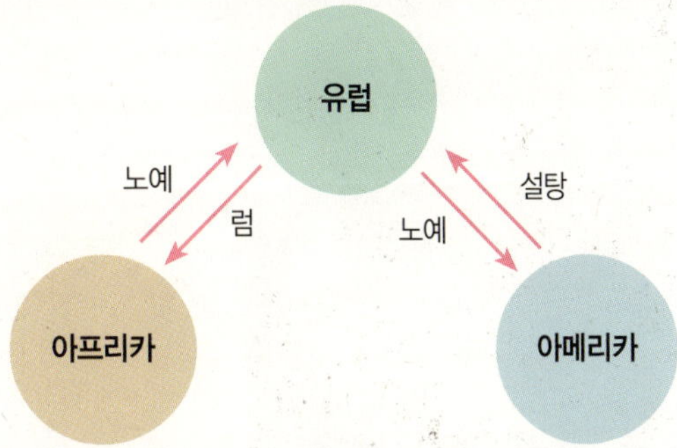

15 _ 설탕과 노예, 럼의 삼각무역

계의 발견 이후 유럽인들은 새로 정복한 식민지에 대규모의 사탕수수밭을 개간하였다. 대규모로 설탕을 가공 정제하는 일은 노예들을 동원한 노동집약적 방식으로 진행되었다. 이에 유럽은 설탕과 노예 그리고 사탕수수를 정제한 후에 나오는 럼주를 아프리카로 중개 매매하였다. 아프리카와 아메리카 대륙 사이를 중계하는 설탕의 삼각무역은 향신료 경쟁으로 시작되었던 제국주의의 마지막 모습이었다.

아프리카의 노예가 줄어들자 19세기에 중국인들과 인도인들은 전 세계 노예 인력 공급의 새로운 원천이 되었다. 이들은 '쿨리'라는 이름으로 카리브해와 태평양, 미국 남부의 대농장에 투입되었다. 이 인도인들과 중국인들은 그들의 식문화와 함께 새로운 이주터에 뿌리를 내렸다. 오늘날 에스닉 푸드의 대명사로 알려진 샌프란시스코의 음식들이 바로 이들 흑인과 중국인, 인도인들이 가져온 자국의 음식들로부터 기원한다.

차의 무역과 현대사

19세기에 영국 정부는 중국과의 무역에서 만성적인 적자를 보고 있었다. 영국의 부유층은 중국의 차와 도자기를 간절히 원한 반면 중국은 은으로만 결제되는 교역을 고집하였다. 영국 정부가 가진 은이 고갈 날 지경으로 무역 역조가 심해지자 영국은 은 대신에 인도에 심은 아편을 중국으로 밀수출하기 시작하였다. 아편 중독의

16 _ 차 플랜테이션

심각성을 인지한 청나라는 아편 밀수를 금지하고 영국정부에 항의서한을 보냈지만 결국 아편전쟁이라고 알려진 중국과 영국 간의 전쟁이 일어났다. 1842년 아편전쟁은 중국의 패전으로 끝났고 홍콩을 영국에 넘겨주게 되었다. 패전의 결과로 청나라는 급격히 와해되어 약 1세기 동안 중국 내란이 지속되었으며 결국 공산화되었다.

1차와 2차에 걸친 세계대전은 결국 식민지를 둘러싼 유럽 열강의 전쟁이었고 이 중심에는 향료로부터 시작하여 설탕과 차 등의 식료품이 있었다. 이 과정 중에 식료품은 더 이상 식재료가 아니라 재화를 벌어들이는 경제상품머니크롭, money crop으로 변질하였다. 근대 이후 식품 보존방법의 발달과 운송의 발달로 식재료의 세계화가 진전되면서 대형 플랜테이션 농업은 더욱 발달하였다. 오늘날 차, 설탕, 옥수수, 커피, 카카오 같은 특용작물들과 향신료, 담배 등의 천연 식재료를 재배하는 대규모 플랜테이션에서 노예는 사라졌지만 인건비가 싼 원주민이나 이주민을 이용하여 공장에서 상품을 만들어 내듯이 농산품을 만들어 내는 현상은 최근까지 지속되어 왔다. 그러나 향신료나 특용작물 가격의 유통 합리화에 의한 가격 폭락, 단일작물 농업의 폐혜와 농약 등의 환경문제, 소외된 생물자

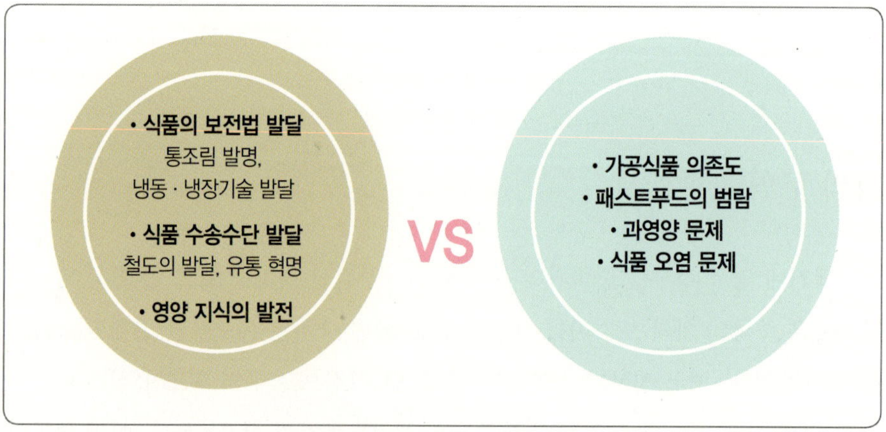

17 _ 근대와 현대 식품산업의 변화와 식문화 변화

원의 멸실, 세계적인 인건비의 상승 등으로 인하여 플랜테이션 농업은 한계에 이르고 있다고 지적되고 있다.

5 현대 식문화의 코드와 미래 트렌드

두 번의 세계대전 이후 절대적으로 부족했던 글로벌 식량 공급이 경제적 부흥에 의한 대량생산과 대량소비 체계로 전환되면서 지구촌의 식문화는 크게 바뀌었다. 양이 아니라 질로, 속도가 아니라 건강한 식품과 다양한 식품, 그리고 양심적인 음식을 추구하는 경향이 점점 더 뚜렷해지면서 슬로푸드 운동 등 자연친화적이고 환경을 생각하는 식생활운동이 세계로 퍼져갔다. 식품과학과 4차 산업의 발달은 이런 변화를 한층 더 가속화시켜 새로운 식품과 공유 주방, 식품 소비풍조가 등장하는 등 미래 식생활의 트렌드는 큰 변곡점을 맞이하고 있다.

푸드테크 : 실험실에서 나오는 식품

자연에서 농축산 식품을 조달하던 오랜 식생활 방식이 현대 시장에서 거센 도전을 받고 있다. 사람의 감각을 인지하는 방식에 대한 이해와 식품과학의 발전이 맞물리면서 쇠고기, 달걀, 우유, 어류에까지 거의 천연 식재료와 유사한 모양과 질감으로 만들어진 인공 식재료들이 개발되어 식문화에 큰 변화를 시작하고 있다. 식물성 단백질로 햄버거 고기를 대체하는 대체육부터 시작하여 시험관에서 세포배양으로 키운 인조고기, 콜레스테롤이 들어 있지 않지만 달걀의 맛과 물성을 지닌 인공달걀과 마요네즈, 효모 균주를 배양하여 만드는 식물성 우유, 세포배양 어류에 이르기까지 다양한 인조식품들이 실험실에서 개발되었다.

각 제품이 아직은 생산단가가 비싸 전 세계의 식탁에 고루 유통되지는 않지만 많은 학자들은 이는 시간문제로 곧 천연 농산물보다 더 저렴하게 대체육류를 식탁에 올리는 날이 멀지 않았다고 보고 있다.

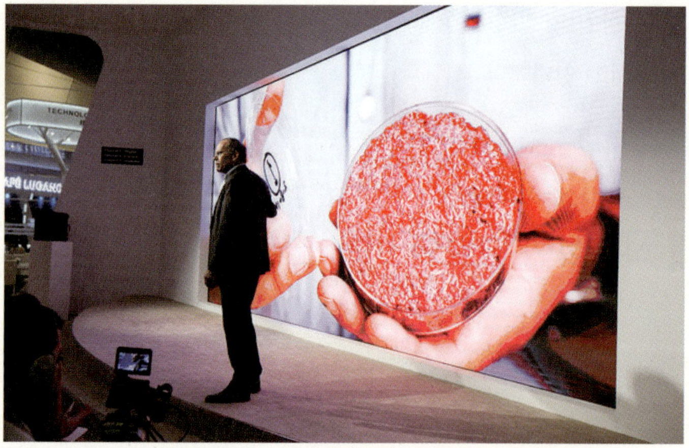

18 _ 실험실에서 줄기세포로부터 배양해 낸 고기에 대해 설명하고 있는 마크 포스트 교수

출처 : By World Economic Forum–CC–BY–SA–2.0(Flickr)

19 _ 햄튼 클릭 푸드(Hampton Creek Food)사의 인조달걀로 만든 마요네즈 광고

20 _ 효모균주로 만든 인공우유 퍼펙트데이

비욘드버거와 임팟서블미트

미래의 단백질을 창조한다는 취지로 설립된 비욘드버거는 녹두에서 추출한 식물성 단백질을 기초로 호박과 버섯류의 단백질을 섞어 햄버거고기, 베이컨, 소시지, 냉동 닭고기 등의 다양한 대체육을 만드는 회사이다. 기존 콩고기류의 대체 육류가 없었던 것은 아니지만 콩고기가 특유의 냄새와 맛, 특히 질감 부분이 만족스럽지 않은 데 비해 비욘드버거는 고기 맛은 즐기기를 원하지만 고기는 먹고 싶지 않은 소비자들을 사로잡기 위해 식품과학과 감각과학을 적극 활용하였다. 고기의 혈색을 내기 위해 비트색소를 넣고 쫀득한 질감을 향상시키기 위해 해조류를 이용하는 등 다양한 푸드테크놀로지들이 사용되었다. 이런 노력에 힘입어 임팟서블미트, 멤피스미트 등 대체 육류를 개발하는 푸드테크 회사들에 타이슨(Tyson)과 같은 기존 대형 축산 기업들과 네슬레 등의 식품기업들, 마이크로소프트의 빌게이츠, 맥도널드의 전 CEO 등이 주도적으로 투자하면서 새로운 미래산업으로 자라고 있다.

비욘드버거와 임팟서블미트

신요리 인구 : 음식을 통해 자신을 표현하다

대체 육류의 급성장 배경에는 채식 선호 인구의 증가가 있다. 국제채식인연맹IVU의 발표에 따르면 건강상의 이유로, 또는 환경에 대한 신념과 종교의 이유로 채식을 선택하는 인구는 2017년 기준 약 1억 8,000만 명으로 추산되며 인도와 같은 원래 채식국가의 인구를 포함하면 최근 10년 사이 약 10배의 증가세를 보이고 있다고 한다. 이에 따라 식물 기반 식품의 매출도 크게 증가하고 있다.

21 _ 식물기원식품의 구매증가량
출처 : Just Eat 매출 비중(2018).

소수의 취향이었던 채식주의자들이 식문화 주류로 등장한 배경에는 인스타그램 등 화려한 사진을 제시하는 소셜 네트워크가 있다. 소셜 네트워크의 활성화로 신념이나 종교, 건강상의 이유로 순수하게 채식만 먹는 비건vegan들이 음식을 통해 자신의 정체성을 표현하며 인류와 자연에게 건강한 채식의 전도사 역할을 자처하여 채식을 식문화 주류 트렌드로 끌어올렸다. 맥도날드와 버커킹 등의 대형 패스트푸드 업장에서도 이런 트렌드에 맞추어 고기 맛은 좋아하지만 고기를 대중 앞에서 먹고 싶어 하지는 않는 채식주의자들을 위해 대체육을 적극 사용하게 되었다.

이와 같이 SNS 등 소셜이 식행동 변화에 주는 영향은 날로 커지고 있어 각종 먹방, 요리탐색 등의 프로그램이 인기를 끌고, 유명 맛집으로 SNS에 뜨면 길게 줄을 서는 것도 이런 푸드 네트워크의 영향력이 커짐을 보여 주는 현상이다.

22 _ 각종 요리 커뮤니티와 푸드앱들

공유주방 : 식품 생산과 소비 양식의 변화

최근 수천 년을 이어온 가정과 사회집단 중심의 식생활이 급변하고 있다. 가정이 해체되고 세계적으로 노인 인구의 증가와 1인 가구가 급증하면서 가정에서 직접 가족이 요리하여 모여서 식사를 나누는 문화가 서서히 퇴조하고 냉동식품과 즉석 편의식의 소비가 급격히 늘어나고 있는 추세이다. 기본 식재료를 사용하여 직접 요리를 하는 인구는 계속 줄어들어 소매유통시장에서 신선식품의 매대가 축소되며 신규 건설 주택 내 주방의 크기까지 줄어든다는 보고도 있다. 식재료나 편의식뿐 아니라 유명 레스토랑의 요리까지 모바일로 간편하게 주문하여 식사하는 모습도 급속도로 일반화되고 있다. 이에 따라 음식을 배달하는 미국의 우버이츠나 한국의 배달의 민족, 중국의 어러머나 메이탄텐펑 등 신속하고 다양한 식재료와 요리를 각재각소로 배달하는 유통 앱들이 크게 활성화었다. 또한 한곳에서 음식을 만들어 이들 앱을 통해 배달만 하는 공유주방이 늘어나고 있다. 3D 식품 프린팅과 조리로봇, 공유주방의 활성화는 음식의 생산과 소비가 점차 인간의 손을 떠나 변화하는 양상을 보이고 있다.

23 _ 유통앱 : 우버이츠와 어러머, 한국의 배달의 민족

좀 더 조사해 보기

1. 세계 각지의 고대로부터 전래된 발효주를 알아보자.

2. 향신료무역이 로마 경제에 미친 영향을 알아보자.

3. 역사적으로 기온의 변화가 식문화에 미치는 영향을 알아보고 그 예를 들어보자.

Chapter 03

극동의 식문화

The Far East

한국은 동아시아의 끝에 자리 잡고 있는 반도국이다. 한국음식은 한민족이 한반도에 정착하면서 중국대륙과 연결되어 음식을 비롯한 문화를 받아들였으며, 자연환경과 역사적 환경에 적응하면서 기호에 맞도록 발전되어 왔다. 특히, 조선시대에는 의례음식, 향토음식, 시절식 등 매우 다양한 음식문화가 꽃피던 시기이다. 국토 전체가 바다로 둘러싸인 섬나라 일본은 신선한 생선과 다양한 음식재료를 사용하여 음식을 만들어 왔다. 특히, 불교의 영향으로 육식보다는 생선이나 채소 위주의 식사가 발달되었고 음식과 그릇과 공간의 조화를 고려하는 즐기는 요리라고 할 수 있다.
아시아의 극동에 위치하는 한국과 일본의 식문화를 알아보자.

✪ 학습목표

- 한국음식과 일본음식이 고유의 특징을 가지고 발전되어 온 배경을 알아본다.
- 한국음식과 일본음식에 사용되는 식재료와 이를 이용한 음식의 특징을 이해한다.
- 극동의 대표적인 음식을 살펴보고 조리해 본다.

한 국 The Republic of Korea

나라명 | 대한민국 **국토면적** | 10만 210km²(108위) **인 구** | 약 5,000만 명
수 도 | 서울 **공용어** | 한국어 **통 화** | 원(KRW, ₩)
종 교 | 불교 22.8%, 개신교 18.3%, 가톨릭교 10.9% **인종(민족)구성** | 한민족

1 식문화의 발달배경

자연환경

한국은 온대기후지역에 속하며, 대륙적인 기온에 사계절의 변화가 뚜렷하다. 여름엔 고온다습하여 벼농사에 적합한 조건을 갖추고 있다. 특히, 벼의 성숙기인 7~8월은 기온이 높고 강우량이 많으며 일조시간이 길기 때문에 쌀농사에 적합하여 쌀밥을 주식으로 하는 식생활이 정착되었다. 고대의 고조선이나 예맥, 고구려 등이 위치했던 만주일대는 콩의 원산지로서 일찍부터 콩을 이용한 장류, 두부, 콩나물 등 가공기술이 발달하였다.

사계절의 구분이 뚜렷하여 계절마다 생산되는 작물이 다르므로 시식 · 절식의 발달과 식품 저장을 위한 방법으로 장류, 김치류, 젓갈류 등의 발효식품이 발달되었다.

또한 삼면이 바다로 둘러싸인 반도국이며, 해안선의 굴곡이 심하여 일찍부터 어패류가 중요한 식량원이 되었다. 한류와 난류가 교차되는 곳에서는 예로부터 좋은 어장을 형성하였다. 서해안의 염전을 통한 소금의 생산과 건어물, 젓갈 등의 형태로

가공하는 방법이 일찍부터 발달하였다.

전 국토의 70% 이상이 산으로 되어 있고 남북의 기후 차이와 지리적 여건으로 인해 지역에 따라 잡곡의 생산 및 채소류 등 다양한 밭작물이 생산되었으며 이를 이용한 조리법도 개발되었다. 한국은 동서남북으로 산맥을 사이에 두고 있어 한랭한 중부 이북의 관북지방과 동쪽의 산악지대에서는 조, 귀리, 옥수수와 같은 밭농사가 적합했고, 중부 이남 서쪽과 남쪽의 평야지대에서는 토지가 비옥하여 벼농사를 비롯한 다양한 농산물이 생산되었다.

지리적 위치는 유라시아 대륙의 극동에 위치한 반도국으로 중국과는 서쪽으로 황

향토음식의 발달

한국은 여러 개의 산맥을 경계로 여러 지역으로 나뉘어져 있으며, 생산되는 재료가 지역에 따라 다양하므로 음식에 있어서도 그 지역만의 특성과 문화가 나타나 있다. 향토음식은 지역마다 독특하게 개발하여 발전된 음식으로서 기후, 지형, 토질 등 자연환경에 따라 주로 생산되는 식품재료도 다르고, 그 지역이 겪어온 정치, 경제, 문화의 영향에 따라 조리가공법에도 영향을 받으면서 발전되어 온 것이다. 지역마다 향수를 느끼게 하는 지역별 향토음식을 살펴보면 다음과 같다.

1. 북부의 음식 특징 및 대표적 향토음식

북쪽의 산간지방에서 잡곡이 잘 생산된다. 대륙적인 기질이 음식에도 반영되어 있다.

- **함경도** : 농산물로는 감자, 옥수수, 콩, 사탕무 등이 있으며, 수산물로는 명태, 대구, 청어, 고등어, 미역 등이 있다. 감자녹말로 만든 냉면과 비빔국수를 잘 만든다. 음식의 모양은 큼직하게 대륙적이고 기교를 부리거나 사치스럽지 않다.
  → 가자미식해, 함흥냉면, 강냉이밥 등
- **평안도** : 산세가 험하고 밭이 많아서 콩과 녹두를 이용한 음식이 많다. 사람들이 진취적이고 실질적인 편이어서 음식도 한두 가지 음식을 풍성하게 즐겼다. 날씨가 추워서 기름진 고기를 좋아하고 음식의 간은 맵거나 짜지 않다.
  → 평양냉면, 어복쟁반, 녹두지짐, 노티 등

어복쟁반

- **황해도** : 황해도는 북부지방의 곡창지대로 쌀 생산이 풍부하고 잡곡의 생산도 많다. 생활이 윤택하여 음식도 양이 풍부하고 소박하다.

→ 되비지탕, 냉콩국, 연안식해, 남매죽, 오쟁이떡 등

2. 중부의 음식 특징 및 대표적 향토음식

북쪽과 동쪽에는 산이 많고 서쪽의 평야에서 쌀과 보리의 생산량이 많은 편이다.

신선로

- **서울 · 경기도** : 조선시대의 수도가 있었던 곳인 만큼 기교가 많은 양반음식문화가 발달하였다. 양념을 많이 첨가하며, 간은 짜지도 맵지도 않다.
  → 설렁탕, 신선로, 조랭이떡국, 개성편수 등
- **강원도** : 강원도는 대개 태백산맥을 중심으로 한 산간지역으로 특산물로는 감자, 옥수수, 메밀 등 잡곡이 생산되고, 수산물로는 오징어, 명태, 꽁치, 고등어 등이 잡힌다. 음식이 소박하고 구수한 편이다.
  → 메밀막국수, 오징어순대, 감자부침, 초당순두부, 메밀묵 등
- **충청도** : 농업이 주가 되는 지역으로서 서쪽 해안지방은 굴, 조개 등 해산물이 풍부하고 내륙의 산간지방에서는 산채와 버섯이 많이 난다. 음식은 양념을 그리 많이 사용하지 않고 담백하며 자연의 맛을 살리는 특징이 있다.
  → 청국장, 호박지찌개, 어리굴젓, 올갱이국밥 등

3. 남부의 음식 특징 및 대표적 향토음식

남쪽과 서쪽의 기름진 평야에서 벼농사를 주로 하며 해안에서 나는 어패류가 음식의 주된 재료이다. 더운 지방이라서 간이 세고 매운맛도 강한 편이다.

- **전라도** : 전라도는 곡식과 해산물, 산채 등 다른 지역에 비해 음식재료가 풍부하여 음식이 사치스러운 편이다. 기후가 따뜻하여 음식은 간이 센 편이며 맵고 자극적이다.
  → 전주비빔밥, 콩나물국밥, 고들빼기김치, 홍어어시욱, 젓갈 등
- **경상도** : 남해와 동해에서 나는 풍부한 해산물과 낙동강 주변의 기름진 토양에서 농산물이 생산된다. 음식은 사치스럽지 않으며, 맛은 대체로 맵고 간이 센 편이다.
  → 진주비빔밥, 동래파전, 아구찜, 안동식혜, 들깨토란탕, 전복김치 등

4. 제주도의 음식 특징 및 대표적 향토음식

섬 지방 특유의 해안가의 해산물과 한라산에서 나는 버섯, 고사리, 산나물 등을 재료로 이용한다. 잡곡이 흔하며 바닷고기를 회나 국 또는 말려서 이용한다.

→ 전복죽, 자리회, 메밀빙떡, 옥돔미역국, 오분자기젓 등

해와 북쪽으로 육로로 연결되어 있으며, 남쪽은 해협을 두고 일본과 마주하고 있어 해로와 육로를 통해 문화교류가 쉬운 위치에 있다. 위로는 중국을 비롯한 동북아시아 대륙으로부터 농경문화, 불교의 전래, 조리가공방법 등 많은 발달된 생활문화가 일찍부터 전해졌다. 또한 해로를 통해 일본으로 벼농사기술, 발효식품기술 등을 전하였다.

사회문화적 배경

: 종교

씨족사회에서 공동체적인 집단생활과 벼농사를 경작하고 추수하는 과정에서 풍작을 기원하고 신에게 감사하는 제천행사가 있었으며, 이때 술과 떡, 고기 등의 음식을 놓고 감사하며 축제를 즐기던 것이 공동체적 잔치 상차림으로 발전되었을 것으로 보인다.

4~5세기에 삼국이 불교를 받아들였고, 14세기 말 고려시대에 이르는 약 1000년 동안 한반도에서 불교가 융성하였다. 이러한 숭불환경에서 음다飮茶 풍습과 병과류餠菓類의 제조기술이 발달하였다. 육식을 절제함에 따라 채소를 이용한 음식이 발전하여 동치미, 나박김치 등 다양한 침채류의 형태로 발전하였다. 불교 행사에 실시하는 진다례進茶禮와 다과상茶菓床 차림을 통해 떡문화, 차문화 그리고 과정류가 발달되었다.

유교를 국가적으로 신봉하던 조선시대에 이르면 음다 풍습이 축소되고, 반면 음청류가 발달한다. 유교의 관혼상제에 따른 의례행위 등으로 가양주, 병과류, 술과 함께 곁들이는 음식 등 의례용 음식이 발달하였다.

: 역사

한국으로 옮겨온 민족은 강가나 바닷가에 정착하면서 어로와 수렵, 채집에 의해 식량을 획득하던 시기를 거쳐 신석기 중기에 잡곡농사를 시작으로 기원전 2000년경에 벼농사가 시작되었다. 철기시대에 이르러 농기구가 철제로 바뀌고 농사기술이 발달하면서 곡물의 상용화가 이루어졌다.

부족국가시대기원전 2000년~AD 300년에는 주식과 부식의 분리, 소금의 생산, 식기의 다양화, 맷돌의 이용, 조미료 사용, 식생활의 계층화가 이루어졌다.

삼국시대에는 벼농사에 필요한 관개시설 등 중농정책을 실시하고 쌀을 비롯한 보리, 조, 콩, 팥 등 잡곡을 재배하였다. 농업국으로서 체제를 갖추고, 쌀의 주식화가 확대되었다. 《삼국사기》에 삼국시대 신문왕이 왕비로부터 받은 폐백음식으로 쌀, 술, 장, 젓갈, 포, 메주가 기록되어 있는 것으로 보아 이때 이미 현재 한국에서 상용되는 조리가공법이 성립되고 밥과 반찬으로 구성된 밥상차림이 정착되었을 것으로 보인다.

통일신라가 전제왕권을 확립하고 고려시대로 오면서 귀족계급을 중심으로 음식문화가 더욱 발전하였다. 고려시대 말에 와서 육식을 위주로 하던 원나라의 침략을 계기로 육류의 소비가 증가하였고, 상인들에 의해 설탕, 후추, 포도주 등이 들어왔다. 음식업과 객관업이 발달하게 되었다.

조선시대 500년을 지나면서 왕권 중심의 사회구조 속에서 궁중의 음식과 양반가를 중심으로 종가음식이나 반가음식이 발달하는 계기가 되었다. 유교이념에 따른 관혼상제 등 통과의례음식과 전통적인 상차림이 완성되는 시기이다. 자생식물에 대한 약재연구와 의학이 발달되고 약식동원藥食同原의 개념을 통한 보양식의 발전과, 상용음식의 맛과 색 등의 조화를 추구하였다. 또한 술, 장, 젓갈, 김치 등 가공기술이 더욱 다양화되었다.

개화기는 1900년을 전후해서 서구의 근대 문물을 수용함으로써 식생활문화의 근대화가 시작되었고, 1970년대 이후 경제발전과 공업화로 인해 사회가 급격히 국제화되면서 식생활도 서구화되었다. 현대에 와서는 생활패턴의 변화로 인해 외래식품과 가공식품, 반조리식품 등 식품이 간편화되고 외식문화가 지속적으로 확대되고 있다.

식문화의 특징

- 주식인 밥과 부식인 반찬으로 구분되어 있다 : 곡류로 지은 밥을 주식으로 하고, 채소, 수조육류, 콩류, 해조류, 어패류 등 계절마다 제철에 나는 재료를 이용한 다양한 반찬을 부식으로 한다.
- 곡류 가공식품 및 저장발효음식이 발달하였다 : 떡, 술, 죽, 두부, 장류, 엿 등 조

리가공법의 발달로 곡류 가공식품과 각 계절에 생산되는 재료들을 이용한 김치, 젓갈, 장아찌, 육포, 어포 등 저장식품이 발달하였다.

- 다양한 조리법이 발달하였다 : 한국음식은 조리법이 복잡하여 잘게 썰거나 다져서 조리하고, 갖은 양념으로 간을 한다.
- 재료의 선택과 조리법에 있어서 약식동원과 음양오행의 사상을 바탕으로 한다 : 재료의 특성과 약리적 효능을 잘 살렸으며 색, 맛, 식품의 성질에 있어서 배합이 합리적으로 이루어지도록 고려하였다.
- 일상식과 구분하여 의례에 따른 세분화된 잔치 상차림이 있으며, 계절에 따른 시식과 절식의 풍습이 있다.

2 우리나라 음식의 특징

조미료, 향신료

우리나라 음식에서 맛을 내기 위해 사용하는 조미료와 향신료 등을 양념이라 하고, 음식의 외관을 좋게 하기 위해 음식 위에 뿌리거나 얹어서 내는 것을 고명이라 한다. 간장, 소금, 된장, 고추장, 식초 등의 조미료와 고춧가루, 마늘, 생강, 겨자, 파, 후추 등의 향신료를 양념으로 사용하였다. 고명으로는 달걀을 흰자와 노른자 따로 얇게 부쳐서 채 썬 달걀지단, 알쌈, 미나리초대, 고기고명, 잣, 버섯, 호두, 은행, 대추, 밤, 실고추, 볶은 고추, 참깨 등이 있다.

대표음식

쌀과 잡곡을 이용한 음식

오랫동안 쌀을 주식으로 이용했던 만큼 쌀을 이용한 가공식품이 매우 발달하였다. 죽은 병인식이나 보양식 등으로도 이용하였고, 팥죽과 같이 시절식으로도 이용되었다.

떡과 술은 잔치나 제사에 이용된 대표적인 음식이며, 농업이 시작된 초기부터 만들었던 것으로 보인다. 쌀, 콩, 깨, 팥, 녹두 등 잡곡을 재료로 이용하여 일상식, 시절식이나 의례음식으로도 이용되었다. 조선시대 문헌에 등장한 떡의 종류는 총 250여 종인데, 제조방식에 따라 지진떡, 찐떡, 친떡, 삶아 건진 떡으로 구분된다. 술은 밥에 누룩을 넣어 발효시킨 곡주로서 발효시키는 방식과 거르는 방식, 첨가하는 재료에 따라 청주, 소주, 막걸리 등 다양한 전통주 문화를 가지고 있다.

꿀편

삼색경단

1 _ 다양한 떡류

국수와 만두는 삼국시대부터 밀을 재배하기 시작하였으나, 대량 생산에 적합한 환경이 아니었으므로 귀한 손님에게 대접하거나 잔치 때 쓰는 음식으로 정착되었다. 메밀을 이용한 메밀국수, 녹말을 이용한 국수, 밀가루를 밀어서 썰어 만든 칼국수 등이 있다.

콩을 이용한 음식

예로부터 만주의 넓은 지역에서 재배되었던 콩을 이용한 다양한 음식들이 개발되었다. 대표적인 음식이 간장, 된장, 고추장, 청국장과 같은 속성장 등 장류이다. 장류는 콩을 발효시키면서 생성되는 아미노산 등 단백질 분해물이 풍부하여 한국음식의 맛을 내는 중요한 조미료의 하나로 이용되었다. 그 외에 콩을 갈아서 국물을 내어 콩국수를 만들어 먹기도 하였고, 이를 응고시켜 두부로 가공하였으며, 콩의 싹을 길러서 콩나물을 키워 채소를 구하기 어려웠던 겨울에 반찬으로 이용하기도 하였다.

육류를 이용한 음식

삼국시대 고구려에 맥적 등 육류음식이 발달하였으나, 불교가 전래된 이후 고려시대까지 육류음식이 적게 이용되었다. 그러나 고려시대에 원나라의 침입 이후 육류를 이용한 구이, 찜, 볶음, 전, 회 등 다양한 음식이 발달하였다. 너비아니구이는 양념구이의 일종으로 안심이나 등심살을 얇게 저며 잔칼질을 하고 갖은 양념을 하여 숯불에 굽는 음식이다. 그 외에도 육류의 이용 부위나 굽는 방식에 따라 불고기, 갈비구이 등의 음식으로 발전되어 왔다.

예로부터 탕의 문화가 발달하여 육류의 부위와 조리법의 차이에 따라 곰탕, 설렁탕, 갈비탕 등이 있다. 설렁탕은 고기의 국물을 이용하는 음식으로 사태, 양지를 내장, 소머리와 함께 고아서 기름을 거둔 후 고깃살을 저며 함께 먹는 음식이다.

해산물을 이용한 음식

삼면이 바다에 접해 있어서 제철에 따라 풍부하게 잡히는 생선을 찜, 구이, 조림, 찌개 등으로 조리하였다. 저장을 위해서는 생선을 말려두었다가 이용하거나 젓갈과 같이 염장발효식품으로 가공하여 김치 등의 제조에 천연조미료로도 이용하였다.

채소를 이용한 음식

산과 들에서 자생하거나 재배되는 각종 채소들은 맛과 향이 좋아 일찍부터 이를 생채로 혹은 데쳐서 조미하여 부식으로 이용하였다. 들나물, 산나물, 재배하여 기른 채소 등은 독특한 맛과 풍미 외에도 저마다 기능성 물질을 지닌 것으로 알려져 있다. 채소를 저장하기 위한 방법으로서 말려두었다가 이용하거나 김치, 장아찌와 같이 염장발효시키는 가공저장방법도 일찍부터 발달하였다.

김치류는 채소를 염장 발효시킨 식품으로 채소 특유의 아삭한 맛과 발효에 의한 젖산 등 유기산류가 어우러져 상쾌한 맛과 특유의 발효된 맛이 조화를 이루는 음식이다. 김치의 어원은 일반적으로 침채沈菜 ; 채소를 소금물에 담근다는 의미가 팀채, 혹은 딤채로 발음되다가 '짐치'가 다시 오늘날의 '김치'가 된 것으로 추정된다. 김치류는 3000년 전부터 중국에서 '저菹'라는 이름으로 나타나기 시작하여 한국에는 삼국시대에 전래되어 고려시대를 거치면서 동치미, 물김치, 장아찌 등으로 다양화되었고, 조선시대 중기에 고추가 보급된 이후 지금과 같은 형태의 김치로 발전된 것으로 보인다.

전통 후식과 한과류

전통적인 한과류는 불교의 영향으로 고려시대에 차문화가 발달하면서 곁들여 먹었던 약과, 매작과, 강정류, 다식 등이 함께 발달하였고, 조선시대에 의례음식의 발달로 더욱 다양화되었다.

한과류는 기름에 지진 약과, 매작과와 같은 유밀과와 강정류, 산자류, 다식 등이 있다. 또한 지금은 많이 이용되지 않지만 꿀에 조린 정과류, 숙실과 등 종류가 다양하고 제조방법도 매우 기교가 발달되었음을 볼 수 있다.

2 _ 매작과

음청류

한국의 차문화는 불교와 더불어 삼국시대에 들어와서 고려시대까지 기호음료로 꽃을 피웠다. 그 당시 차를 마시던 다구나 후식들이 매우 발달되었는데, 서민들의 경우는 《고려도경》에 "여러 약재를 넣고 끓인 것을 차라 하였다"고 한 것을 볼 때 녹차보다는 한방차구기자차, 결명자차, 인삼차, 모과차 등를 더 음용하였다고 볼 수 있다. 조선시대에는 불교가 쇠퇴하면서 음청류라 하여 음료의 종류가 다양해졌다. 한방차, 숭늉과 같은 서민이 즐겨 마실 수 있는 음료뿐 아니라 식혜, 수정과, 꽃잎이나 과일을 넣은 화채류진달래화채, 앵두화채, 수박화채, 유자화채 등, 수단과 화면 등 다양한 음청류가 사시사철 애용되었으며, 명절이나 손님 접대 시에도 꼭 들어가는 품목의 하나였다.

3 _ 한과류

4 _ 오미자차

5 _ 진달래화채

일상식

한국의 일상식은 1일 세 끼를 기본으로 식사법은 대개 준비된 음식을 한꺼번에 차려 놓고 먹는 공간 전개형 식사 형태이다. 반상은 밥과 반찬으로 차리는 기본이 되는 상으로서, 외상, 겸상 등으로 나뉜다. 반상차림에는 밥, 국, 김치, 조치를 제외하고 반찬의 숫자에 따라서 3첩, 5첩, 7첩, 9첩, 12첩이 있다. 뚜껑이 있는 반찬 그릇을 쟁첩이라 하는데, 첩수는 반찬의 개수를 의미한다. 이는 빛깔과 영양도 고려해서 식품의 재료나 조리법이 겹치지 않게 한 매우 과학적인 상차림이라고 볼 수 있다.

6 _ 일상적인 반상차림

손님 접대용 상차림

국수를 주식으로 대접할 때 차리는 면상, 차와 다과를 대접하기 위한 다과상, 주류와 안주를 대접하기 위한 상차림으로서 주안상 등이 있다.

연회식

특별행사의 의례 상차림

관혼상제와 같은 행사나 명절, 잔칫날에 교자상을 차렸다. 교자상은 많은 사람들이 함께 모여 식사를 할 경우에 차리는 상이다. 잔치음식에는 국수, 만두, 떡, 술, 한과류, 음료 등이 빠지지 않는 음식이다.

돌상은 아기가 태어난지 1년이 되는 첫 생일을 축하하기 위하여 차리는 상이다. 장수, 부귀, 다복을 기원하는 뜻에서 이를 상징하는 쌀, 국수, 흰 실타래, 붓, 먹, 책, 활, 돈, 미역국, 백설기, 수수팥경단, 송편 등을 차렸다.

큰상은 회갑이나 혼례와 같은 경사로운 일을 축하하는 의미에서 주인공에게 차려

주는 상으로서 가장 풍성하고 화려하게 차리는 상이다.

제상은 제사를 모실 때 차리는 상으로 제사의 종류, 가문의 전통 등에 따라 조금씩 음식이 다른데, 메, 탕, 적, 나물, 편, 포, 과일, 한과류, 제주祭酒 등을 준비한다.

7 _ 칠절판

명절음식, 절식과 시식

농경국가였던 우리나라는 태음력을 기준으로 24절기에 따라 농사를 짓거나 세시풍속을 즐겼다. 이때 차리는 세시음식은 시식과 절식으로, 계절에 따라 나는 식품으로 만든 시식과, 절식을 차리고 이웃과 함께 즐기는 전통이 전해져 내려왔다. 이러한 음식의 의미는 화를 물리치고 풍년의 기원, 수확에 대한 감사의 마음을 담고 있다. 이를 통해 공동체 구성원 간의 친목도모와 제철음식의 섭취에 따른 신체적 건강을 도모하였다.

시식과 절식

1. 정월초하루(正月元日), 설날

정월 초하룻날은 한 해의 첫날이며 설날이라고도 한다. 이 날은 남녀노소 구분 없이 설빔을 갈아입고 차례를 지낸다. 세찬으로는 떡만두국, 갈비찜, 생선찜, 녹두빈대떡, 각색전, 삼색나물 등과 약과, 다식 등 한과류, 수정과, 식혜를 후식으로 준비한다.

2. 정월대보름

상원上元은 정월 15일로서 대보름이라 한다. 이 날의 절식으로는 약밥, 오곡밥, 가을에 말려두었던 묵나물과 복쌈을 먹었다. 또한 새벽에 생률, 호두, 은행 등 견과류를 준비했다가 자기 나이 수대로 부럼또는 부름을 깨물면서 종기나 부스럼이 나지 않기를 기원한다.

3. 삼월삼짇날

중삼절음력 3월 3일이라고도 하며 절식으로는 진달래꽃으로 만든 화전, 화채, 화면, 두견주, 탕평채 등이 있다. 이 날은 음식을 만들어 산이나 들로 가서 봄놀이를 즐겼다.

4. 사월초파일

음력 4월 8일은 석가탄신일을 기념하며, 집집마다 등燈을 달아 연등을 하였다. 절식으로는 느티나무 어린잎으로 만든 유엽병과 볶은콩煮豆, 삶은 미나리나물 등이 있다.

5. 단오절

음력 5월 5일은 단오라 하여 연중 큰 명절의 하나이다. 이 날은 창포물에 여자들이 머리를 감고 남자들은 씨름놀이를 하였다. 절식으로는 수리취떡, 더위를 이기고 보신을 위해 마시는 제호탕, 도행병, 앵두화채, 준치국 등이 있다.

수리취떡

6. 유두절

음력 6월 15일을 유두일이라 하는데, 동쪽으로 흐르는 물에서 목욕을 하여 불길한 것을 씻어버리는 풍습이 있었다. 절식으로는 유두면, 떡수단, 보리수단, 편수 등이 있다.

7. 삼 복

음력 6월에서 7월 사이에 초복, 중복, 말복의 세 절기를 말하는 것으로, 더위를 물리치기 위한 보양음식으로 개장국, 삼계탕, 닭죽, 육개장 등을 먹는다.

8. 추 석

음력 8월 중 보름날을 추석 혹은 한가위라고 한다. 이 시기는 추수를 하는 계절로 햇곡식으로 만든 떡과 햇과일을 차려 조상에 차례를 지내고 성묘를 한다. 절식으로는 송편, 무와 호박을 넣은 시루떡을 만든다. 그 외에도 인절미, 토란탕, 화양적, 닭찜, 율란 등이 있다.

9. 중양절

음력 9월 9일을 중구라고도 한다. 강남에서 온 제비가 다시 돌아간다고 하여, 수확을 마무리하는 계절이다. 이 날은 국화전, 유자화채, 국화주, 밤단자 등을 먹고 즐겼다.

10. 동 지

동지를 작은 설이라고도 하는데, 밤이 가장 길고 낮이 가장 짧은 날이다. 팥죽에 찹쌀가루로 만든 새알심을 만들어 나이대로 넣어주었다고 한다. 이때 붉은 팥죽을 대문에 뿌리면 악귀를 쫓는다는 의미에서 유래되었다고 한다.

일 본 JAPAN

나라명 | 일본　**국토면적** | 37만 7,835km²(세계 61위)　**인 구** | 약 1억 2,800만 명
수 도 | 동경　**공용어** | 일본어(일본 전체 인구의 99% 이상)　**통 화** | 엔(JPY, ¥)　**종 교** | 신토(神道, しんとう, 90% 이상)와 불교는 일본의 민속신앙체계로, 일본 고유의 다신교 종교)
인종(민족)구성 | 일본인

1 식문화의 발달배경

자연환경

일본은 북위 20~45° 부근에 위치하며, 북쪽으로는 홋카이도에서 시작하여 혼슈와 시코쿠에서 큐슈에 이르기까지 4개의 큰 섬과 4,000개 이상의 작은 섬들로 이루어져 있다. 남북으로 길게 뻗어 있으며, 복잡한 지형과 해류의 영향이 크기 때문에 지역별 기후의 차이가 현저하다. 북쪽의 홋카이도는 겨울이 길고 눈이 많이 오며, 전반적으로 냉대기후를 보인다. 홋카이도는 농축산물의 '생산기지'라 불릴 만큼 농업, 축산업, 수산업이 활발하다. 특히, 쌀 · 감자 · 콩 · 팥 · 옥수수 생산이 많고, 축산업에서 젖소와 육우의 두수는 전국의 45% 이상을 차지한다. 그 외 대부분의 지역은 온대몬순기후에 속한다. 여름에는 고온다습하며 사계절 구분이 뚜렷하여 해산물과 계절에 맞는 밭작물 등 음식재료가 풍부하다.

일본의 지형은 약 70%가 산간지역이어서 평야가 적은 편이다. 일본열도는 지구상에서 가장 지층이 불안정한 지역에 속해 있어서 지진과 화산활동이 활발하다. 지

형이 높고 급하기 때문에 산지에서 내려온 토사가 쌓여 큰 평야지대가 형성되고 이러한 곳에 벼농사가 발달되었다. 홋카이도의 이시가리 평야는 일본 최대의 쌀 생산량을 자랑한다.

일본은 사면이 바다로 둘러싸인 섬나라지만 북쪽으로는 러시아, 서쪽으로는 한국과 중국 그리고 서남쪽으로는 필리핀과 인도네시아 등 동남아시아와 그리 멀지 않은 거리에 있어 중국이나 한국으로부터 일찍이 문화를 받아들일 수 있었다.

사회문화적 배경

종교

인구는 세계에서 10번째로 많은 나라이다. 대부분의 일본 사람들은 신토神道, しんとう라는 애니미즘적 다신교를 믿는다. 6세기 중엽 한국에서 불교가 전파된 이후로 불교와 신토는 서로 혼재된 상태로 존재해 왔다. 신토의 영향으로 크고 작은 신사에서 실시하던 제사 등 행사가 지금도 이루어진다. 불교의 영향으로 오랜 기간 육류소비를 절제하고 차문화가 발전되었으나, 개항과 외국 문물의 유입으로 현재는 육류요리가 많이 발달하였다.

역사

기원전 8세기경 이후 대륙으로부터 벼농사를 중심으로 한 문화 양식이 전해졌으며, 중국식 법체계와 사회제도를 급속히 받아들였다. 나라시대710~784에는 당나라와 국교를 맺고, 사상, 종교, 식사 양식 등을 받아들여 일본요리의 기초가 되었다. 10~11세기 사이에 봉건체제를 바탕으로 귀족문화를 형성하였으며, 그 후 사무라이 계층이 13세기 이후 가마쿠라 막부를 세워 정치적 주도권을 잡았다. 16세기 후반에 에도 막부가 세워진 이후 평화가 지속되면서 교통 · 상공업의 발전과 에도지금의 동경와 오사카 등 도시를 중심으로 문화가 번성하게 되었다. 특히, 에도시대1600~1867에는 일본요리의 형식이 완성되었고 발전된 시기이다. 에도 막부의 붕괴 이후 메이지 유신1868~1926을 맞이한 일본은 천황을 중심으로 근대적 개혁과 발전을 이루었다. 근대에는 문명의 개화와 함께 서구의 많은 생활양식이 영향을 미쳤다. 외국요리도 급격히 들어오면서 금기시해오던 육류의 식품 사용이 가능해지고, 수입식품과 양식조리법이 보급되는 등 식생활에 엄청난 변화를 일으켰다.

:: 일본음식의 지역별 특징

일본음식은 크게 교토를 중심으로 한 관서지역의 음식과 도쿄를 중심으로 한 관동지역의 음식으로 구분한다. 이들 특징을 살펴보면 다음과 같다.

1. 관동지방(關東料理)의 음식

관동지방의 음식은 에도도쿄요리라고 한다. 깊은 바다에서 나는 양질의 생선이 풍부하여 생선요리가 발달하였다. 설탕과 간장을 써서 음식의 맛을 진하게 낸다. 따라서 관동지방의 조림은 짭짤하고 국물이 거의 없다. 생선초밥, 덴푸라, 민물장어, 메밀국수가 대표적 음식이다.

2. 관서지방(關西料理)의 음식

관서지방은 교토를 중심으로 전통적인 일본요리가 발달한 곳으로 담백하고 부드러우며 채소나 건어물요리, 오사카의 실용적이고 합리적인 생선요리가 주종을 이룬다. 음식의 맛은 연하면서 국물이 많고, 재료의 색과 형태를 최대한 살리는 특징이 있다.

식문화의 특징

- 밥을 주식으로 하며 부식으로 반찬을 이용한다.
- 콩과 두부, 유부, 된장, 간장, 낫토 등 콩을 이용한 가공식품이 발달하였다.
- 제철 재료를 사용하여 계절과 음식의 색감, 그릇과 곁들임 장식과의 조화를 고려한다.
- 젓가락만을 사용하여 음식을 먹고, 국을 먹을 때도 국물은 마시고 건더기를 건져 먹는 식사방식을 취한다.
- 해산물이 풍부하여 해산물요리가 발전하였고 스시, 사시미와 같이 날로 먹을

수 있는 조리방법이 다양하게 개발되었다.

- 소바, 우동, 라멘 등 면류 음식이 발달하였다.
- 식재료가 지닌 고유의 맛과 색, 향과 모양 등 자연적인 맛을 즐긴다.
- 다시마, 가츠오부시, 정어리, 고등어, 멸치, 닭고기, 말린 표고버섯 등의 재료로 국물을 내어 만든 다시가 국물의 기본이다.
- 주변국인 중국과 한국 그리고 멀리 서구문물의 영향을 쉽게 받아들이면서 일본요리에 다른 나라의 방식을 잘 조화시킨 요리들이 발전하였다.

2 일본음식의 특징

조미료, 향신료

일본요리는 대체로 담백한 재료 고유의 맛을 선호하므로 음식재료 자체의 형태와 맛을 살려서 조리하여 조미료, 향신료를 진하게 쓰지 않는다. 조미료는 된장, 간장, 설탕, 술, 식초, 소금을 주로 사용하며, 기본 국물은 가츠오부시가다랑어포와 다시마를 넣어 만든다. 일본음식 특유의 맛은 미소일본 된장, 쇼유일본간장, 미림조미술, 가츠오부시, 다시마, 와사비고추냉이 등의 맛이라고 할 수 있다.

가다랑어포가츠오부시, 鰹節는 가다랑어의 머리와 내장을 제거하고 증기에 찐 다음 뼈를 발라 건조 후 발효시켜서 만든다. 주로 육수를 내는 데 사용한다.

대표음식

스시(초밥)와 사시미(회)

스시는 식초, 소금, 설탕 등으로 조미한 밥 위에 신선한 생선, 생선알, 조개 등 어패류나 달걀을 올려놓은 일본의 대표적인 음식이다. 스시는 소금으로 절이거나 소금에 절인 생선에 밥을 넣고 한달 정도 숙성시켜 발효에 의해 산미가 나게 만들었던 나레즈시가 원조이다. 나레즈시는 후에 밥에 식초를 넣거나 조미하여 신맛이 나게 한 지금의 스시로 발전된 것으로 보인다.

사시미회는 마구로참치, 다랑어, 연어, 문어, 새우 등의 신선한 생선을 접시에 썰어 와사비를 넣은 간장에 찍어 먹는 음식으로 생선의 맛 그대로의 담백함을 느낄 수 있는 음식이다.

8 _ 스시

돈부리

돈부리는 일본식 덮밥의 형태로 밥 위에 여러 가지 재료를 얹어서 먹는 음식이다. 밥에 올리는 재료에 따라 규동쇠고기, 양파를 얹음, 가츠동돈가스를 얹음, 텐동텐푸라를 얹음, 오야코동닭고기와 달걀을 얹음 등 종류가 다양하다.

장어덮밥

돈가스를 밥 위에 얹은 가츠동

9 _ 덮밥의 형태인 돈부리의 예

텐푸라

새우, 오징어, 생선, 고구마, 가지 등에 밀가루, 달걀을 입혀 튀겨낸 음식이다. 나가사키 개항 이후 외국인들이 들어오면서 포르투갈의 '템페라'에서 유래된 음식으로 보이며, 이러한 튀김요리가 발전하여 19세기부터 돼지고기를 이용한 돈가스와 크로켓 등의 다양한 튀김요리가 생겨났다.

국수류

소바는 메밀가루로 만든 국수를 뜨거운 국물에 넣어 먹거나 차가운 간장에 무 · 파 · 고추냉이를 넣은 국물에 찍어 먹는 일본요리이다. 우동은 밀가루로 만든 국수로서 굵기가 한국의 국수보다 굵은 면을 사용한다. 일본의 서쪽지역은 온난한 기후이기 때문에 밀의 재배가 적합하여 우동문화권이라 하며, 동쪽지역은 한랭한 기후 때문에 메밀이 잘 자라 소바문화권으로 분류하기도 한다.

라멘은 한국과는 달리 튀기지 않은 면을 사용하며, 국물 위에 돼지고기, 삶은 달걀 등 여러 토핑을 얹는데, 육수의 종류나 고명에 따라 된장으로 맛을 낸 미소라면, 간장으로 맛을 낸 쇼유라면, 소금으로 맛을 낸 시오라면 등이 있다.

샤부샤부

나베모노냄비요리 중 하나로서 얇게 썬 고기, 두부, 배추, 쑥갓, 파, 다시마, 곤약, 버섯 등을 끓는 물에서 살짝 데쳐서 소스에 찍어먹는 음식이다. 쇠고기뿐만 아니라 돼지고기, 오리고기 등도 이용한다.

야키모노(구이요리)

고기, 생선, 채소 등의 재료를 구워먹는 음식이다. 소스를 발라 직접 꼬치나 석쇠에 끼워서 먹는 데리야키, 시오야키 등이 있으며, 철판에 굽는 데판야키 등이 있다.

10 _ 자루소바

11 _ 라멘

12 _ 송어소금구이

13 _ 밥 위에 얹은 낫토

14 _ 우메보시

15 _ 타코야키

스키야키(鋤焼)

스키야키는 얇은 철냄비에 고기를 굽거나 삶아낸 쇠고기 냄비 전골요리의 일종이다. 양념국물을 넣어 달고 짭짤한 맛을 내는 요리로서 일반적으로 얇게 썬 쇠고기에 파, 쑥갓, 표고버섯, 두부 등을 첨가한다.

낫 토

낫토는 콩을 낫토균을 이용해 발효시켜 만들며, 독특한 향과 점성이 있고 실과 같이 늘어나는 일본의 전통식품이다. 한국의 청국장과 유사하나, 익히지 않고 밥에 얹어서 먹는다.

우메보시

단무지다꾸앙 등과 같은 쓰케모노절임류 중 하나로서 매실장아찌의 일종이다. 우메보시매실 절임, 梅干し는 매실을 소금에 절인 후 햇볕에 말려서 만든 새콤하고 짭짤한 맛을 지닌 반찬류 중의 하나이다. 붉은 자소잎을 사용하여 붉은색을 띤다.

오코노미야키

지역에 따라 양배추, 돼지고기 등 재료를 밀가루 반죽에 넣고 철판에 구워서 먹는 음식이다. 문어를 넣은 것을 타코야키라 하며, 매우 인기 있는 길거리 음식에 속한다.

오니기리

오니기리란 밥에 소금으로 간을 하거나 깨, 쇠고기 다진 것 등 다양한 재료를 섞어 넣고 삼각형으로 뭉친 후 김으로 감싼 것이다. 한국의 주먹밥이나 삼각김밥과 같이 여행 시 간편하게 싸가지고 다닐 수 있는 휴대용 식사라 할 수 있다.

녹 차

오차라고도 하며, 센차煎茶나 교쿠로玉露, 마차가루차 등 여러 종류가 있고, 식사 후에 주로 차를 마신다.

일본의 차문화

일본에 차는 헤이안平安시대에 중국으로부터 유학하고 온 승려들에 의해서 처음으로 전해진 것으로 보인다. 이 시기에는 주로 승려와 일부 귀족층에서 차를 마셨다. 12세기 초에 송宋의 말차抹茶가 전해지고 차의 양생적인 의미, 무사들의 차모임을 계기로 일본차가 다시 부흥되었다. 일본은 기후와 토양이 차의 재배에 좋았으므로 현재는 차의 다산국이 되었다. 16세기 후반 센노리큐千利休가 일본의 차문화를 다도茶道로 발전시켰고, 18세기 전반 에도시대에 들어서 전 계층이 즐기게 되었으며, 곳곳에 다실茶室도 생겨났다. 차의 종류에는 센차煎茶, 교쿠로玉露, 마차抹茶, 반차番茶, 호우지차, 메차芽茶 등이 있다.

일상식

모든 식사는 쌀이 주식이고 생선과 채소, 콩 등을 부식으로 하는 밥과 반찬으로 구성된다. 전통적으로 가정에서 먹는 밥상은 흰밥에 된장국, 반찬으로 구운 생선, 절임류인 쯔께모노 등으로 구성된 식사를 하며, 여기에 달걀찜이나 달걀말이 등을 먹는 경우도 있다. 맑은국과 날것, 구이, 조림으로 이루어진 1즙 3채가 일반적인 상차림이다.

∴ 와쇼쿠의 세계문화유산 등재

'와쇼쿠和食'란 일본의 전통식사로서 이와 관련된 식재료의 생산, 조리, 가공, 이와 관련된 기술과 지식, 전통 등 일체를 말한다. 다양한 해산물과 채소 · 산채山菜 등의 식재료를 사용하기 때문에, 일본 전역에서 저마다 고유한 전통 식문화를 발달시키면서 지역별 다양성을 창출했다. 와쇼쿠는 균형이 잘 잡힌 전통적인 식사를 함으로써 일본인들의 건강한 생활을 돕고, 가족이나 공동체의 결속을 돈독히 한다는 사회적 기능도 중요시되고 있다.

연회식

손님 초대를 위한 음식이 외식의 발달과 사회문화의 변화에 따라 다양하게 발전되어 왔다.

쇼진요리(精進料理) : 사찰요리

불교사상을 기본으로 한 요리로서, 정진이라는 것은 불교에서 몸을 깨끗하게 하며, 마음을 수양하는 것이다. 가마쿠라시대에 주로 사원에서 발달되어 서민들에게 널리 퍼진 요리이다. 살생과 육식을 금지한 불교의 가르침에 따라 동물성 재료를 피하고 주로 채소, 곡물, 두류, 버섯, 해초 등 식물성 재료를 이용한다.

가이세키요리(懷石料理) : 다도(茶道)요리

16 _ 가이세키요리

다도에서 차를 내기 전에 간단하게 제공되는 요리로서, 차가이세키요리라고도 한다. 진한 차를 마시기 전에 적당히 배를 채우기 위한 음식으로서, 계절의 신선한 재료를 사용하여 준비한 음식이며, 적은 양을 낸다. 무로마치 중기인 1400년대부터 시작되었고, 에도시대에 거의 완성되었다. 여기서 가이세키懷石라는 말은 선승이 추위와 공복을 견디기 위해 뜨거운 돌을 품은 것에서 유래한다.

혼젠요리(本膳料理)

손님상에 내는 것으로 혼젠, 니노젠二の膳, 산노젠三の膳 등 기준을 갖춘 정식 일본요리를 말한다. 국과 반찬의 수에 따라 구분한다. 1즙3채一汁三菜, 2즙5채二汁五菜, 3즙7채三汁七菜 등을 기본으로 하며, 상은 '젠膳'이라고 하는데, 관혼상제에 차리는 일본의 정식요리를 말한다. 무로마치시대에 시작되었으며, 에도시대에 다채롭고 화려하게 발전되었다.

가이세키요리(會席料理)

'가이세키會席'는 모임의 좌석을 의미하며, 에도시대 연회宴會에서 술과 함께 식사를 즐긴 것에서 유래된 요리이다. 혼젠요리本膳料理의 형식에 차가이세키요리茶懷石料理의 형식을 가미하여 만들어졌다. 계절에 어울리는 재료를 사용하여 재료, 조리법, 맛이 중복되지 않도록 구성한다.

일본의 축제 '마츠리'

마츠리祭り는 원래 신에 대한 감사와 번영에 대한 기원을 표현하는 종교적 의식이었던 것이 점차 많은 사람이 모여서 축하하거나 기념하는 축제의 형식이 되었다. 농경민족이었던 일본은 계절에 따라 농사와 관련된 봄에는 풍작기원제나 가을에는 추수감사제를 했다. 이러한 연중행사는 에도시대에 매우 성하였다가 이후에는 점점 퇴색되었다. 그러나 1960년대 이후 마츠리가 도 · 농 교류나 마을홍보 및 생산품 판매촉진 등에 효과적이라는 인식이 확산되면서 지금은 지방마다 고유의 전통적인 축제로 자리 잡게 되었다.

사계절마다 2,000개가 넘는 마츠리가 있으며, 카라아게, 타코야키, 야키소바, 생선구이 등 다양한 볼거리와 먹을거리를 함께 즐길 수 있다.

명절음식 : 오세치요리

일본에서 정월에 먹는 음식인 오세치요리御節料理는 건강과 장수, 가정의 평안을 비는 상징적인 음식들로 채워진다. 멸치, 토란, 고구마, 연근, 새우, 청어알, 다시마, 콩조림 등이 들어간다. 오세치요리는 5법五法 · 5미五味 · 5색五色을 균형 있게 맞춰서 찬합에 보기 좋게 담는다.

한국과 일본의 식문화 비교

한국의 음식문화	일본의 음식문화
• 젓가락과 숟가락의 문화 : 음식의 종류가 국물이 있는 찌개와 국이 있는 상차림이 확립됨에 따라 국이나 찌개를 먹기 위한 숟가락이 반드시 필요하게 되었다. 또한 문화적으로 한국은 밥그릇이나 국그릇을 손으로 들고 먹는 것은 예의에 어긋나므로 숟가락으로 떠먹는 문화가 발달하게 된 것이다. • 김치 : 단순 절임류에서 동치미와 물김치 그리고 16세기 고추의 유입으로 인한 지금의 형태와 같은 모습의 김치로 발전되었다. • 음청류 문화 : 화채, 수정과, 식혜, 수면, 수단 등 다양한 음료의 종류로 분화되었다.	• 젓가락만을 사용 : 국이 있기는 하나 건더기가 적고, 국그릇을 나무로 만들어 사용하므로 매우 가볍기 때문에 국그릇을 들고 마시므로 숟가락이 필요 없어 이제는 젓가락만 사용하는 문화로 정착되었다. • 쓰케모노 : 소금이나 장, 술지게미로 절인 단순 채소 절임의 형태이다. • 차문화 : 녹차 음용과 예절을 다도로 발전시켰다.

좀 더 조사해 보기

1. 한국의 전통 떡류, 한과류, 음청류의 다양한 종류를 좀 더 알아보자.

2. 한국의 궁중음식과 의례음식을 좀 더 알아보자.

3. 일본의 명절음식과 차문화에 대해 좀 더 알아보자.

4. 일본음식에 이용되는 조미료의 종류와 맛내는 방법을 더 알아보자.

Collection

너비아니구이

만드는 법

1 파와 마늘을 곱게 다지고 분량의 재료로 쇠고기 양념장을 만든다.

2 쇠고기는 힘줄과 기름을 제거하고 5cm 크기, 0.4cm 두께로 썰어 잘게 칼집을 넣은 후 칼등으로 두드려 놓는다.

3 배는 껍질을 벗기로 강판에 갈아 면포로 짜서 즙을 낸 후 손질한 쇠고기에 재워둔다.

4 양념장에 고기를 한 장씩 담가 맛이 고루 배도록 재워둔다.

5 잣은 고깔을 떼고 젖은 면포로 닦은 후 종이를 깔고 밀대로 밀어 기름을 뺀 후 칼로 곱게 다져 잣가루를 만든다.

6 석쇠를 달구어 식용유를 바른 후 고기를 얹어 타지 않게 굽는다. 고기가 거의 익으면 양념장을 조금씩 덧발라 가면서 윤기가 나게 고루 굽는다.

7 접시에 구운 고기를 보기 좋게 담고 잣가루를 뿌려 낸다.

*재료 쇠고기(등심) 100g, 배즙 1큰술, 식용유 1작은술, 잣 조금

쇠고기 양념장
간장 1.5큰술, 대파 2큰술, 다진 마늘 1큰술, 후춧가루 조금, 설탕 1작은술, 깨소금 조금, 참기름 1작은술

쇠고기덮밥 규동

만드는 법

1 다시마를 두세 군데 칼집을 주어 찬물에 넣고 끓으면 건져낸 후 가츠오부시를 넣어 기본 육수를 낸 후 간장과 설탕을 양념한다.

2 달걀은 잘 풀어두고, 쇠고기는 결 반대방향으로 얇게 썰어둔다.

3 양파는 가늘게 채 썰고, 실파와 팽이버섯은 3~4cm 길이로 썬다. 김은 구워서 3~4cm 길이로 곱게 채 친다.

4 그릇에 미리 밥을 담고 윗면을 고르게 하여 준비한다.

5 냄비에 양념된 육수를 넣어 끓으면 쇠고기, 양파, 팽이버섯을 넣는다.

6 달걀 푼 것을 원을 그리듯이 위에 부어 어느 정도 익으면 실파를 얹어낸다.

8 달걀이 반숙에서 70% 정도 익으면 밥 위에 바로 얹어 위에 김채를 올려낸다.

*재료 밥 150g, 쇠고기 50g, 양파 30g, 실파 2뿌리, 팽이버섯 20g, 달걀 1개, 김 1/6장, 다시마(5cm) 1장, 가츠오부시 10g

육수 양념

기본 육수 6큰술, 간장 1큰술, 설탕 2/3큰술, 청주 1큰술, 소금 약간

Chapter 04

중국대륙의 식문화

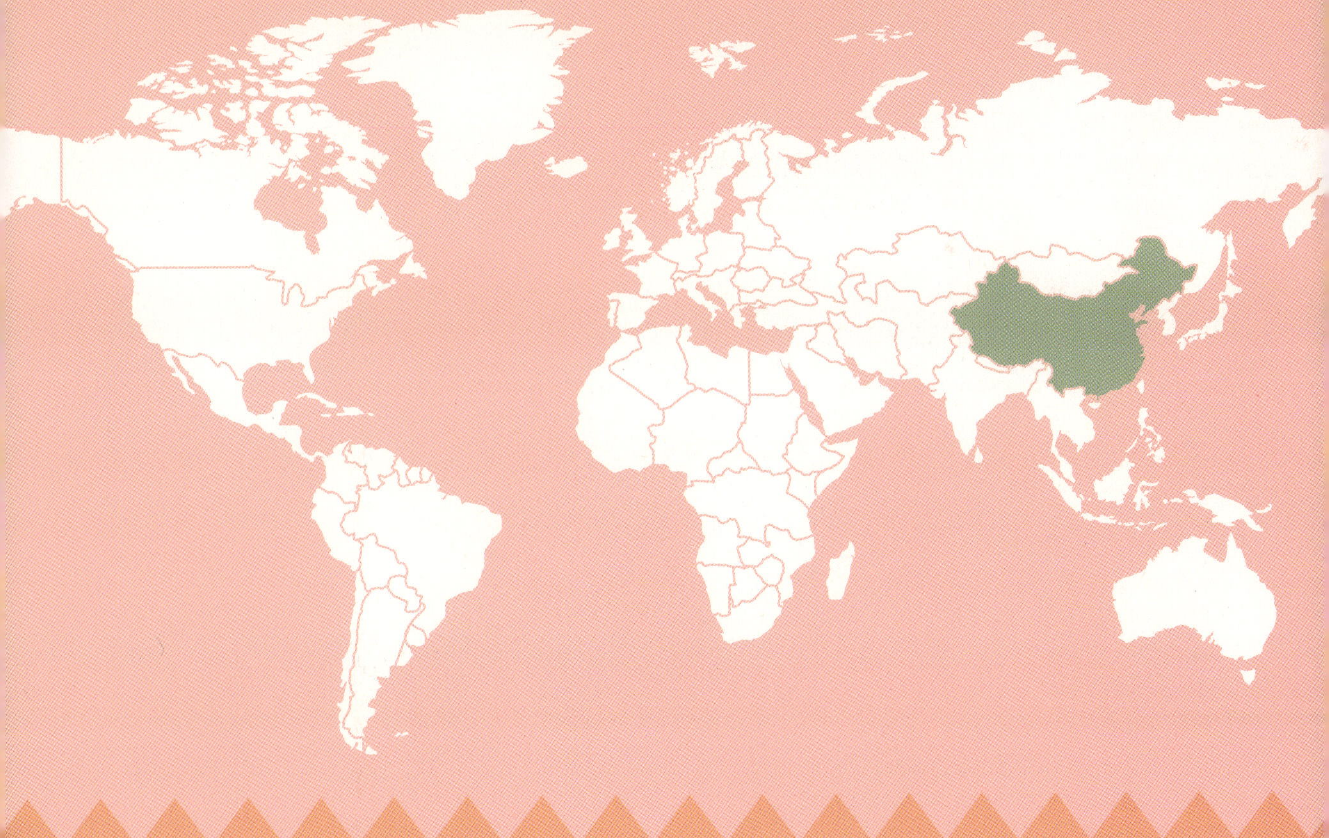

Mainland China

중국 사람들은 "백성은 먹을 것을 하늘로 생각한다."라는 말을 입버릇처럼 말한다. 이 말은 중국인들에게 '먹을거리'가 얼마나 중요한지를 보여 주는 것이다. 중국요리는 세계 어디를 가나 중국음식점이 있을 정도로 세계인의 입맛을 사로잡아 세계 3대 요리의 으뜸으로 자리 잡고 있다. 다양한 식재료를 골고루 사용하며 기름을 잘 활용하여 식단에 있어서도 농담의 배합이 잘 되어 있다. 한 접시에 수북이 담아 제공되므로 풍성한 여유를 느끼게 하고 그 접시의 음식을 나누어 먹음으로써 친숙한 분위기를 만든다. 세계인이 좋아하는 공통의 맛을 지닌 중국 식문화에 대해 알아보자.

✪ 학습목표

- 중국 식문화의 배경을 이해한다.
- 중국 식재료와 음식의 종류를 알아본다.
- 중국음식의 지역별 특징을 알아본다.

중 국 China

나라명 | 중화인민공화국 **국토면적** | 959만 6,960km²(3위) **인 구** | 약 13억 5,000만 명
수 도 | 베이징 **통 화** | 위안(CNY) **공용어** | 표준 중국어(푸퉁화)
종 교 | 도교, 불교, 그리스도교(3%), 이슬람교(1~2%) **인종(민족)구성** | 한족(91.5%), 기타(8.5%)

1 식문화의 발달배경

자연환경

광대한 영토를 자랑하는 중국은 그 크기만큼 다양한 지형과 기후로 풍부한 음식 재료를 생산하고, 요리에 활용해 왔다. 중국은 국토가 매우 넓기 때문에 각 지방의 기후, 풍토, 산물 등에 각기 특색이 있고 민족 구성 또한 복잡하다. 기후에 있어서, 특히 남부지방은 아열대습윤, 중부지방의 양쯔강 하류는 온대습윤, 서부지방은 온대몬순, 북부지방은 한랭하계습윤으로 큰 차이가 있다. 따라서 지역에 따라 기후와 토질이 다르고 지역마다 특징적인 요리법과 음식문화가 발달했다. 당나라 때에 이미 지역에 따른 4대 음식문화가 발달하였다. 물론 현대에 와서 교류가 빈번해짐에 따라 어느 곳에서나 구분 없이 먹을 수 있기는 하지만 아직까지도 이러한 전통은 남아 있다.

중국은 세계 농업의 발원지 중 하나이고, 일찍이 물을 끌어다 농사를 짓고 수로를 만들어 사용하였다. 또한 산비탈을 이용하여 관계농업을 발전시키는 등 여러 가지

경작방법을 발명하였다. BC 5400여 년 전, 황하 유역에서는 이미 조가 재배되었고, 토기를 이용하여 곡식을 저장하였다. BC 4800여 년에는 양자강 유역에서 벼를 재배했다. 후에 실크로드를 통해 서남아시아로부터 밀이 들어오면서 밀의 재배에 적합한 환경을 지닌 북부에는 전국시대에 이미 밀이 주식으로 자리 잡게 되었다. 지금은 쌀을 북부에서도 많이 이용하지만 북쪽은 밀음식이 발달하였고, 기후가 온난하고 다습하여 쌀의 생산에 적합한 양자강 이남은 쌀을 재료로 한 음식이 발달하였다.

사회문화적 배경

중국은 5000년의 유구한 역사를 지닌 나라이다. 인구는 세계 인구의 사분의 일을 차지하는 거대한 나라로 약 13억 명이며, 한족이 다수이기는 하지만 시대를 거치면서 55개의 소수민족이 공존하는 다민족국가로서, 민족 간의 활발한 교류는 중국 식문화를 더욱 풍성하게 만드는 요인이 되었다.

고대 주나라시대에 식의食醫를 둘 정도로 음식에 대한 지대한 관심이 발전 배경이 되어 역사적으로 오랜 기간을 거쳐서 현재의 중국요리를 세계적으로 발전시켰다.

만한전석

세계요리의 정수로 일컬어지는 만한전석滿漢全席은 청나라의 강희제가 자신의 환갑연과 70세 생일에 만주족과 한족의 노인들을 잔치에 초대하여 선보인 음식으로서 중화요리를 집대성했다고 볼 수 있다. 이두李斗가 쓴 《양주서방록楊州書舫錄》 속에 처음 기록되어 있다. 청나라는 소수민족인 만주족이 다수의 한족을 지배한 나라였다. 만주족의 음식과 한족의 궁중요리의 정수를 결합하여 최고의 화려함과 고급스러움을 보이는 연회식이라고 할 수 있다. 강희제와 건륭제 때 4차례에 걸쳐서 열었던 천수연千叟宴은 황제의 환갑과 칠순을 기념한 잔치이기도 하지만, 한편으로는 통치계층인 만주족이 한족과의 화합을 시도한 자리라고도 볼 수 있을 것이다. 상어 지느러미, 제비집, 곰 발바닥, 낙타의 혹, 원숭이 골, 표범의 태반, 백조, 공작, 자라, 전복, 해삼, 버섯 등 중국 전역의 진귀한 재료를 사용하여 100가지 이상의 요리가 나오므로 사흘에 걸쳐 먹어야 한다. 1925년 북경에 궁중요리를 재현하는 고급음식점 방선房膳이 문을 열어 108종으로 메뉴를 간소화하고 만한전석의 전통을 이어가고 있다.

한나라 때부터 실크로드를 통해 서아시아를 비롯한 여러 국가들과 활발한 교역을 통해 새로운 식재료들이 수입되었으며, 이를 기존의 음식에 적용하여 더욱 발전시켰다. 광대한 땅 중국을 통일한 당, 원, 명나라시대로 이어오면서 식문화의 교류가 촉진되었고 다양한 식자재를 이용한 요리로의 발전이 가속화되었다.

중국요리는 실크로드를 통해 다양한 서방문화가 유입되었고 송나라 때의 농업과 경제, 기술, 문화발전이 뒷받침되어 청대에 와서는 보다 더 세련되고 안전한 요리로 정착되었다. 재료에 따른 탁월한 조리법과 많은 조미법이 확립되어 보통 중국요리를 청요리라고 부르게 만든 시기였다.

중국의 종교는 조상에 대한 숭배를 중요시하며 도교, 유교, 불교가 지배적이지만, 음과 양의 조화를 강조하는 도교가 식생활에 가장 많은 영향을 미쳤다.

식문화의 특징

오랫동안 토지를 경작해 왔던 중국인들은 서양인들이 알지 못했던 식용 식물을 많이 이용해 왔고, 인류에게 필요한 영양분의 대부분을 그 식물에서 얻을 수 있다는 것을 알게 되었다. 또한 전쟁이나 가뭄과 같은 자연재해로 인해 식량이 부족한 시기 동안에 식용 가능한 모든 동식물을 음식의 재료로 활용하는 방법을 터득해왔다.

식의합일, 즉 병에 대한 치료나 건강관리는 좋은 음식을 균형 있게 섭취하는 데 있다고 하여 식생활을 매우 중요하게 생각했다. 음식으로 몸을 보호하고 병을 예방하여 장수한다는 의식이 뿌리내려져 있으며, 여기에 음양오행설, 신선술 등이 결합되어 도교적 음식관이 형성되었다. 그래서 음식에서 약효를 구하고 독특한 식재료를 통해 요리를 만드는 조리법도 발달하였다. 현재에도 식사를 통하여 불로장수를 추구하려는 관념이 의식 속에 뿌리 깊이 박혀 있다.

중국인들의 건강에 관한 관념은 의식동원이라는 말에 드러나 있듯이 건강을 지켜주고 질병을 치료해주는 효능이 음식에 있다고 믿고 있다. '곡식은 곱게 빻고, 고기는 가늘게 썰어야 한다.'는 말에서도 알 수 있듯이, 중국인들은 재료의 양과 배합, 세심하고 정교한 조리, 고기와 채소의 궁합 등을 매우 중요시한다. 대부분의 음식이 하나의 재료로 조리하는 경우도 많지만 육류와 채소, 해산물과 채소류를 함께 섞어

1 _ 유탸오와 더우장

영양의 균형과 조화를 고려한 음식이 더 많다. 요리를 만들든 탕을 끓이든 각종 영양소의 비율을 적절히 맞춰 최상의 효능을 발휘할 수 있도록 한다.

천인합일을 중요시하는 철학은 식생활에서 음식을 섭취하는 자와 음식 간의 궁합을 중시하고 금기사항을 지킨다. 같은 음식이라도 먹기에 가장 적합한 시기와 맞지 않는 시기가 있다고 본다. 예를 들면, 겨울과 봄 두 계절에 부추를 먹으면 허리와 무릎을 따뜻하게 할 수 있으나, 여름에 먹을 경우 눈이 흐려진다고 믿는다. 교자는 식초에, 대파를 말아 넣은 전병은 간장에 찍어 먹으며, 유탸오튀김를 먹을 때는 더우장뜨거운 콩국을 마신다. 면요리에는 고명을 빼놓지 않고 가정식 백반에는 반드시 고기요리와 채소요리가 함께 하는데, 이를 음양조화라 한다.

장수의 비결로 오미팔진五味八珍이 전해진다. 오미는 신맛, 쓴맛, 단맛, 매운맛, 짠맛의 다섯 가지 맛으로서 오행철학에 의하여 인간의 오장五臟을 보양한다고 해서 오미배합을 중요시하고, 조화를 이루도록 한다. 일반적으로 신맛은 간, 매운맛은 폐, 쓴맛은 심장, 짠맛은 신장, 단맛은 비장에 들어간다고 여기며, 각 원소들은 각기 다른 장기로 흡수되어 각각의 효능을 발휘한다. 중국요리는 색채의 배합을 일본요리나 서양요리처럼 중요시하지 않아 얼핏 보기에는 화려하지 않으나 미각의 만족에 초점을 두고 있다.

주방기기

중국음식은 조리법이 복잡하고 다양하나 조리기구는 단순하고 종류도 많지 않다. 꾸워즈중화팬는 만능 조리도구로 볶음, 튀김, 찜, 삶는 요리 등에 두루 쓰인다. 손잡이가 양쪽에 있는 양수팬이 일반적이고, 긴 자루가 달린 편수팬은 주로 중국 북방지역에서 볶음요리에 사용된다. 신선로 모양의 중국냄비火鍋, 훠궈는 전골요리에 사용한다. 이 외에 볶음과 튀김용 냄비사궈, 그물 조리러우사오, 찜통정룽 외에 식칼, 뒤집개, 국자 등이 조리기구의 전부이다.

2 _ 중국의 주방도구

젓가락의 기원

중국에는 젓가락의 기원에 대한 전설이 전해진다. 옛날 요순堯舜시대에 홍수가 범람하고 재해가 끊이지 않아 우禹는 치수治水를 하라는 명을 받았다. 어느 날 우는 솥을 걸고 고기를 삶고 있었는데, 고기가 다 삶아지고 나서도 솥이 식은 후에야 먹을 수 있었다. 우는 시간을 낭비하기 싫어 두 개의 나뭇가지를 잘라 끓는 물 속에서 고기를 건져 올렸다. 옆에 있던 수하들은 그가 손도 데지 않고 손에 기름도 묻히지 않으며 고기를 먹는 것을 보고 모두 따라 하기 시작했다. 이때부터 젓가락이 등장하게 되었으며, 한대漢代에 이르러 중국인들 사이에서 젓가락 사용이 이미 보편화되었다.

2 식재료와 음식

주요 식재료

영토가 넓고 기후도 다양한 만큼 다양한 식재료가 생산되며, 식용 가능한 모든 동식물을 음식의 재료로 사용해왔다. 보존성과 운송이 편리하도록 말린 식자재가 발달하였다. 북쪽은 밀, 남쪽은 쌀 위주의 곡류음식이 발달했으며, 이들 재료의 균형과 조화를 중시한다.

• 밀가루

중국 북방 사람들의 전통 주식은 밀이었는데, 식탁에는 각종 밀가루로 만든 요리가 많다. 국수는 가장 흔한 전통 밀가루 음식으로, 최초의 조리법은 1세기 무렵 수제비와 비슷한 음식으로 보이는 탕병湯餅이 등장하는데, 2세기 무렵에 국수의 원형이라고 할 수 있는 밀가루를 새끼줄처럼 길게 만든 삭병索餅이 보이고 3세기 삼국시대 말기에 드디어 만두가 등장한다. 송나라 때부터는 밀가루를 빻는 제분기술이 발달하면서 각종 고기와 채소를 넣은 요두, 소 없는 찐빵인 만터우에서부터 포자만두, 교자만두, 훈뚠餛飩 등 종류가 다양해지고, 국수도 널리 퍼지게 된다. 국수는 중국의 절기별 풍습과 밀접한 관련이 있다. 북방에는 2월 2일, 용대두龙抬头 날에는 머리카락과 같이 가늘어서 용의 수염을 연상케 한다는 의미의 용수면龍須麵을 만들어 먹으며 농사짓기에 좋은 날씨를 기원하는 풍습이 있으며, 이것을 먹으면 모든 일이 술술 풀린다는 설이 있다고 한다. 중국인들은 약 3세기경 밀가루를 발효시키는 기술을 개발하고 발효기법을 이용하여 다양한 밀가루요리를 만들었는데, 발효기술이 등장한 이후 가장 대중화된 밀가루음식 중 하나가 만두이다.

• 쌀

쌀을 주식으로 하는 남방지역의 식탁에는 쌀밥 이외에도 미선米線, 미분米粉, 미고米糕, 마자麻糍, 탕원湯圓 등 쌀로 만든 음식을 쉽게 볼 수 있다. 쌀은 남쪽에서 북쪽으로, 보리는 서쪽에서 동쪽으로 전해졌고 중국인들의 식습관 형성에 지대한 영향을 끼쳤다.

쌀을 이용한 대표적 음식이 죽粥이다. 예로부터 중국인은 죽을 먹으면 장수한다는 생각을 가지고 있어, 매일 이른 아침 공복에 맑은 죽 한 그릇을 먹었다. 중국 민간에서는 죽을 먹어 병을 예방하고 건강을 지키는 섭생법을 이미 실천하고 있었다.

• 대 두

옥수수, 조, 수수, 메밀, 귀리, 감자, 고구마, 콩 등의 잡곡이 중국인들의 주식이기도 했는데, 이중 대두大豆의 역할이 가장 컸다. 현재 각종 두부제품과 두유제품은 수

알아두기

면과 병의 종류

- 만터우만두, 饅頭 : 소가 없는 찐빵
- 밀전병餅 : 밀가루, 옥수수가루 등에 소금, 기름, 향료 등을 넣어 납작하게 지지거나 굽는 것
- 바오쯔포자, 包子 : 소가 있는 찐빵 혹은 만두
- 자오쯔교자, 餃子 : 곡물의 반죽으로 만든 피에 고기나 채소를 넣고 만든 만두
- 훈뚠餛飩 : 만둣국의 일종
- 미선米線 : 쌀가루로 굵게 만든 국수
- 미분米粉 : 쌀가루로 가늘게 만든 국수
- 미고米糕 : 쌀가루로 만든 떡
- 마자麻糍 : 마로 만든 인절미
- 탕원湯圓 : 찹쌀가루에 소를 넣어 새알심 모양으로 만든 식품끓이거나 튀겨 먹는다

국수의 제조법

- 간擀 : 반죽을 얇게 펴는 방법
- 차搓 : 밀가루를 비벼 반죽하는 방법
- 절切 : 칼로 자르는 방법
- 신抻 : 손으로 늘여서 빚는 방법
- 권卷 : 반죽을 얇게 밀어 한쪽에 기름과 소금을 발라 둥글게 미는 방법
- 모압模壓 : 틀에 반죽을 넣어 찍어내는 방법
- 도삭刀削 : 칼로 껍질을 벗기듯 반죽을 잘라 중국식 칼국수를 만드는 방법

백 가지가 넘는다. 두부제품으로는 건조 두부, 발효 두부, 얼린 두부, 튀긴 두부 등 지역에 따라 맛도 질감도 다양하다. 중국의 두부제품 중에는 특유의 냄새가 강한 초우또우푸臭豆腐가 있다. 두부를 발효시켜 기름에 튀긴 이 취두부는 쾨쾨한 특유의 냄새로 악명이 높다. 하지만 초우또우푸가 주는 맛의 여운이 길고 강렬하여 세 번 먹으면 중독된다는 말이 있을 정도이다. 중국인들이 재배하는 대두와 대두식품은 인류에게 중요한 식물 단백질 공급원과 여러 가지 우수한 양념을 제공해 주었다.

● 육 류

농경사회의 중국인들은 소, 양, 돼지를 삼생三牲으로 여겨, 제사나 연회를 열 때 삼생을 모두 갖추는 것을 최고의 예로 생각했다. 말, 소 등은 농업 생산의 중요한 도구로 이용되었기 때문에 식용을 위해 사육하지 않았다. 송대에 이르기까지 중국인들은 쇠고기를 귀한 음식으로 여겼다. 돼지와 닭은 일찍부터 길들여지고 식용으로 쓰인 동물이다. 중국 농촌의 보편적인 특색 중 하나가 돼지를 기르는 것이고, 돼지고기는 중국에서 흔히 말하는 고기肉이다.

● 과 일

대부분 중국 북방에서 나고 자라는 온대과일이나 선사시대부터 중국에 들어온 것들 또는 복숭아, 자두, 대추, 배, 매실, 은행, 개암, 감, 박, 산사자, 오디, 구기, 능금, 앵두 등이 사용되고, 중국 남쪽 지역이 원산지인 귤, 유자, 감자柑子, 등자橙子, 여지荔枝, 용안龍眼, 능금綾衾, 비파枇杷, 양매楊梅 등을 많은 사람들이 먹고 있다.

특수한 식재료

중국요리의 식자재들은 상식적인 것 이외에 기이한 것들이 많고, 향신료, 조미료, 기름 등이 매우 다양하고 복잡하며 식재료의 선택이 매우 자유롭고 광범위하다. 예를 들면, 닭고기의 경우 흔히 사용하는 재료인 살코기뿐만 아니라 껍질, 날개 끝, 볏슬, 발까지 사용하며, 돼지의 신장, 오리의 혓바닥, 제비집, 상어지느러미, 곰발바닥, 말린 새우알을 비롯하여 곤충까지 식재료로 사용된다. 중국에는 14세기 초 동남아시아에서 제비집과 상어지느러미가 들어왔고, 청나라 때부터 사치품이 되어 중국황제의 전통적인 아침수프로 사용되었다.

조미료, 향신료

조미료

굴 농축액을 발효시킨 굴소스, 잠두콩을 발효시켜 만든 두반장, 간장, 콩을 발효시켜 만든 춘장과 첨면장, 고추를 절여 만든 포랄초, 생선액젓의 일종인 선장유, 호이신소스라 불리는 해선장, 꿀 등이 있다.

중국요리에는 기름이 많이 사용되기 때문에 기름의 향이 중요하며 각 기름이 지니고 있는 특성을 살려 여러 기름을 혼합하여 합리적으로 사용한다. 대두유, 채종유種油, 땅콩기름, 옥수수기름 등 식물성 기름을 사용하며, 채유菜油, 고추기름辣油, 돼지기름豚油, 참기름芝麻油, 새우기름蝦油, 파기름爬油, 굴기름吐蠣油, 술 등이 자주 사용된다.

향신료

조미료와 함께 매우 중요한 역할을 하며 흔히 사용하는 것으로는 파, 생강, 마늘, 팔각, 계피, 후추, 참기름, 표고버섯, 고추 등이 있으며 중국 고유의 향신료는 다음과 같다.

- 산초분 : 산초 열매의 검은 심을 떼어내고 냄비에 볶아서 가루로 만들어 사용하며 재료의 냄새를 없애거나 요리의 맛을 더하기 위해 사용한다.
- 회향 : 회향의 열매로서 향이 진하기 때문에 육류, 내장류, 생선의 조림, 찜 등에 사용한다.
- 오향분 : 팔각, 육계, 정향, 산초, 진피를 가루로 만들어 섞어, 향이 매우 뛰어나다.
- 진피 : 잘 익은 귤껍질을 건조시킨 것으로 덜 익은 과피를 건조한 것은 청피라고 하며 진파와는 구별된다.
- 참깨장 : 참깨를 볶아 참기름을 짜내고 남은 찌꺼기이며, 걸쭉하고 진한 갈색으로 향이 진하다.
- 팔각 : 대회향의 열매로서 오향분의 주된 재료이다. 요리의 향을 높이기 위해 사용된다.
- 고수 : 특히, 동북지방에서 많이 사용하는 특이한 향의 풀이다.
- 정향 : 정향나무의 꽃봉오리, 주로 육류요리에서 누린내를 없애주는 데 사용한다.

조리법

폭넓은 재료를 이용하고 맛의 다양성을 추구하며, 조리법이 손쉽고 다양하다. 반드시 불이나 뜨거운 물을 사용하여 익혀 먹는 숙식을 기본으로 한다. 기름을 사용하여 고온에서 짧은 시간 동안 조리하므로 재료 고유의 맛을 그대로 유지하고 영양가가 높다. 녹말을 사용하여 물과 기름이 분리되지 않게 하고 기름을 많이 사용하는 데서 오는 느끼함을 방지한다.

중국음식은 조화와 균형을 매우 중요시하는데, 음양 관계를 서로 보충해주는 것으로 육류와 채소, 어류와 탕을 함께 식단에 올려 조화를 이루도록 노력한다. 다양한 양념을 배합하고 적절한 향신료를 사용하여 조리법을 적절히 혼합하고 활용한다.

중국요리의 메뉴판을 보면 종류만도 무려 160여 가지가 있다. 어떤 것을 주문해

조리 용어

- 차오炒, chǎo : 재료를 기름에 볶는 것으로 중국요리에서 가장 많이 사용되는 방법이다. 적당한 크기와 형태로 만든 재료를 솥에 달군 기름을 이용하여 센 불에서 단시간에 뒤섞어가며 익히면서 조미한다.
- 빠오爆, bào : 끓는 물이나 기름에 살짝 데치는 방법이다. 센 불, 고온에서 매우 빠른 속도로 솥에서 재료를 뒤섞어 익혀 조미료를 넣고 곧 솥에서 꺼낸다.
- 지엔煎, jiān : 기름을 프라이팬 등에 얇게 발라서 적은 기름으로 지지거나 부치는 방법이다.
- 쩡蒸, zhēng : 찜으로 증기에 의해 열을 받게 해서 요리하는 방법이다.
- 쭈煮, zhǔ : 가장 오랜 역사를 지니고 있는 조리법으로 뜨거운 물에 데친 후, 점점 약한 불로 삶아내는 조리법
- 싸오燒, shāo : 생재료 혹은 이미 처리된(튀기거나 기름에 지지고 볶은) 재료를 국물과 조미료를 넣고 조리거나 물을 약간 넣어 푹 삶는다. 탕 즙이 농축되어 맛이 농후하다.
- 둔燉, dùn : 약한 불에 장시간 삶는 방법이다.
- 아오熬, áo : 삶거나 조리는 것이다.
- 먼燜, mèn : 기름에 재료를 넣고 튀겨 반숙한 뒤, 여기에 탕을 넣고 뚜껑을 덮어 오래 삶는 조리법
- 쉰燻, xūn : 그을리거나 훈제하는 것이다.
- 카오烤, kǎo : 불에 직접 굽는 방법
- 짜아炸, zhá : 강한 불에 기름을 끓여 튀겨내는 방법이다.

야 할지 몰라 당황하게 되는데, 조리법을 알면 어느 정도 요리를 짐작할 수 있기도 하다.

차오로우피엔炒肉片이라는 것은 돼지고기肉, ròu, 로우를 얇게 썰어서片, piàn, 피엔 볶은 것炒, chǎo, 차오이다. 원칙적으로 조리법, 주 재료, 써는 방법의 순서로 조합한다. 중국에서는 습관상 로우肉라 하면 반드시 돼지고기를 말하고, 쇠고기는 니우로우牛肉, niúròu, 양고기는 양로우羊肉, yángròu라고 한다.

음식의 종류

• 일상식

일반적으로 중국인들은 하루 세 끼 식사 중 저녁을 가장 중요시하고, 아침은 간단히 먹는다. 중국음식은 종류도 많고 화려하지만 실제 그들의 식생활은 소박하다. 빈부와 신분의 차이에 따라 음식도 크게 다르다. 농촌에서는 보통 하루 2식을 먹으며, 부식은 채소, 두부 등이고, 생선과 돼지고기 등은 서민들로서는 매일 먹지는 못한다.

지역에 따라 남쪽에서는 쌀을 주식으로 하는 밥과 죽을 먹는다. 밥은 끈기가 적고 딱딱한 것이 일반적이다. 북쪽에서는 밀가루로 만든 만두나 국수를 먹고, 보리, 옥수수, 조, 수수 등의 잡곡이 생산되므로 과자나 튀김단자를 만든다. 서부의 건조지역에서는 밀가루를 밀어 평퍼짐하고 커다란 타원형으로 만든 후 구워 핫케이크와 같은 빵을 만든다.

도시에서는 요리가 발달한 만큼 외식도 발달하여 아침 출근길에 노점이나 식당에서 주로 죽이나 콩국 등을 사서 먹는다. 아침식사는 지역에 따라 약간의 차이가 있다. 북방에서는 대개 채소나 고기 속이 있는 찐만두인 바오쯔를 먹거나 밀가루를 발효시켜 길게 만들어 튀긴 유탸오를 더우장에 찍어 먹는다. 남방에서는 찹쌀주먹밥인 유미단을 먹기도 한다. 점심은 간단한 국수, 빵, 만두, 죽, 덮밥류를 먹고, 저녁은 가족이나 친지와 어울려 제대로 된 한 끼 식사를 한다. 식사는 생활과 사교의 중심이 되는 일로서 식사할 때 말을 많이 한다.

점심에 차를 마시면서 딤섬과 같이 한입거리 음식으로 간단히 식사하는 것을 얌차飮茶, 차를 마신다는 의미라고 한다. 광둥지역에서 딤섬과 더불어 발달했다. 점심과 저녁식사는 쌀, 밀가루 등 주식에 일반적으로 볶음 채소, 탕, 죽 등을 함께 먹는다. 대다수의 중국 민족들이 일상적으로 마시는 유즙의 종류는 그리 많지 않지만, 서북지역의 소수민족 거주지에서는 유제품이 매우 중요한 일상음료이다.

중국의 가정에서 먹는 요리의 조리법은 찌고 삶고 볶고 끓이고 조리고 고는 등 다양한 요리방법이 있다. 그렇게 해서 만들어진 요리는 그 맛과 향이 천차만별이다. 일상생활에서 중국인들은 생선이나 고기를 날마다 먹지 않고, 대부분 싸고 맛있는 제철채소를 즐겨먹는다. 무, 청경채, 두부는 중국 가정에서 없어서는 안 되는 음식이다.

연회식

접대받는 경우에 연석코스는 대개 정해져 있다. 일반적으로 큰 부담 없이 먹을 수 있는 식사의 경우에 보통 전채 2종류, 주 요리 4종류, 후식 2종류이다. 그리고 홀수를 싫어하는 습관에 따라 가짓수를 짝수로 맞춘다. 식단은 크게 전채, 두채, 점심點心, 덴씽으로 나뉘고, 식사 전후에는 항상 차가 나온다.

전채 맨 처음에 나오는 전채는 1접시에 1종류씩 담아 4접시, 8접시가 나오는 형식 외에 현재는 각종 냉채를 큰 접시에 어우러지게 모두 담아낸다. 큰 연회에서는 꽃, 새, 바람, 달 등을 본떠서 화려한 전채를 만든다.

두채 연석제비집 요리을 제1석, 어시석상어지느러미 요리을 제2석, 해삼석을 제3석이라 하고, 그 밖에 포어석전복요리이 있다. 두채의 대부분은 걸쭉하게 만들든가 푹 끓여 수프상태로 만든다. 그 다음에 뜨거운 요리로 튀김, 볶음, 찜이 나온다.

점심(點心, 덴씽) 간단한 식사 또는 디저트로 달콤한 것과 짠맛 나는 것이 있다. 찹쌀과자, 튀김과자, 찐만두, 국수 등이 이에 해당된다.

명절음식

춘절 음력 1월 1일로 보통 2주 정도를 쉰다. 만두, 빵, 생선찜을 명절음식으로 준비해서 먹는다. 중국의 북쪽에서는 교자라고 하는 만두를 자손의 번영과 행운을 바라며 빚어 먹는다. 남쪽의 광동지방에서는 무, 새우, 표고버섯 등을 찹쌀가루에 넣어서 찐 무떡을 만들어 손님을 대접하거나 친구와 나눠 먹는다.

원소절 정월 보름날로 원소절의 밤은 해가 바뀌고 처음으로 보름달이 뜬 밤으로, 거리에는 오색등과 장식으로 물결을 이룬다. 원소는 종류만큼이나 먹는 방법이 다양한데, 북방 사람들은 준비해둔 물푸레나무꽃, 장미, 팥소, 참깨 등 여러 종류의 소를 마른 찹쌀가루에 놓고 굴려 만든다. 남방 사람들은 원소를 탕원湯圓이라고 부르는데, 탕원은 찹쌀가루를 반죽한 후 소를 넣어 빚으며 단맛, 짠맛이 나는 고기 소와 채소 소 등 매우 다양하다.

단오절 음력 5월 5일인 이날 사람들은 동서남북 어디서든 쫑즈粽子를 먹는다. 단오절에는 맛과 모양에 조금씩 차이가 있을 뿐 남쪽지방이든 북쪽지방이든 상관없이 모두 쫑즈를 먹는다. 북방사람들은 대추, 팥소, 과일 절임 등 단맛이 나는 재료로 소를 만들고 찹쌀을 둥글게 빚은 후 대나무 잎으로 삼각형 모양으로 싼다. 이에 비해 남방의 쫑즈는 삼각형 모양으로 싸는 것 이외에 납작하게 만든 사각 모양도 있고, 소의 종류도 달걀이나 고기 등 더 다양하여 여러 가지 맛을 즐길 수 있다.

중추절 음력 8월 15일인 중추절에 남쪽의 광동, 차오저우에서는 월병과 감자, 유자, 과일 등을 달을 향해 차리는 풍습이 있다. 보름달처럼 둥근 모양의 월병은 가족의 화합과 단합을 상징한다. 해마다 중추절에는 하늘에 휜 달이 떠 있고 온 가족이 한 데 모여 함께 월병을 먹으면서 달맞이를 하고 혈육의 정을 나눈다. 월병의 소로는 오인五仁 : 복숭아씨, 살구씨, 삼씨, 땅콩, 해바라기씨, 연밥, 달걀 노른자, 팥소, 참깨, 햄 등 10여 가지를 쓴다. 맛 또한 단맛, 짠맛, 매운맛 등 다양하며 제조법도 지역에 따라 차이가 있다.

3 _ 월병

중국의 차

차tea는 중국인의 으뜸가는 음료이며 중국인들은 식사 전후에 차 마시는 것을 즐긴다. 중국인들은 차를 자주 마시는 사람은 장수할 수 있다고 믿기 때문에 더욱 차를 즐겨 마신다.

중국의 차문화는 불교와 함께 일본으로 전해졌고, 한국과 동남아시아 각국 역시 차를 마시는 풍속의 영향을 받았다. 찻잎은 차나무에서 여린 잎을 따서 만든 것으로, 그 제조기술에 따라 녹차, 홍차, 오룡차, 백차, 황차, 흑차 등으로 나뉜다. 차의 종류를 구별하는 핵심은 발효에 있다.

홍차(紅茶, black tea) 주로 인도, 중국, 스리랑카에서 생산된다. 녹차의 효소를 파괴시킨 뒤 찻잎을 퇴적하여 공기 중에 있는 미생물의 번식을 유도해서 다시 발효가 일어나게 만든 차이다. 처음 마실 때는 역겨움을 느끼나 익숙해지면 독특한 풍미와 부드러운 홍차의 진미를 느낀다. 중국에서는 잎차보다 차를 압착한 덩어리차가 주로 생산되고 오래 숙성시킬수록 고급차이다. 우유와 함께 마시는 아삼assam, 미묘한 백포도주향이 나며 밝고 붉은 갈색의 다질링darjeeling, 실론티ceylon tea가 여기에 속한다.

오룡차(烏龍茶, oolong tea) 보통 중국차라고 부르는 것으로 제품의 빛깔이 까마귀같이 검고 용처럼 구부러져 있다 해서 오룡차라고 한다. 반발효된 차로 녹차보다 강하고 홍차보다 부드럽다. 90~100℃의 뜨거운 물로 우려내야 제맛이 난다. 오룡차는 입 안을 산뜻하게 해주고 느끼한 맛을 없애주며 소화를 도와주는 작용을 한다.

녹차(綠茶, green tea) 중국에서 가장 생산량이 많은 차로 새로 돋은 가지에서 딴 어린잎을 채취하여 만든다. 찻잎을 바로 증기로 찌거나 솥에서 덖음으로써 발효가 되지 않도록 한다. 차를 마시는 방법은 찻잎을 1인분 기준 2g을 넣고 생수를 100℃로 끓여 70℃로 식힌 물을 붓고 2분간 우려내 마신다. 중국 녹차인 재스민jasmine은 보통 얌차yum cha와 함께 제공된다.

중국의 술

- 백주白酒는 곡류를 발효시켜 만든 백색 투명한 증류주로 알코올 도수가 40°를 넘는 독한 술이다.
- 황주黃酒는 곡물을 원료로 누룩과 주약약초 즙, 곰팡이 배합을 첨가하여 당화, 발효, 숙성을 거쳐 압축하여 만들어진 15~20°의 저알코올 술이며 황색 윤기를 띤다.
- 노주露酒는 각종 식물이나 약재를 넣어 증류시킨 술로 맛과 향기가 독특한 죽엽

청주, 오가피주 등이 있다.

- 포도주는 중국 서북지방에서 담갔다는 사마천BC 145~86, 93?의 《사기》에 기록이 있고, 현재는 산동 연대의 홍포도주와 청도의 백포도주가 유명하다.

식사예절

반드시 앉아서 식사해야 하고, 남녀노소가 동석할 때는 어른이 먼저 자리에 앉아야 한다. 초대받은 손님이 다 모일 때까지 차를 마시거나 담소한다. 전원이 모이면 주인이 식탁의 상좌부터 차례로 안내한다. 주객을 가장 안쪽인 상좌에 앉도록 배치하고, 주객의 좌우에는 주객 다음으로 중요한 손님을 앉게 하며, 주인의 좌우에는 가까운 친지나 친구들을 앉게 한다. 주인은 시중을 드는 사람이 드나드는 문 쪽의 하좌에 앉는다. 자리에 앉은 후에는 상의를 열어젖힐 수 없고 다리를 함부로 움직이면 안 된다. 앉을 때도 주로 존경받는 인물, 연장자, 귀빈은 남쪽을 바라보고 북쪽에 앉거나 문을 정면으로 바라보는 자리에 앉는다.

음식은 한 식탁에 둘러앉아서 큰 접시에 나온 음식을 여러 사람이 나누어 먹는 방식인데, 회전식탁은 가운데 부분이 돌아가도록 되어 있어 큰 접시에 담긴 요리를 나누어 먹을 때 아주 편리하다. 마실 술의 종류도 주객에게 물어서 정하고 주인이 따르는 술잔을 눈높이까지 올려 건배한다.

주객의 식사가 다 끝날 때까지 자리를 떠서는 안 되며 그날의 요리에 대해 칭찬하고 감사의 뜻을 표한다. 주인은 식사의 변변치 않음을 이야기하고 초대에 응해 준 것에 감사의 표시를 한 후에 자리에서 일어나는 것이 예의이다. 밥을 다 먹은 후 다 먹었다 라고 말하면 안 되고 잘 먹었다 혹은 배부르다 라고 말한다. 예전에는 밥을 먹을 때 큰소리를 내서는 안 되었으나, 요즈음은 많은 중국인들이 식사할 때 입 안에 밥을 가득 넣고도 큰 소리로 웃고 이야기한다.

일반적으로 뼈가 있는 요리는 식탁의 왼쪽에 놓고, 고기만 들어가 있는 요리는 식탁의 오른쪽에 놓는다. 식사는 왼쪽에 놓고, 탕이나 술, 음료는 오른쪽에 놓는다. 고기 구이류는 멀찌감치 놓고, 식초, 간장, 파, 마늘 등 양념은 가까운 곳에 둔다. 요리를 올릴 때는 찬 음식부터 올린 다음 뜨거운 음식을 올리고, 뜨거운 요리는 중요한 손님의 맞은편 자리의 좌측에 올린다.

숟가락은 탕을 먹을 때만 쓰고, 음식을 먹을 때는 젓가락을 쓰며, 밥이나 국수를 먹을 때도 젓가락을 이용한다. 밥이나 탕이 담긴 그릇은 손에 들고 입 가까이 대고 먹는다. 밥을 먹기 위해 고개를 숙여서는 안 되며, 필요할 때에는 밥공기를 손으로 받쳐 들고 젓가락으로 먹는 것이 예의이다. 사용하고 난 숟가락을 남에게 보이는 것은 실례이므로, 탕을 먹은 뒤 숟가락을 뒤집어 놓는다.

식사할 때는 젓가락을 그릇에 부딪쳐 소리를 내서는 안 된다. 음식물을 집을 때 한 번에 너무 많이 집지 않는다. 그리고 닭이 모이를 먹듯 너무 자주 젓가락질을 하거나 음식물을 뒤적거리지 않는다. 먹을 때는 소리를 내지 않고 게걸스럽게 먹지 않는다. 오른손으로 젓가락을 잡으며 밥을 다 먹은 후 젓가락을 빈 그릇 중간에 잘 놓아둔다.

③ 식문화 비교

세계 면적의 1/4을 차지하는 광대한 대륙으로 동서남북에 따라 상이한 기후 풍토와 자원을 가지고 있어서 지역마다 특징이 뚜렷하게 구분되는 독특한 요리가 발달되었다. 남북으로 나누어 최상의 쌀은 동북에서 생산된다고는 하지만, 이 지역 사람들 역시 다른 북방지역 사람들과 마찬가지로 면요리를 좋아한다. 북방지역에서도 북경의 쇄양육涮羊肉, 양고기 샤브샤브, 고압烤鴨, 구운 오리고기, 산동성山東省요리를 첫 손가락으로 꼽는다. 남쪽의 주식은 쌀로, 요리 종류도 매우 다양하다. 민간에서는 그 지방요리의 특색에 맞게 "남쪽은 달고, 북쪽은

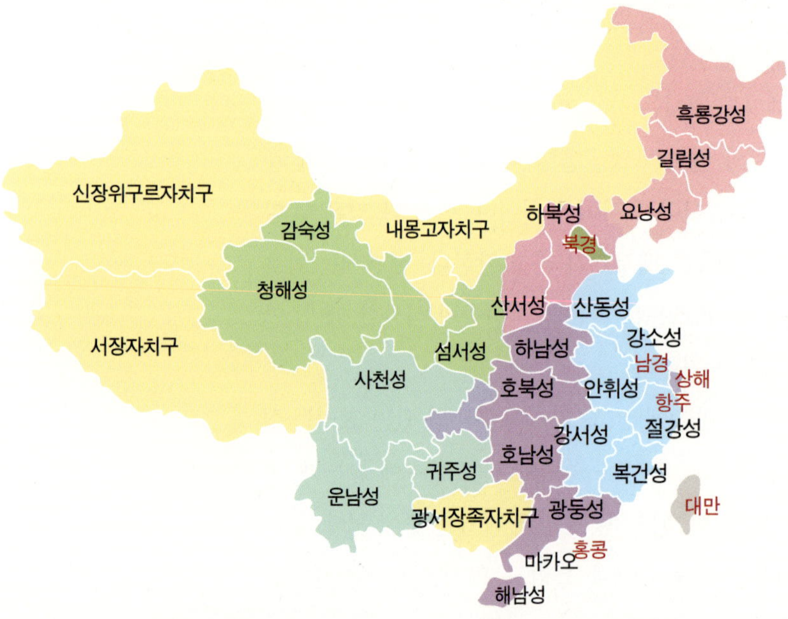

4 _ 중국 음식문화권 지도

짜며, 동쪽은 맵고, 서쪽은 시다"라고 말한다.

중국요리를 크게 분류하면 장강長江 이남의 남방요리와 장강 이북의 황화유역, 산동지역을 포함한 북방요리로 나누어진다. 이러한 분류의 시작은 춘추전국시대에 시작되어 당唐, 송宋시대에 와서 완전한 형식을 갖추고, 4대 체계라고 하여 쓰촨四川, 광둥广东, 산둥山东, 장쑤요리강소성을 중심으로 발달가 확립되었다. 청나라 말에는 베이징北京, 푸젠福建, 후난湖南, 안후이安徽요리가 추가되어 8대 요리로 세분화되었으며, 절강浙江요리와 상하이上海요리를 추가하여 10대 체계가 지금에 이어진다.

북방요리

베이징

5 _ 쓰시완쯔

6 _ 베이징 카오야

베이징은 원元, 명明, 청清의 수도로서 문화의 중심지였기 때문에 궁중요리와 같은 고급요리가 발달했다. 기마민족인 몽고족과 변방의 여러 민족이 가지고 들어온 산동요리와 양주요리가 북경의 궁중요리와 잘 조화되면서 발달한 요리이다. 대표적인 요리는 베이징 카오야오리구이와 슈안양러우양고기 샤브샤브가 있다. 베이징 카오야北京烤鸭는 통째로 구운 오리를 얇게 저며 밀전병에 파와 장을 곁들여 싸먹는 요리로 유명하다. 전취덕全聚德의 훈제용 가마에 넣어 구운 오리통구이요리는 활활 타는 불을 이용해서 굽고 편의방의 화덕오리구이는 오리를 화덕에 넣은 후 불을 때어 간접적으로 굽는 요리로 두 가지 조리법이 각기 다른 특색으로 사람들의 입맛을 즐겁게 해주고 있다. 슈안양러우涮羊肉는 겨울철 별미요리로 맛좋은 양고기와 쇠고기를 3~5가지 채소와 함께 부글부글 끓는 신선로에 담가 살짝 익힌 후 건져내어 준비해 둔 소스에 찍어 먹는다. 루메이라는 화력이 강한 석탄을 사용하여 짧은 시간에 음식을 조리해 재료 고유의 맛을 살리려고 노력한 것이 특징이다.

• 산동

7 _ 산동의 파이구

산동은 4대 문명의 발상지인 황하강을 중심으로 해산물요리가 비교적 유명하다. 센 불에서 빨리 조리하는 빠오爆란 조리법을 많이 사용하며, 조미료에 의해 맛을 내기보다는 요리재료 본래의 맛을 중요시한다. 산동요리는 공자의 고향이 있는 곳으로 중국에서 영향력이 가장 크면서도 가장 널리 전해지는 요리 중 하나이다. 마늘과 파를 많이 사용하여 맛을 내고, 깔끔하면서도 짜고, 신선하고 부드러우며 향긋하고 개운한 맛이 특징이다. 북방지역에서 최고의 요리로 경사스러운 일이나 생일 축하와 같은 중요한 잔치나 일반 가정에서 먹는 가정식 백반요리의 대부분은 모두 산동요리에서 발전된 것이다. 뿐만 아니라 산동요리는 북경 · 천진 · 동북지역 등의 요리 형성에도 중요한 영향을 미쳤다.

남방요리

• 쓰촨

쓰촨四川은 청뚜成都와 충칭重慶, 重慶 등의 도시를 중심으로 발달하여 혀를 얼얼하게 마비시키는 매운맛이 특징이다. 바다가 먼 내륙지방의 사천분지는 기온의 차이가 심하고 습한 기후의 영향으로 매운 향신료, 양념을 많이 사용한다. 계절구분이 뚜렷한 곡창지대로 사계절 농산물이 풍부하여 소채류나 곡물, 육류를 이용한 요리가 많다. 맛 조절을 매우 중요시하고, 맛의 종류도 다양하다. 가정에서 많이 먹는 간단한 요리인 어향육사, 회과육, 홍유두화, 마파두부, 생선철판구이에서 길거리 군것질거리인 관광향, 마랄토두, 단단면, 거기에 중국 전역에서 사랑받고 있는 마랄화과, 수자어까지 맛있는 요리가 헤아릴 수 없을 정도로 많다.

8 _ 사천의 훠궈

∴ 호 남

9 _ 호남의 생선요리 뚜어쟈오위터우

호남요리는 줄여서 상채라고 부르며, 중국의 8대 요리 중 하나로 지명도가 높은 편이다. 호남요리는 신맛, 매운맛, 얼큰한 맛, 향긋한 맛, 훈제 맛 등 여러 가지 맛을 낸다. 다습한 기후 때문에 음식이 쉽게 부패할 수 있어 소금에 절여서 말린 음식이 많다. 특히, 중국식 햄인 라오우는 절여서 말린 음식이다. 여름에는 덥기 때문에 싱겁고 연한 음식을 즐기나, 겨울에는 음식을 뜨겁고 맵고 진하게 먹는 습관을 지니고 있다.

∴ 운 남

10 _ 운남의 차오미엔

운남은 소수민족들이 모여 사는 곳으로 요리 맛도 지역적인 특색이 분명하다. 야생 식용버섯이 풍부하여 버섯요리가 이 지방 별미이다.

∴ 광 주

광주는 수륙교통이 발달하여 중국 남부지역의 경제 무역 중심지로 최초로 대외통상이 이루어진 항구도시였다. 광주를 중심으로 한 광둥요리는 16세기 이래 외국 선교사와 상인들의 왕래가 빈번하였기 때문에 전통요리와 서양요리가 결합된 독특함을 지닌다. 열대지방의 강한 매운맛을 특징으로 하며, 튀기기나 지져서 다시 기름에 볶으면서 녹말로 농도를 조절한다. 그리고 곤충, 뱀, 원숭이 등 희귀한 식재료를 많이 사용한다. 풍부한 해산물과 아열대성 채소, 과일, 서양식 양념과 중국식 조리법이 한 데 어우러져 맛이 신선하고 담백한 것이 특징이다. 서양요리의 장점을 받아들인 지역이면서도 식생으로 보양을 중요시한다. 재료 그대로의 맛을 살리기 위해 간을 적게 하며 국물을 많게 하는 것이 특징이다. 대표적인 요리로는 상어지느러미

11 _ 광주의 길거리 음식

12 _ 광주의 딤섬

찜과 광동식 탕수육, 딤섬 등이 있다.

복 건

복건은 동쪽이 바다와 접해 있고, 북쪽은 산악지역이 많아 기후가 온화하고 다습하다. 해산물을 비롯하여 농산물과 야생자원이 풍부하다. 복건요리는 찹쌀이나 멥쌀로 누룩을 만들어 조미료화한 홍자오를 쓴다. 해산물, 닭고기, 돼지고기, 죽순, 버섯 등의 재료를 많이 사용하며, 특히 장어나 돼지 살코기 등에 홍자오를 섞어 기름에 볶음으로써 독특한 향기를 낸다. 또 구기자, 인삼 등과 같은 약용식물을 음식재료로 쓰거나 오골계와 자라 같은 약용동물을 주 재료로 사용하여 조리하는 것으로도 유명하다. 비교적 달고 시큼한 맛을 내며, 독특한 향을 내는 것이 특징이다.

안 휘

안휘는 산나물과 산짐승을 주요 재료로 사용하는 것이 특징이다. 일찍부터 환남지방의 특산물인 자라로 요리를 만들어 이름을 날렸고, 연강의 민물고기로 만든 요리는 일품으로 꼽힌다. 음식을 차릴 때 산해진미를 상 위에 올리는 것으로 유명할 뿐만 아니라 냄비와 목탄을 사용하여 약한 불에 오랫동안 삶는 요리법으로도 유명하다. 특히, 센 불로 만드는 진한 맛의 요리를 큰 접시에 푸짐하게 담아내는 특징이 있다.

절강

13 _ 절강의 동파육(동퍼러우)

절강은 물고기와 쌀요리의 고향인 강소요리와 함께 신선함과 짠맛이 결합된 해물요리가 특징이다. 절강요리는 항주, 영파, 소흥, 온주 네 곳의 맛으로 이루어져 있고, 원래의 맛을 보존하는 것을 중요시하며, 양념을 적게 넣고, 재료 본래의 맛을 강조한다. 또한 농도가 알맞은데, 단맛이 약간 많다. 소동파가 즐겨 먹었다는 동파육은 절강성 항주지방 요리이다.

강소

강소는 동쪽으로 바다에 면해 있고, 내륙에도 호수가 많아 물고기와 쌀의 고향魚米之鄉으로 불린다. 수산물을 가능한 한 재료 본래의 맛과 향기를 잃지 않도록 느끼하지 않으며, 담백하게 조리한다. 재료 선택에 신중을 기하며, 양념을 적게 사용하고 맛과 향은 물론, 재료의 원래 모습을 그대로 살릴 수 있는 찌는 방법, 약한 불에서 오래 익히는 방법, 모양 그대로 굽는 방법 등이 주로 사용된다.

상해

14 _ 상해의 커우러우

상해는 장강 입구에 위치해 있어서 바다와 내륙을 통하는 모든 문화의 중간에 위치한다. 양쯔강에서 나는 풍부한 수산물, 특히 생선 한 마리를 가지고 부위별로 조리법과 양념을 달리한 요리가 발달했다. 대체로 달고 기름기가 많은데, 민물 게 요리가 유명하다. 간장과 설탕을 이용한 농후한 맛과 선명한 색상의 음식이 특징이다. 산동 이남의 강소, 상해, 절강, 복건, 광동 등 동남부 연해지역은 담백한 맛을 좋아하는 지역이다.

좀 더 조사해 보기

1. 중국의 만두 종류를 알아보자.

2. 중국 소수민족의 식문화를 지역별로 나누어 알아보자.

3. 우리나라에 있는 중국음식점에서 지역별 대표음식을 체험해 보고 그 특징을 비교해 보자.

* 대표요리 컬렉션

스촨식 닭날개구이

만드는 법

1 닭날개에 간장 1큰술과 다진 마늘 1큰술로 밑간을 한다.

2 예열해 놓은 튀김기름에 양념해 놓은 닭의 물기를 제거한 후 튀겨낸다.

3 중식팬에 식용유 2큰술을 두르고 센 불로 다진 마늘과 건고추, 베트남고추와 사천고추를 볶은 다음 간장으로 간을 한다.

4 튀겨낸 닭을 넣고 버무려 낸다. 소금과 후춧가루로 간을 맞춘다.

*재료 닭날개 500g, 베트남고추 3개, 건고추 10개, 간장 1큰술, 사천고추 3개, 다진 마늘 2큰술, 식용유 2큰술, 튀김용 기름 적당량, 소금 · 후춧가루 약간

마파떠우푸

만드는 법

1 두부는 깍뚜기형으로 썰어 찬물에 30분 정도 담가 콩 비린내를 제거한다.

2 붉은 물고추는 씨를 빼내어 송송 썰고 파도 송송 썬다. 마늘은 다진다.

3 팬에 식용유를 두르고 돼지고기 간 것을 넣어 달달 볶아 하얗게 되면 붉은 물고추, 파, 마늘을 넣어 향을 낸 후 양념장으로 맛을 낸다.

4 두부와 육수를 넣고 육수가 끓으면 간을 맞춘 후 두부가 커지고 끓게 되면 물녹말을 풀어 참기름을 뿌린 다음 접시에 담아낸다. 먹을 때 후춧가루나 산초가루를 뿌린다.

*재료 두부 1모, 돼지고기 간 것 50g, 파 1/2대, 마늘 3쪽, 붉은 물고추 1개, 육수 2/3컵, 식용유 3큰술, 물녹말 2큰술, 참기름 약간, 산초(후추)가루 약간

양념장
두반장 1큰술, 간장 1작은술, 청주 1큰술, 설탕 1작은술

Chapter 05

동남아시아의 식문화

Middle East

동남아시아 음식은 태국과 베트남, 말레이시아 등에서 그 나라의 기후와 풍토, 외부와의 교류에 의해 발달된 음식이다. 열대기후 지역에 자리 잡고 있어 식재료가 풍부하며 열대과일과 향신료를 이용한 음식이 발달되어 있다. 이슬람교와 불교 등 종교의 영향으로 육류의 섭취에도 지역마다 차이가 있다. 음식의 세계화와 에스닉ethnic 음식에 대한 관심이 증가하면서 우리의 식생활에도 이러한 동남아 및 남아시아의 음식에 대한 비중이 점차 증가하고 있다. 여기에서는 태국, 베트남, 말레이시아, 인도네시아의 음식의 특징과 배경을 살펴보고 대표되는 음식을 알아보자.

✪ 학습목표

- 동남아시아 음식의 발전과정과 발전되어 온 배경, 식문화의 특징을 알아본다.
- 동남아시아 음식에 사용되는 식재료와 이를 이용한 음식의 특징을 알아본다.
- 동남아시아 국가 간의 식문화 차이점과 공통점을 파악한다.

베트남 Vietnam

나라명 | 베트남 **국토면적** | 33만 341km²(세계 65위) **인 구** | 약 8,800만 명
수 도 | 하노이 **공용어** | 베트남어 **통 화** | 동(VND)
종 교 | 불교(대승불교), 로마 가톨릭교, 개신교 **인종(민족)구성** | 킨족(베트남인)이 다수

1 식문화의 발달배경

자연환경

베트남은 인도차이나 반도의 동쪽에 위치하고 있으며, 북쪽으로는 중국과 접해 있고, 서쪽으로는 라오스와 캄보디아와 국경을 맞대고 있으며 동쪽과 남쪽은 남중국해와 접해 있다. 동쪽에 긴 해안선을 따라 바다를 접하고 있어 해산물이 풍부하다. 남북으로 가늘고 길게 뻗어 있는 모양을 가진 베트남은 요리에 있어서도 북쪽과 남쪽의 지역적 차이가 크다.

북부와 서부는 고원지대로 겨울에는 서늘하고 약간 추우며 기온이 영하로 내려가는 경우도 있다. 남쪽은 연중 무더운 날씨로서 가장 추운 12월도 22~30℃를 유지하는 열대성 기후이다. 벼를 1년에 3~4번 재배가 가능하며, 메콩 강 유역의 평야지대는 세계적인 쌀 생산지역이다.

사회문화적 배경

종교

베트남은 지리적 위치로 인해 많은 인종이 이동하고 여러 문화가 교류하는 통로의 역할을 해왔다. 약 90%가 베트남인킨족이며 인구의 80%가 불교도이다.

역사

기원전 100년 전부터 약 1000년간 중국의 지배를 받으면서, 종교적으로는 도교와 불교가 도입되었다. 1860년경부터 100여 년간은 다시 프랑스에 의해 식민지화되면서 음식문화에서도 프랑스의 영향을 많이 받았다. 중국의 영향도 남아 있어 음과 양의 조화를 고려한다. 역사적으로 잦은 침입과 전쟁이 끊이지 않아 다른 나라의 음식문화를 접하게 되며 다양하고 독특한 식문화를 갖게 되었다.

식문화의 특징

- 중국과 프랑스의 영향을 받은 음식문화 : 오랜 기간 중국과 프랑스의 지배를 받았으므로 다른 동남아국가에 비해 중국과 프랑스의 영향이 많이 남아 있다. 기름에 볶는 요리가 많은 점, 면류의 이용, 음식재료의 음과 양의 조화를 고려하는 점 등이 중국의 영향이라 할 수 있다. 또한 프랑스의 영향을 받은 반미와 같은 바게트빵 샌드위치 등의 음식들을 볼 수 있다. 그러나 중국요리보다 기름을 적게 쓰고, 채소를 많이 사용하므로 건강 메뉴로 관심을 받고 있다.
- 주식과 부식의 구별이 뚜렷하며, 다양한 쌀 요리가 발달하였다. 밥을 볶거나 쌀을 쌀국수나 라이스페이퍼로 이용하며 찹쌀은 주로 떡을 만든다.
- 다양한 채소 반찬과 향이 강한 향신채소로 맛을 낸다. 오이나 상추, 숙주나물과 향채rau thom 등 향이 독특한 채소와 공심채rau muong와 가지를 즐겨 먹는다. 이러한 채소를 볶아서 반찬으로 먹거나 라이스페이퍼에 생채소를 싸서 먹는다.
- 기후와 지형의 차이로 인해 음식에 있어서도 지역적인 차이가 많다.

지역적 다양성

베트남은 남과 북으로 가늘고 긴 형태여서 북부지역과 남부지역의 기후가 많이 다르고, 역사적으로도 서로 별개의 과정을 거쳐왔다.

• 북부지역

봄, 가을은 아주 짧고 다른 지역에 비해 춥기 때문에 향신료의 사용이 적고 덜 자극적이며, 칠리고추보다는 후추를 더 사용하는 편이다. 음식의 전체적인 특징은 맛에 있어서 가볍고 담백하며 조화된 맛을 띠는 것이 특징이다. 더 전통적인 식사를 하며, 외부의 침략이 많았던 지역이어서 음식이 단순하고, 재료를 선택할 때 덜 다양하다. 중국음식의 영향을 많이 받았으며, 육수가 담백한 쌀국수인 포pho와 반 꾸온banh cuon 등은 이 지역에서 유래한 음식이다.

• 중부지역

중부지역의 대표적인 요리로 '후에'가 있다. 이 지역의 중심도시인 후에Huế는 17~19세기까지 베트남의 남부 전역을 통치했던 마지막 왕조인 응우옌 왕조의 수도였기 때문에 격식을 갖추고 화려한 궁중요리가 전해 내려오고 있다. 중부의 산지에서 생산되는 향신료를 사용하여 맛이 자극적이고 매운맛이 강한 음식이 특징이다. 음식의 양을 적게 담고 복잡한 음식들을 많이 한다는 점이 북쪽이나 남쪽 음식과는 다르다.

• 남부지역

일년 내내 온도의 변화가 거의 없이 30℃ 이상을 웃도는 메콩 강 하류의 남부지역은 베트남 제일의 곡창지대이며, 다양한 과일, 채소, 가축 등이 자라기에 매우 좋은 토양과 기후를 갖추었다. 메콩 강에서 잡은 민물고기와 바다의 해산물도 풍부하다. 역사적으로 중국의 이민자와 프랑스 식민지의 영향 그리고 미국, 태국 등 다른 나라의 영향을 많이 받았다. 다른 지역에 비해 마늘이나 샬롯, 허브 등 향신료를 더 풍부하게 사용한다. 호치민을 중심으로 음식의 맛이 다른 지역에 비해 더 단 것을 선호하므로 설탕과 코코넛밀크도 더 사용하는 경향이 있다.

2 베트남음식의 특징

주요 식재료 및 대표음식

주요 요리재료로서 코코넛밀크, 생선, 닭고기가 많이 이용된다. 농작물로는 카사바, 양배추, 코코넛, 쌀, 커피, 카카오, 고구마, 콩, 땅콩의 생산량이 많다.

쌀국수

쌀국수의 면 굵기에 따라서 용도가 다른데, 굵기가 0.5mm 정도로 실처럼 가는 면을 버미셀리면 혹은 센미라고도 하며 샐러드나 월남쌈에 주로 쓴다. 1mm, 3mm 정도 되는 면은 센레크라고 하며 국물이 있는 국수요리에 가장 많이 쓰인다. 5mm, 10mm의 넓은 면은 센야이라고 하며, 채소나 해물을 넣은 볶음국수로 많이 이용된다.

라이스페이퍼

쌀가루를 물에 넣고 걸쭉하게 끓여낸 후 그 끓여낸 쌀물을 종이처럼 얇게 펴 햇볕에 말린 것이다. 라이스페이퍼는 얇아서 잘 찢어지므로 뜨거운 물에 20초 정도 담갔다가 부드러워지면 건져서 사용한다. 이를 반짱banh trang이라고 한다.

반죽하기

찌기

말리기

라이스페이퍼 만드는 과정

베트남은 안남미를 국수나 라이스페이퍼rice paper 등으로 만들어 이용한다. 더운 지방의 특성상 오래 보관하기에 좋게 만들어진 형태이다.

조리법은 굽거나 튀기거나 볶는 등 비교적 간단한 편이다. 태국음식과 재료는 비슷하지만, 태국음식보다는 신맛, 단맛, 매운맛을 내는 조미료를 적게 쓴다. 커리음식이 별로 없으며, 자극적인 향신료를 적게 사용한다.

국수류 포pho는 아침식사나 간단히 요기할 때 먹는 베트남의 대표적인 국수이다. 육류와 채소를 넣어 끓인 후 숙주와 향신료를 넣어 양념과 함께 먹는다. 소뼈를 우려낸 국물에 쇠고기를 넣은 퍼보pho bo, 닭 삶은 국물에 닭고기를 넣은 퍼가pho ga 등이 있다. 중부 지방인 '후에'시에는 매콤한 쌀국수인 분보후에bun bo hue가 유명하다. 숙주는 태국과 베트남요리에서 빼놓을 수 없는 채소이며 쌀국수에는 날것으로 얹고 뜨거운 국물을 부어 아삭하게 익혀 먹는다.

1 _ 분보후에

국물이 있는 음식 깐 쮸어canh chua는 신맛이 나는 채소수프로 파인애플, 토마토, 토란, 콩 등의 채소에 민물고기를 우린 국물이 들어가며, 감칠맛과 약간의 신맛이 난다. 러우제lau de, 염소고기 전골는 베트남의 전통 궁중요리로 염소고기에 감초, 계피 등 14가지의 한약재를 넣고 푹 고아 낸 육수에 미나리, 쑥갓, 청경채 등 10여 가지 종류의 채소를 즉석에서 넣어 데친 뒤 라이스페이퍼에 싸서 소스에 찍어 먹는 음식이다.

덮밥류 덮밥류는 아침식사로 즐겨먹으며, 맨밥에 고기구이와 해산물, 채소를 얹어 먹는 것이다. 얹는 재료에 따라 쇠고기를 얹으면 껌보com bo, 닭고기는 껌가com ga, 새우는 껌톰com tom이라 부른다.

만두류 반 세오banh xeo는 쌀가루 반죽을 얇게 구운 후 다진 고기, 숙주, 채소, 해산

2 _ 껌가

3 _ 반 세오

물 등을 올려 익힌 베트남식 팬케이크로 중부지방의 음식으로 유명하다.

롤이나 쌈요리 고이꾸온goi cuon, 쌈요리은 라이스페이퍼에 다진 고기, 부추, 향채, 삶은 새우 등을 넣어 김밥처럼 말아서 먹는 음식으로, 느억참nuoc cham이나 땅콩 소스에 찍어 먹는다. 짜조cha gio, 튀김만두는 이와 같이 말아서 기름에 튀겨낸 스프링 롤spring roll의 일종이다. 짜조는 전통적으로 중요한 가족 행사나 텟tet 같은 설날에 사용되던 음식이다. 반 꾸온banh cuon은 고이꾸온과 비슷하지만 물에 쪄서 맛이 더 부드럽다.

4 _ 짜조

5 _ 반 꾸온

샌드위치 반미banh mi는 프랑스의 영향으로 바게트와 비슷한 빵의 가운데를 잘라서 달걀 프라이를 넣거나 말린 돼지고기, 채소를 넣어서 샌드위치처럼 즐겨 먹는다.

생선요리 차오톰chao tom은 새우 다진 것을 사탕수수의 심에 말아서 숯불에 구운 것이다. 먹을 때는 오이, 채소샐러드, 향채와 함께 라이스페이퍼에 말아서 소스에 찍어 먹는다. 쿠어장뭐이cua rang muoi는 민물게를 통째로 튀겨 갖은 양념과 특유의 소스를 바른 일품요리이다.

샐러드 고이 응오 센goi ngo sen은 매콤하고 새콤한 베트남식 샐러드로 새우, 고기, 채소, 연꽃줄기, 레몬그라스 등을 술, 간장, 식초로 버무려 잘게 다진 땅콩과 채친 향채를 위에 얹은 것이다.

음료 커피 원두의 생산국인 베트남의 커피는 맛이 진하면서 구수하다. 진한 커피에 연유condensed milk를 넣어 마신다. 차로는 잎을 넣고 끓인 베트남 전통차를 많이 마시며, 장미, 재스민, 국화 또는 연꽃 등을 말려 만든 다양한 꽃차도 즐겨 마신다. 그 외에 과일주스와 사탕수수의 즙도 즐겨 마신다.

일상식

베트남 사람들의 주식은 밥이나 국수이다. 밥과 먹는 일상적인 반찬으로는 숙주, 죽순, 부추, 가지 등 채소를 생으로 혹은 절이거나 볶은 것, 생선류, 생선으로 만든 소스 등이다.

베트남 사람들의 식단은, 아침식사는 간편하고 따뜻한 한 그릇 음식을 즐긴다. 쇠고기나 해산물을 넣은 죽차오, chao이나, 포pho, 반 꾸온banh cuon 등을 아침에 먹는다. 점심식사는 쌀국수나 샐러드 등으로 가볍게 먹는다.

* 대표요리 컬렉션

프레시스프링롤 fresh spring roll

만드는 법

1 숙주 머리와 꼬리를 다듬고 상추, 깻잎은 길게 반으로 썬다.

2 오이는 반 갈라 속을 파고 8cm 길이로 편 썬다.

3 새우와 삼겹살은 청주를 뿌려 쪄서 6cm 길이로 포 뜬다.

4 가는 쌀국수는 데쳐서 물기를 제거한다.

5 라이스페이퍼는 뜨거운 물에 담가 부드럽게 한 뒤 채소부터 올리고 마지막에 삼겹살과 새우를 올린 후 싼다.

6 팬에 식용유를 두르고 마늘을 볶다가 불을 끈 후 분량의 재료를 넣어 땅콩 소스를 만든다.

*재료 라이스페이퍼 1팩, 숙주 100g, 깻잎 10장, 상추 10장, 시소 조금, 오이 1/2개, 민트 · 쪽파 조금, 삼겹살 100g, 가는 쌀국수(bun) 1/4팩, 새우 100g, 청주 2큰술, 식용유 2큰술, 마늘 1큰술

땅콩 소스

피넛버터 1큰술, 두반장 1작은술, 호이신 소스 2큰술, 레몬즙 1큰술, 식초 1큰술, 설탕 1큰술, 다진 땅콩 2큰술, 홍고추 2개, 스위트 칠리 소스 1큰술

분짜Bun Cha

만드는 법

1 국수는 삶아낸 다음 찬물에 헹군다.

2 마리네이드액은 쪽파와 마늘, 레몬글라스를 곱게 다지고 소금과 후추, 커리파우더와 피시소스를 넣어 버무린다(고기 1kg당 소금 2작은술, 설탕 1작은술, 피시소스 2큰술, 후추 1작은술).

3 고기는 칼집을 내고 마리네이드액을 넣고 버무린다.

4 껍질이 위로 가게 세워 오븐에 굽는다(180도 20분/220도 20분).

5 양상추와 오이, 숙주와 민트, 채 친 당근을 접시에 담는다.

6 서빙할 때 접시에 쌀국수를 담고 채소와 구운 고기를 담아낸 후 누억참을 곁들여 제공한다.

*재료 가는 쌀국수 1팩, 썰지 않은 돼지 오겹살 300g, 쪽파·양파 1개, 마늘, 레몬글라스 2대, 소금, 설탕, 후추, 커리가루 1작은술, 양상추, 오이, 숙주, 민트, 고수, 당근, 식용유 2큰술, 땅콩, 꿀, 청주

누억참(nuoc cham) 1컵
마늘 3큰술, 빨간 고추 다진 것 3큰술, 설탕 1컵, 피시소스 1컵, 식초 1컵, 물 2컵, 레몬 2개, 소금

태 국 Thailand

나라명 | 태국 **국토면적** | 51만 4,000km²(49위) **인 구** | 약 6,500만 명 **수 도** | 방콕
공용어 | 태국어 **통 화** | 밧(THB) **종 교** | 대부분이 불교, 소수의 주민이 이슬람교, 기독교
인종(민족)구성 | 타이족

1 식문화의 발달배경

자연환경

태국은 지리적으로 덥고 비가 많이 오는 열대몬순기후의 지역이다. 토지가 비옥하고 물이 풍부하여 세계적인 곡창지대로서 질 좋은 쌀과 다양한 농산물이 풍부한 나라이다. 쌀의 주산지는 중부의 삼각주지역이며, 운하가 발달해서 각 지역으로 수송을 한다.

내륙의 강과 운하에는 사계절 다양한 민물고기들이 서식하고 있고, 남부지역은 바다와 접해 있으므로 각종 해산물 또한 풍부하다. 또한 예로부터 열대과일과 향신료가 풍부한 나라이다.

태국은 위치적으로 인도와 중국 사이, 동남아시아 중앙에 위치하여 음식문화에 있어서도 각 나라의 영향을 많이 받았다. 국물이 진한 카레의 일종인 깽은 인도에서, 국수, 만두, 볶음요리는 중국에서, 달콤한 과자류는 포르투갈에서 전래된 것이다.

사회문화적 배경

종 교

태국은 타이족으로 구성되었으며, 주민의 95% 이상이 불교 신자이다. 현재에도 모든 남자는 성인이 되면 3개월 정도의 승려생활을 해야 하는 엄격한 불교국가이다.

역 사

1238년경 수코타이 왕국이 세워졌고, 1365년 세워진 아유타야 왕국이 1700년대까지 타이 남부와 중부지역을 지배했다. 1782년 권력을 잡게 된 차크리 왕조는 수도를 방콕으로 옮기고 영토를 넓혔다. 라마 5세는 노예제도를 폐지하고 개혁정치를 폈으며, 1826년 영국과 맺은 친선 · 통상 조약을 시작으로 유럽 국가들과의 적절한 외교정책을 펴고 친선관계를 다졌다. 다른 동남아시아 나라들이 식민지화될 때 태국 왕들의 외교력과 태국 정부의 근대화 개혁 등을 통해 태국은 동남아시아에서 유일하게 식민지화되지 않고 독립된 국가로서 화려하고 고급스러운 음식문화를 꽃피울 수 있었다.

식문화의 특징

- 자연환경이 주는 풍부하고 질 좋은 식재료 : 태국은 토지가 비옥하고 기후가 농사에 적합하여 쌀을 비롯한 다양한 농산물이 풍부한 나라이다. 내륙의 강과 운하에는 사계절 다양한 민물고기들이 서식하고 있고, 남부지역은 바다와 접해 있으므로 각종 해산물도 풍부하다. 또한 열대과일과 향신료도 풍부하다. 열대과일의 종류는 표 5-1과 같다.
- 쌀밥과 반찬으로 된 식사 구성 : 풍부하게 생산되는 쌀을 주식으로 쌀밥에 몇 가지 반찬을 곁들인 식사를 한다. 밥을 볶거나 국수로 만들어 먹으며, 흰밥은 태국 커리를 얹어 먹거나, 어장에 매운 고추를 썰어 넣은 소스에 비벼 먹는다.
- 육류보다는 생선 많이 이용 : 국민의 95%가 불교를 믿는 태국은 육식에 대한 제

표 5-1 | 동남아시아에서 나는 열대과일들

종류		특징	종류		특징
망고스틴 (mango- steen)		자주색으로 껍질을 까면 마늘쪽 같은 과육이 있다.	람부탄 (rambutan)		빨간색으로 털이 있다. 껍질의 속은 하얗다.
수박 (water- melon)		수박주스를 만들어 음료로 마시기도 한다.	파인애플 (pineapple)		잘라서 신선한 상태로 먹거나 밥을 볶을 때도 사용한다.
파파야 (papaya)		간식거리나 디저트로 이용된다.	망고 (mango)		생과일 상태로 먹거나 망고밥을 만들어 먹기도 한다.
두리안 (durian)		미식축구공과 같이 생겼으며, 독특한 냄새가 난다.	잭푸르트 (jackfruit)		두리안과 모양이 비슷하나 겉이 오돌도돌하다.
용안 (longan)		색은 노란색이며, 포도와 유사한 모양을 지닌다.	랑사트 (langsat)		껍질은 노란색이고, 과육은 흰색이다.
드래곤 푸르트 (dragon fruit)		겉은 붉은색의 딱딱한 껍질이지만 속은 희고 부드럽다.	바나나 (banana)		작은 크기의 몽키 바나나이다.

약은 없지만 바다생선과 민물생선이 풍부하여 생선이 육류보다 더 많이 이용된다. 대부분의 태국사람들이 가장 선호하는 육류는 돼지고기이며, 일상적으로 닭고기와 오리고기도 많이 먹는다.

- 독특한 맛과 향을 내는 향신료의 사용 : 태국음식의 맛은 고소하고 맵고 달고 신맛이 나며, 자극적이다. 다양한 허브와 향신료가 이러한 맛의 조화와 다양성을 결정한다. 칠리 고추태국어로는 프릭를 비롯하여 우리에게 고수로 알려진 팍취coriander는 거의 모든 음식에서 태국음식 특유의 향을 내게 된다. 라임, 코코넛 등은 신맛과 단맛, 고소한 맛 등을 낼 때 이용된다.
- 태국음식 맛의 핵심인 생선 소스 : 남플라Nam pla : 생선소스라고 하는 어장과 카피kapi : 새우페이스트를 태국요리에서 빼놓을 수 없다. 남플라나 카피에 고춧가루나 여러 가지 향신료를 넣어 만드는 남프릭은 음식에 따라 30여 종류가 있다.
- 다양한 맛의 조화 : 태국 고유 음식문화의 전통을 살리면서 중국, 인도 등 외국의 식문화를 수용해 고유한 음식문화로 발전시켜 왔다. 태국의 음식은 매운맛, 짠맛, 신맛, 단맛, 쓴맛이 다양하게 조화된 것이 특징이다. '톰얌쿵'이 대표적인 사례이다.
- 자연환경에 따른 지역음식문화 : 북부는 산악과 고원지역인 반면 중남부는 평야지역으로 지리적 특색이 다르며, 각각 지방마다 캄보디아, 라오스, 말레이시아 등 인접한 국가가 다르다. 따라서 지리적 조건과 국경을 접하고 있는 나라에 따라 지역의 음식문화가 다소 차이를 나타낸다.

6 _ 톰얌쿵

지역적 다양성

남아시아 대륙의 중앙에 위치하는 타이는 자연환경에 따라 북부, 동북부, 중부 및 남부로 구분된다.

북부지역

태국 북부의 높은 산악지대는 치앙마이가 중심이 되며 태국의 전통적인 맛이 그대로 보전되어 있다. 점성이 강한 찰밥이 주식이며 맵고 짠맛이 주류를 이룬다. 생선의 이용이 적은 반면 육류요리가 많다. 칸토크khan toke는 1인분씩 개인의 밥상에 밥과 남프릭 등 소스와 반찬 등을 차려 놓은 북부지역의 대표적인 상차림이다.

동북부지역

7 _ 쏨땀

동북부이싼지역은 거의 전역에 분지가 펼쳐져 있으며, 강우량이 적고 농작물이 자라기 어려운 환경이므로 밭농사와 축산이 이루어진다. 찹쌀이 주식이고 코코넛 밀크를 거의 사용하지 않으며 민물고기로 담근 젓갈을 사용한다. 특히, 태국에서 가장 척박한 지역인 동북부는 곤충이나 벌레를 이용한 음식도 발달했으며 숯불구이한 육류음식과 파파야로 만든 샐러드인 쏨땀이 대표적인 음식이다.

중부지역

방콕을 중심으로 타이 제일의 곡창지대이다. 멥쌀을 주식으로 하며, 코코넛밀크를 조리수로 사용하는 경향이 있어 걸쭉한 음식이 많다. 조리 시에 조미향신료를 많이 이용하며, 채소와 생선 등 다양한 식재료와 과일이 많이 생산된다. 톰얌수프이 유명하다.

남부지역

남부지역은 말레이반도의 일부에 해당하므로 말레이시아와 인도네시아의 영향을 많이 받았다. 매운맛이 강한 음식이 많으며 바다와 인접한 지역으로 어패류의 이용이 많은 반면, 육류의 이용은 적다. 특히, 이슬람교도가 많은 지역으로 돼지고기나 술은 먹지 않으며, 코코넛, 향신료와 어장을 많이 사용하는 편이다.

2 태국음식의 특징

주요 식재료 및 대표음식

쌀음식 쌀국수와 더불어 가장 많이 먹는 음식으로는 카우팟fried rice이라는 볶음밥이며, 주 재료는 돼지고기, 쇠고기, 닭고기, 해물, 달걀, 채소 등이 이용된다.

국수류 태국식 볶음국수인 팟타이fried noodle는 해물을 주로 섞어서 요리하며 땅콩가루를 얹어서 먹는다.

전골류 수키suki는 샤브샤브와 비슷한 음식으로 맑은 육수에 고기, 해산물, 어묵, 채소 등을 넣어 끓인 후 소스에 찍어 먹는다.

볶음류 달콤한 고추소스를 넣고 닭고기와 캐슈너트를 볶아서 만든 카이팟멧마무엉과, 닭살코기와 생강볶음요리인 카이 팟 킹 온 등이 있다.

샐러드 해물이 들어간 매운 파파야 샐러드인 쏨땀 탈레와 얌운센새우, 오징어, 잘게 썬 돼지고기가 들어간 녹두당면으로 만든 매운 샐러드 등이 있다.

톰얌쿵 톰얌쿵tom yam kun은 태국식 새우찌개수프로서 매콤하면서 시큼한 맛을 낸다.

커리 태국의 카레는 향신료와 양념을 섞어 놓은 액상 페이스트이다. 레드커리 페이스트는 붉은 칠리에 향신료, 새우 페이스트를 함께 넣고 갈은 것이다. 그린커리 페이스트는 녹색 칠리고추에 여러 가지 향신료를 갈아 넣은 것이다. 옐로커리 페이스트는 레드커리 페이스트에 간 터메릭심황을 넣은 커리이

8 _ 카우팟

9 _ 팟타이

10 _ 수키

11 _ 카이팟멧마무엉

12 _ 얌운센

레드커리

그린커리

옐로커리

13 _ 재료에 따른 다양한 커리의 종류

다. 또한 페낭커리 페이스트는 볶은 땅콩과 코코넛 밀크를 넣어서 단맛이 나고 부드러운데, 말레이시아의 페낭지역에서 기원한 커리이다. 게와 달걀, 코코넛밀크, 옐로커리를 섞어 볶아 만든 커리인 뿌팟퐁커리, 레드커리 페이스트를 넣어 만든 커리인 캥 페트Kaeng Phed, 그린 커리의 일종으로 탕처럼 묽고 코코넛크림이 많이 들어간 캥교완 등이 있다.

14 _ 뿌팟퐁커리

15 _ 캥교완

일상식

태국의 전통적인 식사는 밥이 기본이고 반찬으로 맑은국, 찐 음식, 튀긴 음식, 샐러드와 남플라nam pla, 남플릭nam prik과 같은 자극적인 소스가 곁들여진다. 후식은 주로 과일이나 코코넛, 쌀로 만든 디저트를 먹는다.

collection

팟타이 Pod thai

만드는 법

1 숙주는 씻어 물기를 빼고 당근은 채 썬다.

2 팬에 기름을 두르고 달걀은 스크램블을 만들어 둔다.

3 팬에 기름을 두르고 마늘로 향을 낸 뒤 새우와 닭가슴살을 볶는다.

4 쌀국수와 숙주, 당근, 쪽파를 넣고 볶다가 소스 재료를 넣어준다. 국수가 엉기면 물을 살짝 첨가한다.

5 스크램블을 섞어서 접시에 담고 레몬과 땅콩 다진 것, 다진 고추를 얹어 낸다.

*재료 넓은 쌀국수(10mm 면) 30g, 달걀 1개, 새우 4마리, 닭가슴살 60g, 숙주 30g, 당근 1/4쪽, 쪽파 1대, 마늘 1알, 식용유 2큰술

소스
타마린드(페이스트) 1큰술, 피시소스 1큰술, 토마토케첩 1큰술, 흑설탕 1/2큰술, 땅콩 10g, 레몬 1/4개, 구운 고추 플레이크 조금

뿌팟퐁커리Poo Phat Pong Karee

만드는 법

1 소프트쉘 크랩은 먹기 좋게 자른다.

2 전분가루를 묻힌다.

3 바삭하게 튀긴다.

4 예열한 팬에 식용유를 두르고 양파와 셀러리, 마늘과 새우 및 오징어를 볶아 꺼내둔다.

5 커리가루와 태국고추를 넣고 설탕, 우유를 넣어 끓인다.

6 튀긴 게와 달걀을 넣어 살짝 끓여 낸다.

*재료 꽃게 1마리, 새우 3마리, 오징어 1/4마리, 셀러리 1/4대, 양파 1/4개, 감자전분 2큰술, 식용유 4큰술, 방울토마토 1개, 커리가루 2큰술, 설탕 2큰술, 우유 100mL, 달걀 2개, 간장 3큰술, 태국고추 2개, 마늘 2알

말레이시아 Malaysia

나라명 | 말레이시아　**국토면적** | 32만 9,847km²(세계 67위)　**인 구** | 약 2,500만 명
수 도 | 쿠알라룸푸르　**공용어** | 말레이어　**통 화** | 링깃(MYR)　**종 교** | 국교는 이슬람교(전체의 60.4%가 무슬림(수니파, 시아파 전부)이며, 불교가 19.2%), 기독교 9.1%, 힌두교 6.3%
인종(민족)구성 | 말레이인, 중국계 말레이시아인, 인도계 말레이시아인, 트라나칸 등 다민족 국가

1 식문화의 발달배경

자연환경

넓은 동남아시아 지역의 내부에 위치하는 말레이시아의 기후는 고온 다습한 열대성 기후에 속하므로 연중 덥고 습한 기후로 열대식물들이 울창하게 우거져 있으며, 열대과일들을 연중 맛볼 수 있다.

말레이시아는 남중국해를 사이에 두고 크게 서말레이시아와 동말레이시아로 나뉜다. 서말레이시아는 타이와 국경을 접하고 있으며, 싱가포르와도 다리로 연결되어 있다. 동말레이시아는 사라왁 주와 사바 주로 이루어져 있으며, 보르네오 섬의 북쪽을 차지하고 인도네시아, 브루나이와 국경을 접하고 있다. 바다와 접하고 있어 해산물이 풍부하다. 입지조건상 해로가 넓게 개방되어 있어 주변국들로부터 접근이 쉬웠기 때문에 문화적으로 끊임없는 이웃 국가들의 영향을 받아 왔다.

사회문화적 배경

인구의 구성

말레이시아의 인구는 말레이인 약 55%, 중국계 30%, 인디아계가 약 7%로 세 지역의 민족이 주로 구성되어 있고, 그 외에 역사적으로 이주한 주변국의 사람들로 구성되어 있는 다민족국가이다.

종 교

전통시대에는 인도로부터 들어온 힌두교와 불교문화가 역사를 지배했다. 10세기경에 이슬람 세력과 교역을 시작하면서, 14~15세기 무렵에는 말레이 반도에 이슬람 국가가 세워졌다. 이 시기부터 이슬람 문화는 말레이인들의 생활 전반에 많은 영향을 주었다. 말레이시아인 전체의 약 60%가 무슬림이며, 불교 신자가 19%, 힌두교 신자가 약 6%로서 무슬림과 힌두교 신자를 합한 인구가 많은 부분을 차지하기 때문에 음식의 재료에 있어서도 할랄방식으로 처리한 재료를 주로 사용한다.

역 사

말레이시아는 입지조건상 해로가 넓게 개방되어 있어 주변국들로부터 접근이 쉬웠기 때문에 서쪽에서는 인도, 이슬람교의 중동, 유럽 그리고 동쪽과 북쪽에서는 인도차이나 반도의 이웃 국가들과 중국, 일본의 영향을 끊임없이 받은 다층적인 역사를 가지고 있다. 향신료를 확보하기 위해 유럽인들이 동남아시아에 식민지를 설치할 때 말레이시아도 이들의 영향하에 들어갔다. 포르투갈인들이 1511년에 처음으로 말라카해협을 접수하였고, 그 후 네덜란드가 동인도 회사를 앞세워 동인도지역에 식민지를 건설하였으며, 영국이 코타 키나발루Kota Kinabalu, 쿠칭Kuching 등을 거점으로 말레이시아 전역을 지배하기에 이르렀다. 19세기에는 중국과 인도 노동자들이 말레이 반도와 보르네오지역의 식민지 경제의 필요를 충당하기 위해 이주해 오면서 더욱 문화적으로 다양성을 띠게 되었다. 1942~1945년에 일본의 지배를 받았고, 영국령이 되었다가 1957년에 독립되었다.

식문화의 특징

- 쌀을 주식으로 하며, 쌀로 만든 밥이나 국수가 음식의 주를 이룬다.
- 향신료가 많이 나며, 특히 인도에서 유래된 요리에는 향신료가 많이 들어간다.
- 다양한 민족의 구성만큼이나 음식의 종류도 다양하다. 다민족이 이루어진 국가이기 때문에 중국음식과 인도음식이 들어와서 말레이시아식으로 변화된 것을 볼 수 있다. 또한 포르투갈 등 유럽의 식민지였으므로 각종 서양요리와 패스트푸드도 음식문화의 한 부분을 차지하고 있다.
- 이슬람교, 힌두교가 대부분을 차지하므로 대부분 돼지고기를 음식의 재료로 사용하지 않는다. 단지, 중국계 말레이시아 음식의 경우 돼지고기를 이용한 음식을 여전히 선호한다.

2 말레이시아음식의 특징

주요 식재료

육류 대부분 이슬람을 믿기 때문에 육류는 할랄방식에 의해 취급된 것을 이용한다. 쇠고기는 힌두교나 엄격히 절제하는 불교 추종자를 제외하고 커리, 스튜, 로스팅된 음식, 국수 등에 흔하게 이용되는 재료이다. 돼지고기는 원주민이나 중국계 말레이시아인의 경우에 주로 이용한다. 대부분의 말레이시아인들이 이슬람교를 믿고 인도계 말레이시아인들은 대개 힌두교를 믿기 때문에 대부분 돼지고기를 먹지 않는다. 양고기나 염소고기는 인도계 말레이시아인에게 인기 있는 재료이다.

어패류 생선, 새우, 게, 오징어, 문어, 조개류, 해삼 등 많은 종류의 해산물이 음식에 이용된다. 어패류는 할랄 식품으로 여기기 때문에 많은 종교적 집단들이 어패류를 즐긴다.

대표음식

민족의 구성이 다양하기 때문에 음식도 크게 말레이시아 고유의 음식과 중국계 음식, 인도계 음식으로 나눌 수 있으며 각각을 살펴보면 다음과 같다.

말레이시아음식

말레이시아의 대표적 대중음식인 나시르막nasi lemak은 판단잎이나, 생강 또는 레몬을 섞은 코코넛밀크를 넣고 지은 밥에 멸치 튀긴 것, 오이, 찐 달걀, 볶은 땅콩, 닭고기, 삼발과 함께 먹는 음식이다. 일반적으로 닭요리나 생선 및 쇠고기요리와 곁들여 먹으며, 지역에 따라 조금씩 다르게 변형되기도 하였다. 나시르막은 주로 아침식사로 먹었으나, 요즈음은 길거리에서도 바나나잎을 이용해 원추형 뿔처럼 꽁꽁 싸서 주먹밥의 형태로 팔기 때문에 언제든 먹을 수 있다. 나시고렝nasi goreng은 채소, 고기, 해산물 등을 섞어서 볶은 철판볶음밥의 일종이다.

16 _ 나시고렝

중국 유래음식

19세기 초 말레이반도에 중국인이 급격히 이주하면서 이 지역 음식의 영향을 받아 중국음식이 변형된 형태이다. 돼지고기는 중국음식에 많이 사용하는 재료인데, 그중에서도 바쿠테bah kut teh는 돼지갈비, 두부, 버섯 등의 재료를 한약재와 함께 항아리에 넣고 푹 우려낸 것으로서 말레이시아에 사는 중국인들의 대표적인 보양식이다. 호끼엔미hokkien mee는 자장면과 유사한데, 굵은 국수와 채소, 고기 등을 진한 향과 맛이 나는 간장으로 볶은 요리이다. 중국요리인 차콰이테우char kway teow는 미고렝과 더불어 대표적인 볶음국수이다. 칼국수처럼 생긴 넓적한 국수에 다진 고기와 숙주나물 등 채소와 새우, 조갯살, 달걀, 고추 등을 넣고 볶은 음식이다.

17 _ 차콰이테우

: 인도 유래음식

말레이시아에 거주하는 많은 인도계 말레이시아인의 영향으로 인도 전역의 다양한 음식을 볼 수 있다. 나시브리야니nasi biryani는 인도 버터기름으로 카레를 넣고 볶아낸 노란색의 밥에 카레그레이비를 얹은 닭고기나 양고기 등과 함께 먹는다. 로티 차나이roti canai는 밀가루, 버터, 물을 넣고 반죽하여 기름칠한 팬에서 패스트리처럼 여러 겹으로 구워 만든 팬 케이크의 종류이다. 이와 유사한 인도 전통빵인 난naan에 싸먹기도 한다. 그 외에도 생선머리를 조리하여 매콤한 카레를 찍어 먹는 인도풍의 음식인 피시헤드카레 등이 유명하다.

:• 논야음식 이야기

말레이시안 락사

과거 중국인이나 인도인 등이 돈을 벌기 위해 말레이시아로 이주하여 정착하면서 말레이시아 여자들과 결혼을 해 생겨난 후손을 페라나칸이라고 한다. 그중 중국계 페라나칸을 남자는 바바, 여자는 논야라고 부른다. 이들은 중국과 말레이시아의 전통조리방식을 융합하여 주로 중국 조미료와 말레이시아 토속적인 고추나 코코넛밀크, 벨라찬 등과 함께 넣어 요리하였는데, 이를 논야음식이라고 한다. 논야음식으로는 오리를 넣고 푹 삶은 수프 형태의 이틱팀Itik tim과 생선의 살을 바나나잎으로 싸서 숯불에 굽거나 쪄낸 오탁오탁otak otak, 그리고 코코넛밀크, 두부튀김, 숙주를 넣은 시큼하고 매콤한 쌀국수요리인 락사 등이 있다. 이 중 대표적인 것으로 생선을 넣고 끓인 수프의 형태인 아쌈락사assam laksa가 있다.

일상식

주식은 인디카종의 쌀밥인 '나시'이다. 이때 물 대신 코코넛밀크를 사용하기도 한다. 반찬은 생선, 고기, 채소를 주재료로 하며 양념과 향료를 이용하여 독특한 맛과 향을 낸다. 기본적인 식사는 전통적으로 '삼발sambal'이라는 소스와 같이 먹는다.

인도네시아 Indonesia

나라명 | 인도네시아 **국토면적** | 190만 4,569km²(세계 16위) **인 구** | 2억 2,300만 명
수 도 | 자카르타 **공용어** | 인도네시아어 **통 화** | 루피아(IDR) **종 교** | 이슬람교 80%, 개신교 5.9%, 로마 가톨릭교 3.1%, 힌두교 1.8% **인종(민족)구성** | 인도네시아인

1 식문화의 발달배경

자연환경

인도네시아는 1만 7,508개의 섬으로 이루어져 있으며, 6,000개의 섬에 사람이 살고 있다. 이 중 인도네시아 인구의 반 이상은 자바 섬과, 수마트라 섬, 칼리만탄 섬, 파푸아 섬, 술라웨시 섬 등에 거주한다. 인도네시아의 섬들은 적도를 중심으로 북위 5° 에서 남위 10° 사이에 위치하므로 완전한 열대성 기후를 나타낸다.

많은 섬들로 이루어져 있기 때문에 해산물이 풍부하며, 섬에 흩어져 사는 종족들은 각기 다른 문화를 형성하고 있으므로 음식문화도 지역적인 특색을 갖는다.

사회문화적 배경

인도네시아인은 85% 정도이고 중국계는 약 3%, 그 외 민족이 12%를 차지한다.

종 교

인도네시아는 이슬람교도의 인구가 1억 7,000만 명 이상인구의 88%에 해당으로 세계에서 이슬람교 인구가 제일 많은 나라이다. 그 다음이 개신교, 가톨릭, 힌두교의 순이다. 이슬람교도가 많기 때문에 육류 중 돼지고기의 이용이 매우 적다.

역사적으로 초기에는 북쪽의 인도와 중국과의 교류, 화교들의 유입 및 정착으로 힌두교와 불교가 융성하던 시기가 있었으나, 10세기경 아랍 상인들과의 교류가 활발해지면서 이슬람교를 받아들였다. 서쪽으로부터 이슬람세력이 확대해 옴에 따라 지도상으로 맨 왼쪽에 위치한 수마트라 섬의 경우 대부분의 주민이 이슬람교인 반면, 발리 섬의 경우는 힌두교가 우세하다.

역 사

인도네시아의 위치는 주위 여러 국가들과의 교류가 용이한 곳에 위치하고 있다. 또한 인도네시아의 '향료'가 알려지면서 서구 각국의 무역상들이 몰려들었다. 10~11세기 무렵부터 들어온 이슬람교는 13세기에 이슬람 왕국을 세웠다. 근세에 와서는 말루쿠제도의 향료무역에 관심을 갖기 시작한 포르투갈과 스페인 등 서유럽인들이 진출했고, 그 후 네덜란드가 동인도 회사를 설립하고 해상권海上權을 빼앗았다. 350년이나 네덜란드가 지배하였으며 제2차 세계대전 이후 네덜란드로부터 독립되었다.

식문화의 특징

- 쌀을 주식으로 하며, 주식과 부식의 구별이 뚜렷하다.
- 인도네시아 국민의 대부분이 이슬람교를 믿고 있기 때문에 돼지고기보다는 염소, 양, 닭, 물소, 오리 등의 육류가 주로 이용된다. 많은 섬으로 이루어진 나라이기 때문에 해산물과 어패류가 풍부하며 담수어도 음식에 많이 이용된다.
- 역사적으로 외부문화의 유입이 많았는데, 인도, 말레이, 중동 그리고 이주해온 중국인에 의해 영향을 받았으며, 네덜란드 식민지의 영향으로 유럽식 요리도

발달해 있다.

- 향료의 섬이라 할 만큼 향신료가 많이 나는 지역으로 독특한 맛과 향이 나는 음식이 발달하였다.
- 열대기후로 인해 음식의 부패를 막는 튀기거나 볶는 조리법을 많이 이용한다.

지역적 다양성

인도네시아는 크고 작은 많은 섬으로 이루어져 있기 때문에 같은 음식이라도 각각의 지역에서 매우 다양한 형태로 발전해 왔다. 예를 들면, 나시고렝의 경우를 나시고렝 자와nasi goreng jawa, 나시고렝 아쩨nasi goreng aceh, 나시고렝 발리nasi goreng bali 등 지역별로 특성이 반영된 하위 메뉴를 볼 수 있다.

지역별 음식의 특징

- 자카르타 및 자바지역은 세계에서 인구 밀도가 가장 높은 섬 중의 하나이다. 비옥한 땅에서 나는 쌀과 육류, 채소, 생선을 이용한 다채로운 음식을 맛볼 수 있다. 네덜란드의 지배를 장기간 받아 서구식 풍습과 전통적인 식생활이 공존한다.
- 서부 수마트라지역의 주식은 밥과 삶은 카사바이다. 강한 향신료를 이용하며, 특히 고추, 레몬그라스, 생강, 마늘과 코리앤더 등을 사용한 매운맛으로 유명하다. 빠당지역의 전통음식이 유명하다.
- 깔리만탄 동부의 지역요리는 게, 가재와 같은 해산물요리가 유명하다.
- 슬라웨시지역 중 북부지역은, 특히 돼지고기나 생선 등의 재료를 이용한 음식이 많은데, 이는 유럽 식민지의 영향을 받았기 때문으로 보인다.
- 동부지역인 파푸아와 말루쿠지역의 주식은 사고야자에서 얻은 사고sago나 근경류의 녹말을 이용하며, 섬에서 나는 풍부한 생선을 많이 이용한다.

2 인도네시아음식의 특징

대표음식

인도네시아의 가장 인기 있는 음식은 나시고렝nasi goreng, 가도가도gado-gado, 사떼sate, 소또soto 등이다. 사떼, 비프렌당beef rendang, 삼발과 같은 음식은 말레이시아나 싱가포르에서도 즐겨먹는 음식이다.

18 _ 소또아얌

19 _ 아얌고렝

20 _ 비프렌당

나시고렝은 볶음밥과 같은 인도네시아의 전통요리이다. 나시nasi는 '쌀', 고렝goreng은 '볶음'을 뜻한다. 해산물이나 닭고기, 돼지고기, 쇠고기 등을 각종 채소와 함께 넣고 특유의 향신료로 양념하여 볶아낸 음식이다. 아얌고렝ayam goreng은 소금을 넣고 튀겨낸 닭을 의미하며 주로 날개부분이나 다리부분을 이용한다. 비프렌당은 코코넛 소스에 여러 가지 양념을 하여 쇠고기를 넣고 조린 인도네시아의 전통음식이다.

가도가도는 인도네시아의 전통요리로, 채소를 데치거나 삶아서 만든 샐러드의 일종이다. '가도가도'는 '마구 섞는다'는 뜻으로서, 양배추 등의 채소를 섞어서 땅콩 소스를 뿌려 먹는 음식이다.

21 _ 가도가도

일상식

높은 온도의 날씨에서 음식을 오랜 시간 둘 경우 상하기 때문에 바나나잎으로 싸서 쪄 먹거나 밥을 기름에 볶거나 튀기는 음식이 주로 많으며, 음식을 먹을 때도 같이 음식을 먹고 치우는 것이 관습화되어 있다. 일반적으로 밥에 삼발이라는 소스를 곁들여 먹는다.

원뿔형 모양으로 만든 축제음식 뜸풍

슬라마탄slametan은 이슬람의 의례적인 행사이며, 일종의 수확에 대한 감사를 하는 행사이다. 이때 뜸풍tumpeng이라고 하는 노란색의 원뿔형으로 쌀로 만든 음식을 가운데 놓고 주변에 부식에 해당하는 여러 음식들을 놓는다. 이러한 원뿔형 모양은 산의 신성한 모습을 연상시키는 것이며 고대시대 산을 숭배하던 전통이 남아 있기 때문에 음식도 지금까지 이것을 상징하는 모습으로 쌓는다.

동남아시아 국가의 식문화 비교

동남아시아 국가들은 종교의 영향을 많이 받았는데, 태국과 베트남의 식문화는 불교의 영향을, 말레이시아와 인도네시아의 식문화는 이슬람교의 영향을 많이 받았다.

동남아시아 음식들의 고소한 맛의 비결인 코코넛오일

코코넛밀크는 코코넛의 껍질을 벗기고 과육부분을 갈아서 짜낸 액즙을 말한다. 색은 우윳빛을 띠며, 지방이 많다. 매우 고소한 맛과 음식을 만들었을 때 부드러운 느낌을 주기 때문에 동남아시아의 수프나 커리, 음료나 디저트 등 많은 음식에 이용된다. 요즈음은 만들 때의 번거로움을 피하기 위해서 캔으로 만들어 파는 가공식품을 이용하기도 한다. 인도네시아의 나시우둑nasi uduk은 코코넛 즙을 넣고 만든 밥이다.

코코넛오일의 재료인 코코넛의 흰부분

동남아시아의 길거리 음식

매우 덥고 습한 동남아시아의 나라들은 집에서 식사를 하기보다는 싸고 간편하게 먹을 수 있는 길거리음식이 매우 발달하였다. 길에서 자전거나 작은 포장마차 같은 것에 재료와 도구를 싣고 다니면서 꼬치구이, 수프, 볶음밥, 국수, 시원한 음료 등 다양한 음식을 파는 사람들을 흔히 볼 수 있다.

사테

태국의 길거리 음식

국가	길거리 음식
태국	볶음국수인 팟타이나 팟씨유, 볶음밥인 카오팟, 여러 가지 종류의 고기 꼬치구이인 사테satay 등을 파는 모습을 쉽게 볼 수 있다.
베트남	아침식사로 고이꾸온을 많이 사서 먹으며, 반 꾸온과 짜조도 볼 수 있다. 또한 프랑스의 영향을 받아 개발된 바게트 샌드위치인 반미는 길거리 음식 중에도 인기가 있다. 음료 중에선 사탕수수를 짜 만든 누억미아nuoc mia가 있다.
말레이시아	사테는 말레이시아에서 가장 인기 있는 길거리 음식 중 하나이다. 양념에 재운 쇠고기나 닭고기를 꼬치에 꽂아 숯불에 구운 꼬치구이요리인데, 스파이시한 땅콩 소스를 찍어먹는다.
인도네시아	대개 볶음밥의 형태인 나시고렝, 볶음국수인 미고랭, 박소와 같은 음식들이 있다.

풍부한 어패류로 만든 생선 소스가 동남아시아 음식의 맛을 내는 필수 조미료

남플라

누억맘

삼발

동남아시아에서는 바다에서 나는 생선이나 민물에서 잡는 생선을 발효시켜 맑은 액체상태의 소스를 소금 대신 천연 조미료로 사용한다. 태국에서는 이를 남플라nam pla라고 하며, 베트남에서는 누억맘nước mắm이라고 부른다. 새우를 발효시켜 만든 조미료를 태국에서는 카피kapi라 하며, 인도네시아나 말레이시아에서는 벨라찬belacan이라는 이름으로 불린다. 그 외에도 많은 생선으로 만든 맑은 소스와 칠리고추 등을 이용한 다양한 소스를 조리에 사용하거나 음식을 찍어먹는 데 이용한다. 태국의 남프릭nam phrik은 프릭키누thai chili라고 하는 칠리 고추를 기본으로 한 매운 소스를 말한다. 생선 소스에 매운 칠리고추와 새우 페이스트, 라임주스, 샬롯, 마늘 등을 돌절구에 넣고 갈아서 만든다. 이러한 소스의 일종으로 베트남에서는 누억참nuoc cham, 인도네시아나 말레이시아에서는 삼발sambal이 있다. 밥에 비벼 먹거나 음식을 찍어먹기도 한다.

좀 더 조사해 보기

1. 동남아시아 사람들의 길거리 음식에 대해 조사해 보자.

2. 좀 더 많은 동남아시아 나라들의 음식과 문화에 대해 조사해 보자.

3. 동남아시아 각 나라의 축제를 알아보고 이들의 음식문화를 알아보자.

4. 태국의 음식세계화에 대해 좀 더 알아보자.

Chapter 06

인도의 식문화

India

인도인들은 인간의 손이 갈수록 음식은 부정해지기 때문에 조리를 오염으로 생각한다. 힌두 가정에서 부엌은 사원 다음으로 성스러운 곳으로 들어가기 전에 반드시 샤워하고 바느질하지 않은 옷을 입어야 한다. 또한 손으로 음식을 먹기 때문에 손과 발, 입을 깨끗이 한다. 반찬에서 스낵까지 인도음식의 대부분은 마살라 문화이다. 향신료를 이용한 식문화는 의학적인 면과 함께 높은 경제적 가치를 지닌다. 북부 인도지역은 무굴제국 이슬람의 오랜 지배의 영향을 받아 주식은 밀이고, 빵을 많이 먹는다. 식사 내에 고기의 비율이 높고, 기ghee와 요구르트, 크림과 견과류를 많이 사용한다. 세계 도처 인도 레스토랑의 메뉴 대부분이 펀자브음식과 무굴제국의 요리가 많다. 남부 인도요리는 쌀밥이 주식이며, 콩, 코코넛밀크, 겨자, 커리, 겨자기름이나 참기름을 많이 사용한다.

✪ 학습목표

- 인도 식문화의 배경을 이해한다.
- 인도 식재료와 음식의 종류를 알아본다.
- 인도음식의 지역별 특징과 향신료에 대해 알아본다.

인 도 India

나라명 | 인도공화국 **국토면적** | 328만 7,263km²(세계 7위) **인 구** | 약 12억 2,000만 명
수 도 | 뉴델리(인구 약 1,100만 명) **공용어** | 힌디어(40%), 영어, 기타 **통 화** | 루피아(Rupiah)
종 교 | 힌두교(81.5%), 이슬람교(11.2%) **인종(민족)구성** | 아리안인, 드라비다인, 프로토오스트랄로이드, 네그로이드, 몽골인 등 4,635개 종족집단

1 식문화의 발달배경

자연환경

인도는 중동아시아와 동남아시아를 잇는 중간에 위치하고 있으며 남북의 길이가 3,219km에 달하는 광대한 영토를 지닌 나라이다. 기후는 지역 간의 차이가 있기는 하나 대부분 지역이 열대 몬순형 기후로 혹서기3~6월, 우기7~9월, 건기10~2월로 나뉜다. 5~10월에는 연평균 강수량이 많아서 벼를 많이 재배하고 있다.

지형은 히말라야 산맥, 인도 대평원, 데칸 고원, 해안과 도서의 4대 지형구로 되어 있다. 히말라야 산맥은 산악지대로 아쌈, 다즐링 등 최고 품질의 홍차가 나온다. 인도 대평원은 북부 산간지역과 남부 반도 사이에 있으며 북인도 갠지스 강 유역과 브라마푸트라 강을 중심으로 밀이 주로 생산되는 지역이다. 데칸 고원은 인도의 남반부를 차지하고 사바나 기후가 나타난다. 해안과 도서지방은 해산물의 이용이 많으며 하천유역에 넓은 평야가 발달되어 쌀이 많이 생산된다.

사회문화적 배경

카스트제도

인더스 강 유역에서 발생한 인도문명은 기원전 1800년에 이르기까지 번성하다가, 유라시아 스텝지역으로부터 중앙아시아 유목민인 아리아인이 인도대륙으로 침입하여 점차 인도의 지배층을 이루었다. 이후 아리아인은 지금의 인도와 파키스탄 국경지방인 펀자브 지역을 정복하였고, 원주민인 드라비다인을 정복하고 동화시켜 가는 과정에서 사회계급제도인 카스트제도를 확립, 자신들이 카스트의 상부를 형성하는 등 인도문화에 크게 영향을 끼치게 되었다.

인도사회의 가장 큰 특징은 카스트제도이다. 이는 브라만, 크샤트리아, 바이샤, 수드라의 4대 계층으로 구분되는 신분차별제도이다. 인도인들은 태어날 때부터 특정 카스트에 속하게 되며, 결혼과 직업 선택 역시 동일한 카스트 내에서 이루어진다. 헌법상으로 카스트제도는 폐지되었으나 여전히 인도사회에 깊은 영향을 미치고 있다.

인도인들은 식사를 할 때에도 카스트제도의 영향을 받는데, 자신보다 상위 혹은 동일한 계급의 사람이 요리한 음식만을 먹고 낮은 계급에 속한 사람이 만든 요리는 불결하다고 생각한다. 그렇기 때문에 모든 계층을 충족시켜 줄 수 있는 브라만계급의 요리사가 가장 선호의 대상이다.

인도에서는 각 지방마다 다양한 인종과 더불어 180여 종이 넘는 언어가 사용되고 있다. 그 가운데 헌법으로 인정한 지역별 공용어만도 22종이다. 힌디어가 전체 인구의 38.7%가 사용하고 있는 연방 공용어이다. 영어는 공용어에는 해당하지 않지만 의회, 행정부, 사법부 및 사회 각 분야에서 널리 사용하는 공용어로, 고학력층에서는 영어를 일상적인 언어로 사용하고 있다.

종 교

인도인들의 80%는 힌두교를 믿는다. 힌두교는 아리아족의 원시종교인 베다브라만교에서 발달하였다. 아리아인의 종교는 자연신을 숭배하는 브라만교로 신에게 제사 지내는 의식을 담당한 사제 계급인 브라만을 중심으로 제사의식과 신에 대한 찬양 등이 집대성된 베다문화로 형성되었다. 브라만교는 힌두교의 모태가 되었다. 기원전 7세기경부터 인도에 불교가 퍼지고, 4세기경 브라만교, 불교, 토착 민간신앙이 융합된 힌두교가 굽타왕조의 국교로 지정되면서 종파의 형태로 정비되어 발전하였다. 힌두교에서는 정갈한 식품과 부정한 식품의 구분이 엄격해지면서 육식을 불결하게 생각해 신분이 높은 계층에서 채식을 선호하면서 자연스럽게 채식주의 식생활이 인도 전역에 발달하게 되었다. 인도에서 채식주의자는 인도 전체 인구의 25~30%인데, 이들은 대부분 힌두교도이다.

채식주의자가 아닌 사람들은 이슬람교도, 시크교도, 그리스교도들이며 각 종교 집단마다 식습관이 크게 다르다. 이들은 종교적인 이유라기보다는 경제적인 이유로 검소한 채식주의 음식을 먹는 경우가 많다.

식문화의 특징

인더스 강 유역 비옥한 평야지대에는 원주민이었던 드라비다족이 거주하였다. 이들이 남긴 유물을 살펴보면 이전부터 곡식을 재배하고, 물소, 염소, 코끼리, 코뿔소 등의 동물을 사육하였고 이를 식생활에 이용하였음을 알 수 있다.

힌두교의 영향

힌두교의 식습관은 정신과 영혼의 순결함을 강조한다. 술과 고기는 주타jhuta라고 하는데, 본래부터 오염된 음식이라는 뜻이다. 그러나 주타음식의 섭취는 힌두교도들 간에 차이를 보인다. 역사적으로 노동자와 군인들에게는 체력 유지를 위해 육식이 허용되었다. 일부 브라만 계급에서도 그 지역에서 많이 생산되는 오염된 식품을 먹는 것을 허용한다.

브라만교가 인도 남부로 세력을 확장하면서 소의 도축이 금지되었다. 이에 따라서 식물의 씨, 뿌리, 열매 등을 이용한 각종 자극적인 향신료들을 채취하여 음식에 활용하게 되었고, 우유와 유제품을 귀하게 취급하였다. 8세기 후반에는 인도 서북쪽에서 이슬람계 왕국인 무굴제국이 세워지면서 현재 무굴식으로 알려진 인도의 음식문화가 탄생하였다.

힌두교가 신성시하는 암소

기원전 2000년 인도를 정복한 아리아인들은 양고기, 쇠고기, 유즙, 치즈, 요구르트를 주식으로 하는 유목민이었다. 서양 가축소의 조상으로 알려진 등이 평평한 소는 인도 풍토에 맞지 않아 소의 사망률이 높아지고, 농사에 필요한 소에 대한 수요가 증가하면서 살아남은 소를 보호하기 위해 신성한 동물로 규정하여 도살을 방지하였다. 소를 잡아 고기를 먹는 것보다 우유와 유제품을 이용하는 것이 훨씬 많은 사람들을 먹일 수 있다는 경제적 이유와 아리아인의 경전인 《베다Veda》에는 소를 먹는 것은 조상을 모욕하는 행위임을 명시하고 있기 때문이었다. 암소가 종교적으로 신성시됨으로써 소에서 나온 우유와 우유를 정제한 기ghee, 심지어 분뇨까지도 신성시하고, 음식에 기를 뿌리면 정화된다고까지 믿게 되었다.

마살라문화

인도의 음식은 향신료문화라고 할 정도로 다양한 향신료를 사용한다. 마살라masala는 힌두어로 향신료를 뜻하며 여러 향신료를 적절히 배합하여 우리의 간장과 된장처럼 맛을 내는 것이다. 반찬에서 스낵까지 인도음식의 대부분은 마살라를 빼놓고 설명할 수 없기 때문에 인도요리를 마살라문화라 할 수 있다.

정-부정의 문화

인도의 음식문화는 힌두교의 영향으로 정-부정의 관념이 뚜렷하다. 자연적인 것은 정正, 가공의 것은 부정不正으로 해석되기도 한다. 따라서 식재료나 음식을 다룰 때 부정해지지 않도록 하는 규칙들이 있다. 예를 들어, 인도에서는 손으로 먹는 것이 보통인데, 이것은 자신의 신체 일부인 손보다 식기가 더럽다는 인식 때문이다. 식기를 씻어서 재활용하는 것은 부정한 것으로 인식되므로 일회용 바나나잎에 음식을 담아먹는 경우도 많다. 그릇 가운데 흙으로 만든 도자기는 매우 쉽게 오염되는 것으로 간주되어 자기보다 낮은 카스트가 만져서는 안 되며, 금속 그릇은 매우 정결한 것이므로 제사를 지낼 때는 반드시 금속 그릇을 사용해야 한다고 생각한다.

또한 음식을 먹을 때 우유나 우유기름으로 사용된 음식은 우유가 오염을 막아준다고 생각하기 때문에 여럿이 나누어 먹어도 괜찮지만, 쉽게 오염된다고 생각하는 물로 만든 깟차음식은 여럿이 같이 먹는 것을 꺼린다.

조리방식

불을 사용하지 않는 조리방식으로는 첫째, 물이나 손을 써서 채소를 씻고 달Dahl, 콩을 물에 담그는 것, 그 밖에 껍질을 벗기거나, 비비고, 자르는 것 등을 들 수 있다. 둘째, 열을 가하지 않고 음료를 만들거나 금방 자른 과일을 우유나 다히로 섞는 것이다. 셋째, 설익은 과일을 공기와 태양열을 이용하여 피클을 만들거나 채소를 보관하기 위하여 햇볕에 말려 건조시킬 때 사용한다.

불을 사용하는 것이 더 관례적인 방식이며, 불을 사용하는 경우 크게 기ghee를 사용하는 경우와 사용하지 않는 경우로 나누어 볼 수 있다. 기를 사용하는 경우를 빡까라 하고 기를 사용하지 않는 경우를 깟차라 한다. 빡까에 해당하는 것은 우유로 만든 음식이나 우유로 만든 기라는 기름을 이용한 음식을 말한다. 대표적으로 기름에 튀긴 빵인 뿌리, 쌀죽을 다히와 섞은 찌우라, 우유로 만든 여러 종류의 단 과자 등이 있다. 깟차에 해당하는 것은 밥과 콩으로 만든 달, 차파티나 로티와 같이 매끼마다 요리해서 일상적으로 먹는 것들이다.

1 _ 로티

인도의 전통 유제품

- **다히**dahi : 힌두어로 요구르트. 우유를 발효시켜 시큼한 맛이 나는 응유로 만든 것이다.
- **기**ghee : 버터의 수분을 증발시키고 열을 가해 갈색으로 만든 정제 버터로 인도요리에 두루 사용되는데, 음식에 고소하고 부드러우면서 기분 좋은 향을 낸다.

상차림

2 _ 탈리

인도의 밥상은 한꺼번에 차려지는 공간 전개식이며, 탈리thali라고 하는 공동의 납작하고 둥근 쟁반에 차려진다. 탈리는 큰 접시에 여러 음식을 담아먹는 식사법 또는 여기에 사용되는 접시 자체를 의미하며 금속제의 커다란 접시에 가운데 부분은 쌀밥이나 차파티, 난과 같은 빵을 놓고 국물이 있는 음식을 작은 그릇에 담아 가장자리에 달콩수프, 커리, 아차르반찬, 다히 등을 둘러 담은 정식이다. 음식은 각자 작은 개인접시에 덜어서 먹는다. 역의 식당이나 열차 안에서의 식사도 탈리이고, 일반 식당에서도 탈리 형식으로 식사를 제공하는 곳이 많다.

아유르베다

초기 베다의학은 경험에 기초해서, 약초, 주문, 의식 등 종교적 주술치료가 행해지다가, 기원전 6세기 브라만시대에 아유르베다Ayurveda라는 의학경전으로 체계화되었다. 오늘날 인도의학은 아유르베다, 유나니Unani, 싯다Siddha, 요가Yoga, 자연요법Naturopathy 등 5가지로 구분할 수 있다. 그중 아유르베다가 절대 다수를 차지하므로 인도의학을 아유르베다 의학으로 통칭한다.

아유르베다라는 말은 생활의 과학이라는 뜻의 산스크리트어이다. 인간과 자연이 5개 요소인 아카샤akasha, 空, 공간, 바유vayu, 風, 공기, 테자스tejas, 火, 불, 잘라jala, 水, 물, 프로티비prthivi, 地, 흙에 의해 구성되며, 여기서 생성된 인체 생명활동요소로 3개의 도샤, 즉 바타vata, 피타pita, 카파kapha가 있다. 세 가지 도샤는 육체를 구성하는 기본적 성분이어서 육체가 정상적인 생리상태에 있을 때에는 육체를 보호하는 역할을 하지만, 인간의 육체와 마음과 의식의 모든 생물학적, 심리학적 그리고 병리학적 기능을 조절하는 균형이 깨졌거나, 또는 개인과 자연환경의 균형이 깨졌을 때는 질병이 생긴다. 개인마다 서로 다른 욕구와 음식에 대한 기호, 기질 등이 있는 것이나 공포, 분노, 탐욕 등 본능적인 요인에서부터 이해나 연민, 사랑 등 가장 높은 차원의 인간감정에 이르는 심리적 현상에도 도샤가 관여한다.

아유르베다 식이요법은 몸과 마음이 되찾은 안정을 유지하는 방법으로 순수 채식주의 또는 사트바sattva적인 식이요법을 강조한다. 사트바적 식이요법은 자연이 생산한 것만을 먹고, 익히지 않은 것은 먹지 않는 것으로 신선한 공기에서 얻어진 과일, 채소, 곡류, 발효식품 등이 이에 속한다.

2 식재료와 음식

주요 식재료

전통적인 힌두요리체계의 토대는 4가지 요소, 즉 불, 기, 안마와 팔라가 갖는 의례적인 중요성이 있다. 식재료는 안마anma와 팔라phala로 분류한다. 안마에 속하는 것은 쌀, 밀, 보리, 콩류 등 농사를 지어서 생산되는 것이고 팔라에 속하는 것은 경작하지 않은 야생 곡류, 채소, 과일, 열매 등이다. 인도인들은 인간의 손이 가지 않은 것일수록 정正한 음식이라 생각하여 팔라를 정正한 것으로 보고 길한 의식에 사용한다.

유제품

인도에서는 우유가 순결하고 신성한 음식으로 간주되어 유제품이 널리 사용된다. 다히dahi와 기ghee가 음식재료로서 정화를 가능하게 하는 기능을 갖고 있다고 보고 이들을 많이 사용한다.

바스마티 쌀

바스마티 쌀basmati rice은 파키스탄에 인접한 지역이자 히말라야 산기슭에 위치한 인도의 펀잡Punjab지방에서 생산된다. 이 지역의 흙과 기후는 특유의 질감과 향미를 만들어 낸다. 오래된 바스마티일수록 특별히 높은 가격을 받지만, 구하기가 쉽지 않다. 맛 좋은 쌀요리나 커리에 곁들여지는 쌀 중 최고의 재료로서 바스마티는 길고 홀쭉하게 생겼고, 요리를 하는 동안 한층 더 길어지며, 씹을 때의 담백함과 구수한 향이 매력적이다.

: 향신료

인도에서 사용되는 향신료는 후추, 카르다몸, 정향, 고수, 심황, 육계피, 계피, 사프란, 육두구, 고추, 양귀비씨, 회향풀씨, 커민 등 수백 가지가 넘는다. 어떤 종류의 향신료를 배합했는가에 따라 무한한 맛의 창조가 가능한 것이 마살라의 특징이다.

3 _ 인도의 향신료

음식의 종류

: 달

달dhal은 콩 종류를 통칭하는 말로 콩을 넣어 만든 요리도 달이라고 한다. 통째로 익히거나 부드럽게 삶은 콩에 으깨서 마살라를 가미한 수프나 요리로서 콩의 종류에 따라서 맛과 모양이 달라진다. 채소나 육류와 함께 요리하기도 한다. 밥이나 차파티, 난에 찍어 먹는 것이 식사의 기본이며 우리나라의 된장국에 버금가는 대중음식이다. 커리curry는 육류나 채소를 넣어 걸쭉한 스튜 형태로 끓인 양념 맛이 강한 음식으로 밥이나 로티roti와 함께 먹는다.

4 _ 밥

: 쌀요리

폴라우 폴라우pulao는 향신료를 알맞게 섞어서 지은 밥으로 우리의 볶음밥과 비슷하다.

비리야니 비리야니biriyani는 향신료나 견과류를 사용한 고급음식으로 채소만으로 조리한 것도 있지만 양고기나 닭고기 비리야니가 일반적이다. 인도의 결혼식이나 축제 때 나오는 쌀요리로 고기와 밥을 켜켜로 넣어 밀봉한 후 오래도록 구워낸다.

차왈 차왈chawal은 우리나라의 밥과 비슷한 음식으로 쌀밥이라고 하지만 끈기가 적은 게 특징이다.

빵

5 _ 로티를 얹은 식사

6 _ 인도의 난

인도지방의 빵에는 여러 종류가 있는데, 차파티chapati는 반죽을 밀대칼국수 반죽을 납작하게 만들 때 쓰는 것로 납작하게 밀어서 호떡처럼 부친 것이며 루말리rumali는 이보다 더 얇게, 마치 손수건과 비슷하게 주로 접어서 탄두르에 구워서 음식들과 같이 제공되는 빵이다. 그리고 일반적으로 난이라고 하면 이들보다 좀 더 두껍게 부친 것을 지칭한다. 그리고 일반적으로 빵을 가리키는 말은 로티이다.

난 난naan은 정제한 하얀 밀가루에 효모를 넣고 약간 부풀려 탄두르 화덕의 안쪽 면에 넓은 잎사귀 모양으로 얇게 늘여 붙여 납작하게 구운 빵이다.

차파티 차파티chapati는 밀기울이 든 밀가루를 물에다 개어 얇게 만들어 둥글게 편 다음 구운 빵이다. 밀가루에 보리, 콩 등을 섞어서 반죽한 것으로 발효시키지 않은 것이다. 난이나 차파티는 양고기, 채소, 과일을 얹어서 커리와 함께 먹는다.

파라타 파라타paratha는 기름 발라서 토막 내어 구운 인도 전통 빵의 일종이다. 담백하고 구수한 맛으로 커리와 함께 먹는다.

푸리 푸리puri는 통밀로 만든 반죽을 기름에 튀겨서 부풀린 빵이다.

커리

인도의 커리는 육류나 채소에 향신료를 넣고 걸쭉하게 끓여서 스튜 형태로 만든 양념 맛이 강한 음식을 총칭하는 것이다. 인도에서는 커리를 만들 때 고기와 채소 중 한 가지만 사용한다. 커리는 밥과 함께 먹거나 차파티나 난, 로티와 함께 먹는다. 커리의 종류는 수십 종이며, 보통 15~16종의 향신료를 사용하는 것이 특징이다. 기본이 되는 향신료는 심황과 고추인데, 심황 때문에 노란색을 띠게 되며 이로 인해 인도음식은 노란색을 띠는 것이 많다. 고기를 이용하는 커리의 주 재료는 양고기와 닭고기이다.

7 _ 해산물커리

8 _ 치킨커리

탄두리치킨

북부 인도에서는 큰 항아리처럼 생긴 탄두르진흙 화덕를 이용하여 요리를 한다. 탄두리치킨은 하루 정도 요구르트에 절인 닭을 여러 가지 향신료에 재웠다가 쇠꼬챙이에 꿰어서 탄두르에 넣어 구운 요리이다. 탄두리 양념은 맵고 자극적인 맛이 강하며 주황색 색소를 넣어 붉은빛이 나는 특징이 있다. 인도에서는 닭을 쓸 때 항상 껍질을 모두 제거하여 사용한다.

9 _ 탄두리치킨

: 스 낵

10 _ 사모사

사모사 사모사samosa는 얇은 반원형의 패스트리 반죽에 다진 고기나 감자와 같은 채소로 속을 채운 뒤 삼각형으로 접어서 튀겨낸 요리이다. 고기나 채소를 채워 만든 사모사는 주식으로 쓰고 바나나나 사과 등 과일을 달콤하게 조려 만들면 후식으로 즐길 수도 있다.

파파덤 파파덤papadum은 콩가루를 넣어 반죽하거나 살짝 구운 얇은 과자이다.

파코라 파코라pakora는 대표적인 스낵 중 하나로 꽃양배추, 양파 등의 채소에 마살라 맛의 옷을 입힌 튀김이다.

알루 초프 알루 초프alu chop는 데친 감자를 크로켓이나 하트 모양으로 만들어 철판에 기름으로 튀긴 것으로 매운 소스를 뿌려서 먹는다.

판 판paan은 향신료 묶음인데, 아니스, 회향, 심황, 베텔넛 등의 향신료를 넓적한 하트 모양의 베텔잎에 싸서 오므려서 먹는다. 씹으면 입 안이 개운해지고 청량하며 소화를 돕기 때문에 길거리 가판대에서 파는 것을 쉽게 볼 수 있다. 인도 남부에서는 판 트레이paan tray를 돌려서 식사를 마무리하기도 한다.

: 음 료

11 _ 마살라 티

인도에서는 마살라 짜이를 비롯한 차 마시는 습관이 아주 흔한 편이다. 차를 끓여서 먹는데, 대개는 생강이나 계피, 카르다몸 등을 첨가한다. 좀 더 달콤하거나 부드럽게 만들려면 우유를 함께 첨가하기도 한다. 차맛은 지역에 따라 천차만별이다. 커피는 남부 지방에서 더 많이 마신다. 커피 아라비카는 마이소르 지방에서 많이 나며 인도식 레모네이드nimbu pani나 바담 두드라고 하는 카르다몸과 땅콩류를 코코넛과 함께 만든 음료 등이 대중적이다.

음료가 많기는 하지만 대개 인도 사람들은 물을 마시는 것을 선호한다. 손님이 오거나 식사하기 전에 찬 것이든 뜨거운 것이든 마실 음료를 내오는 것이 관습이기 때문이기도 하지만 물을 마시면 다음에 먹을 음식 맛을 무색하지 않게 하기 때문이다.

차이 차이chai는 인도의 대표적인 음료라고 할 수 있다. 홍차를 끓여서 우유와 설탕 등을 넣고 마시는 것이다. 지역에 따라 마살라를 첨가하기도 한다. 인도인들은 단것을 매우 좋아하기 때문에 설탕을 많이 넣어 달게 마신다. 달고 자극적인 맛이 나는 것이 특징이다.

라씨 라씨lassi는 고급스런 인도의 대중음료이며 인도에서 가장 맛있는 마실거리 중에 하나이다. 요구르트에 과일이나 설탕, 물을 넣어서 섞은 음료이다. 단맛과 신맛이 어우러져 있고 고소한 뒷맛이 상큼하다. 커민과 같은 향신료와 소금을 넣어 짭짤하게 만들기도 한다.

코코넛주스 코코넛의 윗부분을 칼로 잘라서 빨대를 꽂아 즙을 마신다. 상큼한 단맛이 나며 뒷맛은 고소하다.

남인도의 커피 남쪽에서는 커피를 생산하기 때문에 차이와 함께 대중적인 차로 커피를 들 수 있다. 양손에 잡은 컵에서 컵으로 커피를 이동시키는 동작을 몇 번 반복하면 설탕과 우유가 저절로 섞이고 거품이 있는 뜨거운 커피가 만들어진다.

과 일

망고mango, 잭푸르트jack fruit, 구아바guava, 치쿠chikku 등이 부드럽고 향기가 강하다.

술

인도에서는 술 마시는 사람은 '행실이 바르지 못한 사람'으로 통한다. 이슬람교는 술을 금지하며, 힌두교도 그다지 술을 좋아하지 않는데, 인도인들은 술이 마음을 탁하게 해서 인간 속에 있는 신을 잠재워버린다고 믿기 때문이다. 따라서 인도여행 중에 술을 마시려면 음주허가증liquor permit이 필요하다. 금주일dry day은 술을 파는 것이 전면 금지되는 날로 술을 판매하는 상점이 모두 문을 닫기도 한다. 금주일의 날

짜는 주마다 다르고, 주 정부가 바뀌면 날짜가 달라지기도 한다. 또한 아예 주류가 전면 금지된 지역도 있고, 주류 판매는 가능하지만 제조가 금지된 지역, 제조가 가능하나 판매만 금지된 지역 등 주 정부마다 정책이 다르다.

많은 금액의 주세가 붙지 않는 지역은 델리, 고아, 폰티체리, 시킴, 듀 등의 지역이고, 아그라와 바라나시가 있는 우타르프라데시는 주세가 비싼 편이다. 일부는 자두와인이나 인도 대마를 맥주로 만들어 마시기도 한다.

3 식문화 비교

인도의 주식은 크게 밥과 빵 종류로 나눌 수 있다. 밥을 먹을 때는 보통 여러 가지 카레를 밥과 함께 손으로 비벼 먹는데, 카레와 함께 콩국인 달을 비벼 먹기도 한다. 발효하지 않고 화덕에 구운 납작한 빵인 난은 중앙아시아 지역에서 유래하였다.

북인도요리와 남인도요리는 상당히 다르다. 북인도 쪽에서는 뚝파나 모모 등 티베트의 요리도 자주 볼 수 있다.

북부 무굴식 식문화

인도음식은 다양한 이민족들에 의해 영향을 받아 왔다. 1526년 무굴제국 건국자 바부르의 인도 침략은 이국적인 향신료와 건과일, 견과류를 이용한 조리법을 통해 담백함과 매운 맛을 인도요리에 더해주었다. 달콤한 후식과 아몬드, 피스타치오, 양파, 사프란, 마늘, 생강 등이 인도음식에 도입되었고, 반면 인도의 향신료가 이슬람 세계로 전파되는 계기가 된 시기이다. 17세기 유럽인들이 향신료를 찾아 인도에 들어오면서 이스트가 들어간 빵과 아메리카 대륙의 산물인 고추, 토마토, 감자, 옥수수, 커피, 차 등을 들여왔다. 무굴식은 이슬람과 힌두교가 혼합된 양식으로 이슬람 경전에 제시된 부정한 식품인 돼지고기의 섭식을 금지하였기 때문에 닭, 염소, 양고기 등의 육류 섭취가 일반적이다.

북부요리는 이란과 아프가니스탄 음식문화의 영향을 받아 난, 차파티, 로티, 파니르, 기 등을 이용한 요리가 많다. 바스마티 쌀과 탄두리치킨 등 탄두르를 이용한 조리법도 북부 인도요리의 특징이다. 세계 각지의 인도 레스토랑 메뉴 대부분이 펀자브 지방의 전통 화덕인 탄두르를 이용한 음식과 무굴제국의 궁정요리에서 유래된 음식이라고 할 수 있다.

또한 끓이거나 튀기고 스튜 형태의 조리법을 많이 사용하며, 추운 기후의 영향으로 밀 생산량이 많아 빵을 주식으로 한다. 육류의 경우 주로 향신료를 넣어 걸쭉하게 끓이거나 강한 불로 약간의 소스와 함께 재빨리 볶아내는 방식과, 소스에 절인 고기를 탄두르 오븐에 구워내는 방법으로 요리한다. 음식의 맛이 비교적 농후하고 남부지방에 비해 향신료가 매우 발달해 독특한 향을 내는 요리가 많은 편이다.

북부 인도에서는 쌀을 필라프pilaf로 하여 많이 먹는데, 필라프는 쌀을 기름에 볶다가 뜨거운 육수를 붓고 약한 불에서 수분이 다 흡수될 때까지 끓여 만든 밥이다.

남부 타밀식 식문화

인도는 1858년 영국의 직할지로 편입되어 1947년 인도와 파키스탄으로 분리 독립할 때까지 약 100년간 영국의 통치를 받았다. 이 기간 동안 인도 아삼지방의 홍차가 영국으로 대량 수출되고, 커리가 서구세계에 알려지게 되었다.

대부분의 힌두교도들은 돼지고기와 쇠고기를 피하고 주로 물소고기를 먹지만 채식주의자가 더 많다. 종교적 · 경제적 이유로 곡물과 콩 단백질을 섭취한다. 인도의 전통을 지키는 채식주의자들은 비채식주의자와 동석을 거부하는 경우도 있고, 레스토랑은 내부가 구분되어 있거나 한쪽 메뉴만을 취급하는 곳도 많다.

12 _ 병아리콩수프

남부 인도요리는 쌀밥이 주식이며, 유제품보다 코코넛밀크를 많이 사용한다. 또한 향신료도 북부 인도의 커민 대신 겨자와 커리잎을 즐겨 사용하고 겨자기름이나 참기름을 많이 사용한다. 채식주의자가 많기 때문에 채소와 콩요리가 발달하였지만, 한편으로 생선을 사용한 요리도 많다. 북부 인도에서는 인디카종 쌀을 사용하는 반면, 인도 남부의 쌀은 둥글고, 외관은 자포니카 쌀을 닮아 있다. 그러나 찰기가 적고, 찰기를 억제하는 조리법을 좋아한다. 북부 인도만큼 오일을 사용하지 않기 때문에 요리는 비교적 담백하다.

중부의 평원지대에서 쌀농사가 잘 되며 주식은 쌀이다. 힌두교가 많아 쇠고기를 먹지 않으며 불교의 영향으로 육류의 섭취가 적다. 밥에 곁들이는 음식으로 콩과 채소를 맵고 짜게 하여 강한 맛을 내고, 향신료를 다양하게 사용한다. 특히, 음식의 부패방지에 효과가 있는 마늘, 타마린느, 터메릭을 많이 사용하며, 코코넛오일과 코코넛밀크, 크림 등을 애용한다. 남인도에서는 수증기로 쌀을 찌는 방법이 많이 쓰인다. 남동부 해안의 평야지대에서 쌀이 많이 생산되며 쌀을 주식으로 한다. 다양한 방법으로 찌거나 볶은 쌀요리가 흔하다. 타밀지역은 인도 전역에서 가장 매운 커리요리를 만드는 지역으로 향신료가 많이 들어간 매콤한 채소 커리가 대표적인 음식이다.

병아리콩과 렌즈콩을 푹 익혀 곱고 걸쭉하게 갈아 양념을 한 삼바sambaar라는 콩요리가 매끼마다 곁들여진다. 발효시킨 렌즈콩가루로 만든 부드러운 찐빵 이들리idli는 아침식사에 나온다.

벨푸리bhelpuri는 쌀반죽을 튀겨서 부풀린 것으로 남부인들이 즐기는 스낵이다. 도사dosa라는 얇고 넓적하게 구워서 둘둘만 팬케이크는 남인도의 별미이다.

벵골요리

동인도의 벵골과 방글라데시에서 유래된 음식을 벵골요리라고 한다. 벵골에서는 남해안 연안에서 쌀을 생산하기 때문에 쌀밥이 주식이다. 쌀은 기름기가 없고 푸석푸석해서 날리는 특징이 있다.

고아요리

해안지역은 무역선들이 드나들면서 중동과 유럽 음식문화의 영향을 많이 받았다. 고아 주의 로마 가톨릭 전통요리는 옛 종주국으로 100년간 지배하였던 포르투갈

요리의 영향을 강하게 받았다. 인도에서는 드물게 돼지고기의 소비가 활발하며 링귀사linguica 등을 먹을 수 있다. 고어의 유명한 요리는 고기를 식초와 마늘에 끓인 빈달루vindaloo, 닭고기와 양고기 스튜요리 샤쿠티xacuti, 돼지와 양곱창을 끓인 사라파텔sarapatel, 북모양을 하고 있는 파오빵, 뽀이poee, 케이크와 푸딩의 중간 같은 디저트 베빈카bebinka 등이 있다.

알아두기

향신료와 허브

싱싱한 풀이나 꽃, 곡식, 마른 풀, 나무껍질, 열매, 뿌리줄기, 잎에는 강하고 다양하며 특수한 향유가 함유되어 있다. 어원이 되는 라틴어 스피시즈species는 약품이라는 뜻인데, 약용으로 쓰이거나 요리에 사용되는 향기 나는 귀중한 식물성 물질을 가리킨다.

향신료의 역할은 첫째, 음식이 쉽게 상하는 것을 막아준다. 대부분의 향신료에는 살충 · 살균효과와 방부효과가 있다. 더운 열대지방의 요리는 고추 같은 매운 향신료를 많이 써서 맛이 진하고 매운 것이 대부분이다. 둘째, 좋은 향기와 먹음직스러운 색으로 식욕을 자극한다. 향신료는 육류나 생선의 좋지 못한 냄새를 완화시키고 맛있는 냄새로 바꿔준다. 셋째, 약품으로서 사용되었다. 예전에는 모든 병이 악취에 의한 것이라 믿고, 냄새를 없애기 위해 향신료를 사용했다. 실제로 향신료에는 어느 정도 약리작용이 있고 소독효과도 있다.

향신료의 종류

1. 올스파이스(allspice)

후추알과 비슷하게 생겼지만 주름이 없고 크기가 조금 더 크다. 정향, 육계피, 육두구의 향이 모두 난다 해서 올스파이스라는 이름이 붙게 되었다. 유럽에서는 피클이나 마리네이트용 향신료로 많이 쓰이며 소시지, 피클, 파테, 테린을 만드는 데도 사용한다. 서인도제도와 아메리카 열대지방이 원산지로 오늘날에도 멕시코나 자메이카 등지에서 100% 생산, 수출하고 있고, 굵은 완두콩만 한 열매를 향신료로 이용한다.

2. 아니스(anise)

미나리과에 속하는 향신료다. 아니스와 캐러웨이, 커민, 회향이 모두 비슷한 모양을 하고 있는데, 아니스는 다른 씨에 비해 모양이 둥글며 가시처럼 꼬리가 붙어 있다. 회향과 비슷한 톡 쏘는 향을 풍기며 시큼달큼한 맛이 난다. 스칸디나비아 국가에서는 연어와 가재요리에 아니스를 사용하며 아니스를 넣은 북유럽의 호밀빵도 유명하다. 지중해의 전형적인 향신료인 아니스는 뜨거운 여름 날씨에서 잘 자란다.

3. 카르다몸(cardamon)

인도, 스리랑카, 과테말라 등에서 생산되는 생강 비슷한 식물의 열매로, 통째로 또는 가루를 만들어 사용한다. 쿠키, 빵, 대니시 패스트리, 커피 케이크, 포도 젤리, 피클 등을 만들 때 사용한다.

4. 계피(cinnamon)

나무껍질을 이용하며 두께가 얇고 향기가 좋은 것이 최상품이다. 중국, 인도네시아, 스리랑카 등에서 생산되는 계피나무의 껍질을 그대로 우려서 사용하거나 가루로 만들어 사용한다. 피클, 푸딩, 과일의 조리, 음료, 과자류에 많이 사용된다. 계피를 이용한 오일은 의학적인 목적으로도 사용된다.

5. 커민(cumin)

파슬리과의 식물열매로 약간 씁쓸한 맛을 가지고 있고, 육류, 수프, 치즈, 소시지, 파이, 달걀요리 등에 사용하며, 커리의 재료가 된다. 이란과 모로코에서 생산된다.

6. 커리파우더(curry powder)

혼합재료에 따라 방향에 차이가 있으며, 고수coriander, 강황tumeric, 정향clove, 후추, 고추, 마늘, 커민cumin, 생강 등을 혼합한다. 생강과 고추의 비율에 따라 순한 맛, 중간 맛, 매운맛으로 나눌 수 있으며 강황의 함량이 많을수록 노란색을 더욱 많이 띠게 된다. 인도음식에서 빼놓을 수 없는 중요하고 독특한 향신료라 할 수 있다. 인도뿐만 아니라 그 주위의 나라들도 많이 이용하며, 오늘날은 전 세계에서 이용한다.

7. 회향(fennel)

포도주, 피클, 빵, 소스, 커리 등의 부향제로도 인기가 있으며, 생선의 비린내, 육류의 느끼함과 누린내를 없애고 맛을 돋운다. 이 밖에도 화장품의 부향제로도 사용된다. 열매는 달콤한 맛과 향기가 난다.

8. 머스터드(mustard)

주로 머스터드 씨를 사용하고 후추처럼 갈아서 다양한 재료를 넣어 양념으로 이용한다.

9. 후추(pepper)

통후추는 피클, 수프, 육류, 스튜 등에 이용되고, 가루로 된 것은 주로 육류, 어류, 조류, 채소 등 모든 음식의 조미료로 사용된다. 완전히 익었을 때는 붉은색으로 변하지만 검정 후추가 더 맵고 톡 쏘는 맛이 강하다. 흰 후춧가루는 후추 맛이 약하며, 흰살생선, 수프, 샐러드, 닭요리 등 주로 겉모양을 깨끗하게 유지하는 데 사용된다. 작은 넝쿨식물의 열매로, 동인도가 원산지이나 현재는 인도네시아, 보르네오, 서인도 등에서 생산된다.

10. 양귀비 씨앗(poppy seed)

양귀비 나무에서 얻은 것으로 열매 속에 들어 있는 씨를 쓰기 위해서 재배하고 있다. 미성숙한 캡슐은 우유 같은 액즙이 있으며 아편의 원료가 되기도 한다. 패스트리, 쿠키, 케이크, 롤 등에 넣기도 하고, 샐러드유, 국수noodle 등에도 이용된다. 극동아시아와 네덜란드가 산지이다.

11. 사프란(shaffron)

크로커스 식물의 암술을 말린 것으로 국물에 녹이면 노란색으로 물들며 소량을 사용해도 진한 빛깔과 향을 낼 수 있다. 소스, 수프, 쌀요리, 감자요리, 빵, 패스트리에 사용한다. 아시아가 원산지이며 주로 지중해 연안(프랑스, 스페인, 이탈리아 등)에서 생산된다.

12. 강황(turmeric)

생강과 식물의 뿌리로서, 독특한 방향과 순한 단맛, 쓴맛을 가지며, 노란색을 띤다. 커리파우더curry powder의 주 재료가 되며, 머스터드 제품의 색과 맛을 내는 데도 중요하다. 육류, 달걀요리, 생선, 샐러드 드레싱, 피클 등에 사용된다. 인도가 원산지이며, 아이티, 자메이카, 페루 등에서 생산된다. 음식뿐만 아니라 염료로도 이용한다.

허브의 종류

1. 바질(basil)

박하과의 1년생 식물로, 어린잎과 줄기를 생으로 혹은 말려서 사용한다. 토마토가 들어가는 음식에 사용되는 중요한 조미료이며, 스튜, 수프, 달걀요리, 각종 소스 등에도 이용되고, 특히 양갈비lamb chop에는 반드시 사용한다. 원산지는 인도이고, 이란과 지중해연안에서 많이 재배된다. 이탈리아나 프랑스에서 많이 사용하고, 힌두교인 집 정원이나 사원에 심으면 행운이 온다고 믿고 있다.

2. 월계수잎(bay leaf)

일반적으로 건조된 상태로 사용하며 스튜나, 수프, 육수, 소스 등에 다양하게 이용되고 고기의 잡냄새를 제거하는 데 좋다.

3. 민트(mint)

민트는 종류가 매우 다양해서 매운맛의 페퍼민트, 향을 내는 애플민트, 캣민트, 스피아민트 등이 있고 잎사귀의 모양도 조금씩 다르게 생겼다.

4. 파슬리(parsley)

신선한 상태로 주로 이용하고 다져서 즙을 만들어 소스나 드레싱에 사용하기도 한다.

5. 로즈마리(rosemary)

잎을 그대로 쓰거나 말려서, 또는 갈아서 쓰기도 하며, 향이 강해서 육류요리에 함께 사용한다.

6. 세이지(sage)

세이지는 잎만을 사용하는데, 건조된 상태나 신선한 상태로 모두 이용하며 가금류나 육류요리에 주로 많이 이용한다.

7. 타임(thyme)

전통적인 지중해 허브 중 하나이지만 유럽, 영국, 미국 등에 널리 분포하고 있으며 잎과 줄기를 함께 쓴다.

좀 더 조사해 보기

1. 인도의 식문화발달에 종교가 미친 영향을 알아보자.

2. 인도의 향신료와 그 역할을 좀 더 알아보자.

3. 한국에 들어와 있는 인도음식점을 방문하여 대표적인 음식의 특징을 생각해 보자.

해산물커리

만드는 법

1 끓는 식용유에 다진 양파를 넣고 갈색이 나게 볶는다.

2 분량의 어니언 마살라 재료를 모두 넣고 조려 어니언 마살라 그레이비를 만든다.

3 캐슈넛은 물에 넣어 갈아둔다.

4 팬에 식용유를 두르고 마늘, 생강과 향신료를 넣어 향을 낸 다음 새우와 갑오징어를 넣고 볶는다.

5 어니언 마살라 그레이비를 넣고 끓이다가 요구르트와 생크림으로 농도를 조절한다.

6 소금과 가람 마살라로 간과 향을 맞추어 낸다.

*재료 캐슈넛 1kg, 물 1컵, 새우 500g, 갑오징어 3마리, 머스터드씨 · 큐민씨 · 코람씨 각 조금씩, 마늘 3큰술, 생강 2큰술, 천연요구르트 1컵, 생크림 1컵, 소금 · 가람 마살라 조금

어니언 마살라 그레이비
양파 7개 찹한 것, 식용유 1/2컵, 생강 3큰술, 마늘 3큰술, 코리안더가루 1큰술, 큐민가루 1/2큰술, 터메릭 1/2작은술, 소금 1큰술, 칠리가루 1작은술, 천연요구르트 1컵, 토마토페이스트(작은 것) 2큰술, 토마토퓨레 1컵, 물 1컵

Collection

치킨비리야니

만드는 법

1 큐민라이스를 만든다.
  1) 양파와 캐슈넛을 튀긴다.
  2) 쌀에 오일과 큐민씨드를 넣고 끓인다.

2 닭에 커리양념을 한다.

3 팬에 튀긴 양파의 절반, 마늘, 생강, 향신료를 넣고 볶다가 닭을 넣고 색이 나게 굽는다.

4 요거트를 넣어 바싹 조린다.

5 옹기에 밥을 깔고 레몬주스를 뿌린 후 튀긴 양파를 깐다.

6 위에 닭을 얹고 다시 밥을 담는다.

7 오븐에 고슬하게 구워 낸다.

8 캐슈넛과 민트로 장식하고 터메릭가루를 넣은 레몬주스를 살짝 뿌려 낸다.

*재료 닭가슴살 1개, 양파 ½개, 마늘, 생강, 터메릭, 가람마살라 등 향신료 각 1작은술, 요거트 1/2컵, 토마토 1개 또는 토마토 페이스트 1큰술, 안남미, 큐민씨드, 소금, 레몬주스, 민트잎, 캐슈넛 30g, 일회용 알루미늄 도시락

Chapter 07

중동의 식문화

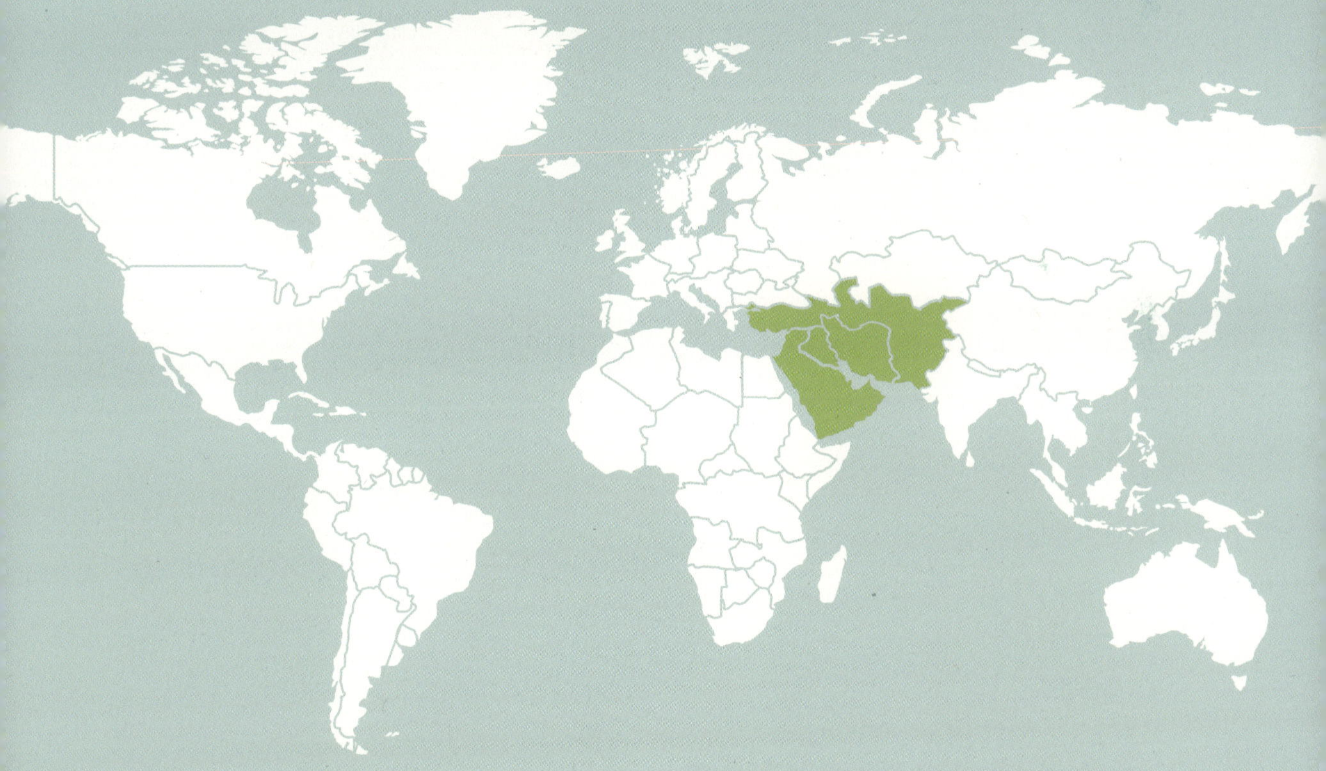

Middle East

인류 문명의 요람이라고 불리는 중동 지역은 우리가 오늘날 사용하는 밀 등 각종 곡식과 동물의 원산지이다. 비옥한 초승달지대에서 발생한 메소포타미아 문명은 7세기경 모하메드가 아라비아 반도 일대를 통일하면서 이슬람의 제국을 형성하였다. 이 지역에서 수많은 다신교 숭배사상과 유태인들의 유일신 종교가 발생하였고 오늘날도 유태교와 이슬람교, 그리고 크리스트교가 공존하고 있다. 지역의 역사만큼이나 식생활의 변천과 융합의 역사도 길다. 중동지역은 농사보다는 전통적으로 유목에 의존하는 식문화 양상을 보였고 아시아와 서양을 잇는 통로로 무역을 통해 식문화가 변천 발달하였다. 다양한 민족과 언어, 환경이 공존하는 중동은 코셔나 할랄 푸드의 개발로 우리나라가 접근할 수 있는 새로운 식품 소비시장이며 최근 다문화사회로 변해가고 있는 한국으로서는 벤치마킹해야 할 대상이 되고 있다.

✪ 학습목표

- 독특한 자연과 다양한 문화가 만든 중동의 식재료와 조리법을 파악한다.
- 범이슬람권의 음식과 이스라엘(유태인)음식의 유사성과 차이점을 알아본다.
- 유네스코 세계 무형문화유산으로 선정된 이 지역의 특징적인 음식문화에 대해 알아본다.

범이슬람권과 이스라엘 Islamic and Israel

나라명 | 중동지역(튀르키예, 이집트, 이라크, 이란, 이스라엘, 요르단, 레바논, 시리아)

면 적 | 1,395만 3,041km² **인 구** | 약 3억 4,000만 명 **통 화** | 국가별 통화

종 교 | 이슬람교, 유태교, 기독교

인종(민족)구성 | 지중해인, 아르메니아인, 페르시아인, 인도-아리아인, 튀르키예인, 네그리토인

1 식문화의 발달배경

자연환경

중동의 자연환경은 지질학적으로 고생대와 신생대에 이르는 사막지대와 약간의 습곡지대로 이루어져 있다. 고온 건조한 지역이 대부분으로 짧고 온난한 우기의 겨울과 뜨겁고 긴 여름이 교차되며 일부 강물이나 오아시스 등 수자원이 공급되는 평야지대를 제외하면 곡류를 생산해 낼 수 없는 환경이다. 그 결과 이 지역은 교역과 목축이 전통적인 생활방식으로 자연스럽게 이들의 식문화도 이동에 편리한 건조 식품과 이동용 조리기구 위주로 발달되었다. 현대에 와서도 이 지역은 식료품의 대부분을 수입에 의존하고 있다.

"동쪽의 가운데 있다"는 의미인 중동middle east은 서아시아와 북아프리카지역에 걸쳐 있다. 좁은 의미로는 고대의 메소포타미아지역과 아라비아 반도로 오늘날의 이라크, 이란, 사우디아라비아, 쿠웨이트, 이스라엘, 리비아, 시리아이고 좀 더 넓은 의미로 유럽과 접경지대를 이루는 튀르키예부터 지중해 남쪽의 모로코와 알제리,

1 _ 중동지역의 전형적인 사막 풍경

튀니지, 이집트와 리비아 등 북아프리카지역과 파키스탄, 투르크스탄, 아프카니스탄까지 포함한다.

사회문화적 배경 : 이슬람의 역사

중동의 대부분 지역은 현재 이슬람문화권이다. 이슬람의 창시자인 모하메드는 아라비아의 메카에서 태어나 실크로드 교역에 종사하다가 42세에 천사 가브리엘의 계시를 받아 코란꾸란을 쓰고 유일신 알라를 전파하기 시작하였다.

2 _ 전통 복장을 한 유목민의 모습

이슬람이란 단어도 “유일신에게 복종”이란 의미이다. 당시 다신교 사회의 핍박을 받아 메디나로 피신하였으나 AD 630년 메카를 회복하였다.

이슬람은 로마제국 멸망 이후 힘의 공백을 메우며 로마영토를 그대로 접수하여 유럽에서는 사하라사막을 포함하여 북아프리카와 스페인까지, 동쪽으로는 인도에 이르는 대제국을 건설하였다. 중동의 상인들은 배로 지중해와 아라비아해 인도와 동양을 연결하는 해상길을 장악하였고 낙타를 몬 카라반들은 육로로 교역하여 실크로드를 따라 중국부터 아프리카 사막까지 향신료와 비단을 교환하는 동서 간의 문화와 경제 교류에 핵심 역할을 담당하였다. 중동지역에서 이슬람은 단순한 신앙이 아니라 정경 일체의 사회에서 기본 생활 규범이 되어 식생활의 전 영역에 걸쳐 막대한 영향을 미쳤다.

: 할랄과 하람

이슬람의 경전인 《코란》에는 이슬람인들이 먹어도 되는 허용된 음식halal, 할랄과 금지된 음식haram이 규정되어 있다. 할랄은 성스러운 음식이라는 뜻으로 크게 이슬람의 도살의식을 거쳐 도살한 초식 동물의 고기를 의미한다.

하람은 이슬람인으로서 손에 대면 안 되는 부정한 음식으로 이슬람식 도살의식을 거치지 않고 잡은 모든 고기와, 돼지고기, 피, 육식동물의 고기, 양서류나 파충류, 메뚜기를 제외한 벌레, 사람을 취하게 만드는 술과 마약, 담배 등도 하람에 포함된다. 하람 식품은 먹는 것뿐 아니라 매매하는 것이나, 비이슬람인들을 위해 조리하는 것도 금지되어 있다.

: 라마단

중동에서는 천사 가브리엘이 무하마드에게 《코란》을 40일간 가르친 것을 기념하는 의미로 1년 중 한 달 라마단 기간은 해가 떠 있는 시간 동안 금식한다. 이슬람인들이 라마단 기간 금식하는 것은 지상보다 더 영원한 삶이 있다는 것을 의식하고 금식함으로써 인내와 희생 그리고 겸손을 실행하는 방법이라고 믿는다. 이 기간은 이

3 _ 이프타르용 수프

4 _ 라마단의 이프타르 기간에는 일몰 후 대추야자에 아몬드페이스트를 채워 녹여 먹는다.

슬람의 율법에 의해 낮 동안은 물을 포함하여 아무것도 입술을 통과할 수 없다. 인생을 즐기기 위한 용도의 사치품을 누리는 것이나 담배나 도박, 섹스까지 금지되어 있다. 해가 진 이후부터 다음날 해뜨기 전까지는 음식을 먹을 수 있는데, 보통 일출 한 시간 전에 렌틸수프로 아침 식사를 먹는다. 일몰 후에는 금식을 멈추고 식사로 맨 먼저 대추야자를 입에서 녹여가면서 먹는다. 이후 요구르트와 우유로 식사를 한다. 이때의 식사는 가정에서 행하기보다는 공공장소에 모여 진행되는 경우가 많다. 이슬람의 각 도시에서 시청 앞이나 광장, 회당 앞에 큰 천막을 치고 누구나 저녁을 먹을 수 있도록 무료급식을 시행한다. 주로 대추야자와 렌틸수프로 구성된 단출한 식사이기는 하지만 라마단 기간 내내 제공되며 제공자는 부유한 사람들이 기부한 음식이다.

이드 알 피트르 축제

라마단의 마지막 날은 이드 알 피트르Eid al-Fitr 축제로 장식된다. 지역마다 다르지만 중앙광장에 누구나 먹을 수 있게 넉넉한 고기스튜와 견과류, 설탕을 듬뿍 넣은 바클라바나 할바와 같은 달콤한 디저트가 많이 만들어져 설탕축제sugar festival라는 별명이 있을 정도이다. 이드 알 피트르 축제는 새옷을 입고 가족과 친지들과 방문하는 제1일을 시작으로 음식과 노래, 춤과 공연이 이어지는 3일까지 사회적인 단합을 상징한다. 이슬람의 자선과 구제의식을 보여 주는 대표적인 축제로 사회적인 약자들에 대한 존중심은 상기하고 음식과 선물도 나눔으로써 이슬람 신자들의 의무를 다하도록 장려하는 의미가 있다.

이드 알 피트르의 모습

2 이슬람 국가들의 공통적인 식문화

오아시스의 농업과 식재료

중동은 건조한 기후로 인하여 강물이 흐르는 곳 이외의 지역에서의 농경은 오아시스에서만 가능하다. 사막의 지하 수층이 땅 위로 올라온 것이 오아시스로 오아시스가 크면 주변 넓은 곳까지 관계시설로 작물이 자랄 수 있다. 오아시스에서 가장 중요한 작물은 대추야자이다. 대추야자는 열매를 제공할 뿐 아니라 키가 크고 넓은 잎이 반그늘막으로 작용하여 땅의 습기를 보존하고 강한 햇빛이 직접 작물에 내리쬐는 것을 막아준다. 오아시스의 농업은 대추야자 그늘 아래 밀, 보리, 올리브, 석류, 가지, 무화과, 살구, 피스타치오, 참깨 등을 경작한다. 이들 오아시스에서 재배하는 식품의 공통점은 장기 저장이 쉽고 이동에 용이한 식품으로 단위 부피당 칼로리가 높아서 열량 보급에 도움이 되는 주곡이나 과일, 견과류가 중심이 된다.

밀과 경질밀

5 _ 쿠스쿠스용 경질밀가루

6 _ 쿠스쿠스 위에 얹은 타진요리

중동에서도 강우량이 넉넉하거나 오아시스지역, 레바논의 평야지대, 물이 모이는 분지지대에서는 밀농사를 경작할 수 있는 평야가 있다. 이 지역의 밀은 대개 전통적인 경질밀durum wheat로 납작한 빵을 만들거나 가루로 부셔 알갱이 상태로 쪄서 먹는 쿠스쿠스, 부르굴 등으로 이용된다.

역사적으로는 이집트에서 처음 경작한 기록이 있는데, 경질밀 껍질을 벗겨서 부셔진 밀알들을 부르굴burghul, 벌가bulga, 쿠스쿠스couscus 등 알맹이 크기와 지역에 따라 다양한 이름으로 부른다. 수프나 죽, 속채움용 재료나 샐러드, 고기요리에 곁들임용, 푸딩, 패스트리에 밀가루 대신으로 사용되어 독특한 오돌거리는 질감을 준다. 시칠리아를 정복한 아랍인들에 의해 이 경질밀이 이탈리아로 전해졌다. 파스타는 아라비아 상인들이 경질밀을 반죽하여 상하지 않게 긴 줄에 감아 말아서 말려 놓은 마카로니가 원조라는 가설이 있다.

식문화 에피소드 episode

정치와 식문화 **'아랍의 봄'**

쫄깃한 질감의 이집트 빵ayš은 단어 자체가, 아랍어로 "생명", "삶", "생활"이란 뜻을 가지고 있을 정도로 이집트 식문화의 기본 요소이다. 가난한 도시 서민이나 지방민들에게 이집트의 식사는 빵이 거의 전부라고 해도 과언이 아니다.

2011년 무바라크의 군부 독재를 무너뜨린 이집트의 혁명은 원인이 여러 가지로 지적되지만 가장 근본적인 것은 바로 빵의 재료, 즉 밀의 가격 폭등이었다.

다른 중동지역처럼 척박한 기후로 밀농사에 충분한 농지를 확보하지 못한 이집트에서는 빵을 만들기 위한 밀가루 대부분을 러시아의 비옥한 우크라이나지역에서 수입하였다. 2007년부터 시작된 세계적인 식량 파동에 의해 두 해 연속 밀의 가격이 크게 폭등하자 러시아가 전격적으로 밀의 국외 반출을 금지하게 되었고 이집트에서 밀 부족이 심화되면서 매점매석이 횡횡하게 되었다. 보조금 지원 정책에도 불구하고 밀가루 가격이 2배로 오르면서 빵가게 앞에서 줄이 끝없이 늘어가다가 급기야 밀의 가격 통제에 실패한 정부에 대한 분노로 폭동이 일어났다. 이집트 폭동의 도화선이 된 빵값 파동은 아랍의 봄 혁명으로 튀니지, 리비아, 예멘으로 퍼져갔지만 이 지역의 식량 불안과 실업, 정치적인 갈등으로 인해 아직도 봄은 피어나지 못하고 있다.

대추야자와 무화과

오아시스 농업을 가능하게 만드는 대추야자는 수천년간 사막 유목인들의 주식 중의 하나였다. 강한 햇볕 아래 오아시스의 물을 이용하여 자라는 대추야자는 단맛이 아주 강하고 풍성하게 열리는 열매로 에너지를 주는 식품이다. 씨를 빼고 그 자리에 다진 견과류나 단맛이 강한 건살구, 건자두, 오렌지 말린 것 등을 채워 후식으로 즐겨 먹는다. 특히, 마호메트가 지혜를 깨친 밤에 대추야자를 먹었다는 전설로 인해 라마단 기간에 밤에 대추야자로 금식을 깰 때는 씹어 먹지 않고 입에 머금어서 녹여 먹는다.

7 _ 다양한 대추야자 디저트

8 _ 대추나무 열매

9 _ 중동의 아몬드 나무

단맛이 강한 무화과도 지중해 지역에 잘 자라는 식품으로 우리나라 무화과보다 단단하고 달다. 생식으로 후식에 사용되기도 하지만 주로 말려서 다양한 요리재료로 사용한다.

10 _ 중동의 무화과 : 우리나라 품종보다 달고 크다.

아몬드

청동기시대부터 재배된 아몬드는 쓴맛이 강한 야생종이었다. 원산지인 레바논지역에서는 이를 갈거나 부셔 구워 독성과 쓴맛을 우려내고 식용으로 사용하였다. 독성과 쓴맛이 없는 아몬드로 유전자 변이가 되자 변종이 널리 중동지역으로 퍼져 단맛과 고소한 맛으로 인해 귀한 식품으로 사용되었다. 이집트 투텐카멘 왕의 피라미드에서 발견된 아몬드 역시 레바논에서 수입된 것으로 곱게 갈아서 아몬드밀크로 사용하거나 설탕과 같이 갈아서 여러 가지 모양을 빚는 마지팬의 원조가 되었다.

올리브와 올리브유

올리브는 기원전 5000년대부터 지중해 동부 레바논지역에서 재배되었다. 오늘날의 팔레스타인과 시리아가 원산지로 알려져 있는데, 회청색의 올리브나무는 천천히 자라지만 수천 년 이상을 살 수 있는 생명력을 가진 나무이다. 다 자란 올리브나무는 약 3년을 비가 오지 않아도 살아남을 정도로 건조한 중동지역의 기후에 적합한 작물이다. 기름을 짜거나 쓴맛을 제거하기 위해 소금물에 절여 보존하였다. 올리브유는 조리용이나 약용, 향수로, 심지어 연료로서도 사용된 고대 중동지역의 중요한 교역상품 중의 하나로 지중해의 금이라고 불렸다. 기원전 8세기 에크론지금의 이스라엘에서 한해에 1,000톤 이상의 올리브 기름을 생산한 기록이 있다. 중동지역에서 올리브유는 단순한 식품이라기보다는 정결함, 권위의 표시, 기름부음 등 특별한 문화적 의미를 가진다.

양과 낙타

11 _ 낙타유로 만든 푸딩

양은 중동에서 처음으로 약 1만 1000년 전에 가축화되었다. 중동에서 특히 양을 선호하는 이유는 체구가 적당하여 다루기가 쉽고, 성질이 온순하며, 고기와 우유, 털과 가죽을 주는 등 이용성이 높을 뿐 아니라 생식력이 좋아서 빨리 번식한다.

현실적인 이용성이 많을 뿐만 아니라 식문화적으로도 양은 유태인이나 아랍인들에게나 중요한 식자재이다. 역사상 아브라함, 모세, 다윗 등 유태인의 리더들은 모두 목자 출신이었을 뿐 아니라 이슬람에서도 라마단 축제 마지막 날에 이삭을 대신하여 희생된 양을 기념하는 의례로 양을 잡아 그 고기를 나누어 먹는 등 양고기는 이 지역의 축제와 전통의식에 꼭 사용되는 특별한 의미를 가지고 있다.

사막을 오가는 이들에게 낙타는 중요한 이동원이다. 낙타고기는 과거 사막을 횡단하는 이슬람인들에게는 중요한 고기 급원이었고 이동수단이 발달한 오늘날에도 식용으로 사육되고 있다. 마리당 약 300~600kg의 고기가 나오는데, 특히 혹이나 낙타의 발과 같이 독특한 부위는 미식가들이 좋아하는 부위로 맛은 결이 거친 쇠고기와 유사하다. 낙타를 먹는 기록은 고대 페르시아의 연회에서 낙타를 통으로 구웠다는 기록이 있는데, 사우디아라비아, 이집트, 리비아, 수단이나 카자흐스탄 등 단백질 급원이 부족한 나라에서는 전통적으로 사용되었다. 튀르키예에서는 육포 중에서 낙타고기로 만든 것을 최상급으로 여긴다.

기타 육류

양과 낙타 외에 소, 닭 등이 주요 육류로 사용된다. 돼지고기는 일부 유태인들을 제외하고 나머지 지역에서는 기원전 1세기경만 하더라도 먹는 것이 허용된 관습이었다. 그러나 7세기경 이슬람이 퍼져나가면서 일부의 유태인 식습관이었던 돼지고기에 대한 혐오가 중동의 전 지역으로 확산되었다. 돼지고기뿐 아니라 돼지고기의 가죽이나 부산물 등 모든 것이 금지 식품이다.

12 _ 기원전 1세기경의 부조 : 중동지역에서 소, 양, 돼지를 몰고 가는 로마인

사막의 요리법

물이 귀한 중동지역에서 고기를 조리하는 방식은 주로 두 가지로 직화에 굽거나예 : 케밥, 조리 시 수증기가 증발되지 않도록 유목생활에 적응된 독특한 고깔모양의 구조를 가진 타진슬라우이라는 용기를 이용하여 조리한다**그림 13**. 타진슬라우이 내에서 수증기가 고깔 상부로 올라가다 온도가 떨어지면 다시 음식에 돌아오게 되어 수분이 그릇 내에서 순환하게 만드는 구조이다. 여기에서 조리된 음식을 타진이라고 부르는데, 주로 동물의 질긴 부위를 토막 내어 양념하여 오랜 시간 약불로 끓여낸 일종의 찜요리이다. 타진 외에도 항아리에 고기를 넣고 완전히 밀봉한 뒤 뜨거운 재 속에 묻어 오랫동안 조리하는 항아리 케밥도 수분의 증발을 최대한 억제한 요리이다.

13 _ 수분이 날라가지 않게 하는 구조의 타진슬라우이

14 _ 사막인들이 자체 수분으로 조리하는 방식으로 만든 타진

③ 튀르키예음식의 특징

일상식

튀르키예인들은 아침식사를 카흐발트kahvalti라고 부르는데, 이는 '커피를 마시기 전에 먹는다'는 의미를 지닌다. 아침식사에는 흰 치즈 외에도 여러 종류의 치즈, 버터, 올리브, 달걀, 토마토, 오이, 잼, 꿀, 카이막우유크림을 먹는다. 튀르키예 소시지인 수죽, 뵤렉, 시미트, 햄과 같은 저장식품인 파스트라마와 수프를 같이 먹기도 한다.

튀르키예는 지역적으로 유럽과 아시아에 걸쳐 있는 것처럼 밀가루 음식뿐만 아니라 쌀요리도 함께 발달하였다. 유프카와 같이 밀가루 반죽을 얇게 구워서 채소나 치즈를 넣고 구워낸 요리들이 많다. 채소 요리는 튀르키예의 식사에서 빼놓을 수 없는 재료이며, 오이, 토마토 외에도 시금치, 콜리플라워, 아티초크, 양배추, 셀러리, 가지 등 채소를 이용한 다양한 음식들이 있다.

빵과 패스트리

튀르키예인들에게 빵은 신이 주신 가장 소중한 선물이다. 저녁 식사 전에 집주인은 손을 씻은 뒤 빵 한 덩어리를 찢는 의식으로 식사를 시작하고 손님들에게 한 조각씩 골고루 나누어 줌으로써 식사를 진행하는 것이 오랜 전통이다. 빵은 신성한 것으로 손님들도 칼을 대서는 안 되며 꼭 손으로 뜯어 먹는다. 남은 빵도 버리지 않고 수프나 샐러드에 재활용하는 것이 상식이다. 튀르키예에는 이불보만큼이나 큰 전

15 _ 베두윈족의 빵 만들기 : 라와시라는 빵으로 이불보만큼 큰 것도 있다.

16 _ 튀르키예의 빵 케스라 : 향신료에 찍어 먹는다.

17 _ 시미츠는 튀르키예 길거리에서 많이 파는 간식용 빵으로 깨를 넉넉히 뿌려서 구운 고리 모양의 빵이다.

18 _ 튀르키예의 피데는 이탈리아 피자의 원조로 알려져 있다.

병라와시부터 도톰한 접시만 한 빵케스라, 고기와 소스를 올려 구워 이탈리아 피자의 전신으로 알려진 튀르키예의 빵피데, 깨를 듬뿍 뿌린 고리모양의 시미츠, 바게트빵과 유사한 에크멕 등 크고 작은 다양한 빵들이 있고 강한 지역색을 띤다.

유프카와 같이 얇게 민 밀가루반죽 사이에 켜켜로 치즈, 시금치, 고기 등을 싸서 튀기거나 구운 뵤렉Börek은 오스만 요리에서 발전했으며, 속에 넣는 재료에 따라서 종류도 다양하다. 얇게 편 필로도우phyllo dough 사이에 견과류, 설탕과 버터를 켜켜로 넣어 구운 뒤, 그 위에 꿀이나 시럽을 뿌려 달콤하게 만든 바클라바 등 패스트리의 종류도 다양하다.

쌀과 필라프

우리나라의 볶음밥과 같은 필라프pilav는 쌀이나 으깬 밀과 같은 곡식을 버터와 같은 기름으로 볶은 음식이다. 쌀과 버터, 소금만으로 만든 필라프에서부터 병아리콩, 고기와 채소 및 토마토 등을 넣은 필라프 등 다양한 종류가 있다. 오스만제국 때까지는 필라프를 주식으로 먹어왔으나, 현재는 케밥 등의 요리와 곁들여 먹는다.

19 _ 고기와 채소를 넣은 필라프

렌틸콩과 병아리콩

사막인들의 주식 중에서 경질밀과 더불어 빼놓을 수 없는 것이 콩이다. 유목민들은 이동에 편리한 단백질 식품으로 콩주머니를 항상 지참하였다는 것에서 볼 수 있듯이 콩은 쉽게 상하지 않을 뿐 아니라 단백질이 풍부한 영양식을 만들 수 있어 콩이 식사에 자주 등장한다. 납작한 렌틸lentil콩이 많이 사용되는데, 렌틸콩은 품종에 따라 주황색, 초록색, 노란색, 브라운 렌틸 등 다양하다. 렌틸콩lentil을 갈아서 수프의 형태로 만든 메르지멕 초르바, 붉은 렌틸콩을 토마

20 _ 렌틸콩

21 _ 에조게린 초르바

22 _ 병아리콩

23 _ 병아리콩으로 만든 후무스

토, 파프리카, 쌀 등을 주재료로 만든 에조게린 초르바ezogelin çorbası 등이 있다.

콩의 모양이 작은 병아리를 닮아서 병아리콩이라고 불리는 칙피 역시 중요한 식재료이다. 고소한 맛이 있어서 참깨나 올리브유와 같이 갈면 중동의 독특한 소스이자 요리인 후무스가 된다. 채소나 고기를 찍어 먹는 디핑 소스로 사용될 뿐 아니라 삶은 칙피를 고기에 곁들여 조리하기도 하고, 올리브유에 볶아서 육수와 함께 푹 끓이는 칙피수프도 유명하다.

유즙과 요구르트

목축의 목적은 고기를 얻는 데도 있지만 꾸준하게 식량원으로 확보되는 유즙 생산 용도도 있었다. 중동지역은 다양한 유즙 이용문화가 있는데, 치즈나 요구르트, 버터 등의 유제품을 만들거나 음식에 우유를 넣어 사용하였다. 특히, 고대 대상들이 양의 위로 만든 주머니에 식용하고 남은 양유를 넣고 다니면 위의 효소로 인해 우유가 굳어져 치즈가 만들어지는 것을 알게 되자 유목민들은 이동성이 떨어지는 양유보다 양유치즈를 만들어 소금에 절여서 보존할 수 있는 식품으로 이용하였다. 양유는 우유보다 지방과 고형분, 무기질이 더 많아서 치즈를 만들면 단단하게 응고되면서도 끈적이지 않고 부슬거리는 질감의 독특한 흰색 치즈가 만들어진다. 흰색 치즈라는 의미를 지닌 베야즈 페이니르beyaz peynir는 그리스의 페다치즈와 비슷하지만 좀 더 무르다. 베야즈 페이니르는 튀르키예식 아침식사인 카흐발트에서 생으로 혹은 샐러드에 넣거나, 뵤렉, 괴즐레메 같은 음식을 만들 때 넣어서 먹는다. 낙타유camel milk도 많이 사용되는 유즙으로 푸딩을 만들거나 치즈를 만든다. 낙타유는 과거부터 최음제의 효과가 있다고 믿어 건강식, 치료식으로 사용되었다. 현대

24 _ 요구르트를 이용한 짜찌끼

의 영양학적으로도 낙타유 치즈는 콜레스테롤과 유당이 우유보다 낮아서 질이 좋은 전통식으로 인식되면서 더욱 소비가 확대되고 있다.

양유나 낙타유를 대기 중의 유산균을 이용하여 자연발효시켜 만든 요구르트는 짜찌끼cacık 같은 소스나 아이란과 같은 음료수로 다양하게 이용된다. 짜찌끼는 요구르트에 오이와 민트, 다진 마늘을 넣어 짭짤하면서도 상큼한 맛으로 고기와 빵을 찍어 먹는 소스로 거의 모든 중동음식에 같이 제공된다. 아이란은 요구르트에 물을 타서 만든 음료로 더운 지역에서 마시면 체온을 떨어뜨리고 입맛을 돋우며 불면증을 예방한다고 하여 튀르키예에서는 저녁식사 메뉴에 같이 나온다. 양유와 낙타유 모두 요구르트를 만들 수 있다.

케밥 : 유목민의 특징적인 고기요리

창모양의 쇠꼬챙이에 고기를 끼워 구워낸 시시케밥은 유목민의 전통적인 고기조리법이다. 지역에 따라서 사슬릭우크라이나, 수불라끼그리스처럼 인근 지역에도 퍼져 다른 이름으로 불리기도 한다. 고기도 토막으로 칼날 같은 꼬챙이에 꿰어 굽거나시시케밥, 고기를 다져서 부순 밀을 치대어 갸름하게 빚어 팬에 구워낸 햄버거의 원조격인 키베, 편 썰어 양념한 고기와 다진 고기를 켜켜로 쌓고 막대기에 끼워 돌려 익혀가면서 다 익은 부분을 칼로 잘라서 먹는 도네르케밥과 같이 다양한 구이법이 있다. 고기요리는 대개 약간의 채소와 곁들여 납작한 빵에 싸서 먹는다.

중앙아시아의 유목민들이 이동과 보관이 편리하도록 만든 파스트르마pastirma는 양고기나 쇠고기에 고춧가루와 체멘씨, 향신료 등을 뿌리고 소금에 절여 건조시킨 저장

25 _ 시시케밥

26 _ 케밥

식품으로서 메제Meze로도 이용된다.

• 커피

커피의 기원은 8세기경 아프리카의 동부해안 이디오피아이며 칼디라는 이름의 양치기 소년이 염소들이 반짝이는 초록색 잎의 빨간 열매를 먹으면 사방으로 뛰어

:• 튀르키예식 커피

튀르키예식 커피

튀르키예식 커피Turkish coffee는 강배전한 커피를 사용하며 절구로 찧어 아주 고운 가루로 만든다에스프레소용보다 더 곱게 간다. 1인분씩 금속 컵에 찬물과 커피가루, 설탕을 넣고 모래를 담은 열판에 컵을 파묻는 식으로 서서히 열을 받도록 끓인다. 카다몬 같은 향신료를 같이 넣기도 한다. 부르르 거품이 올라오면 컵을 들어 올렸다 거품이 가라앉으면 다시 모래판에 묻어두기를 반복한다. 거품이 세 번째 올라오면 작은 잔에 따른다. 잠시 두어 커피 찌꺼기가 가라앉으면 마신다. 튀르키예식 커피는 에스프레소보다 쓰고 진한 독특한 맛을 내는데, 이 지역 사람들은 달게 마시는 전통이 있어 1인분에 3~4술 정도의 설탕을 넣는다. 커피를 다 마신 뒤 잔을 뒤집어 두면 커피가루가 흘러내린 모양을 보고 커피 점을 친다.

튀르키예식 커피는 매일 마시는 음료이기도 하지만 전통 결혼식에도 등장한다. 결혼식 전날 신랑이 가족과 함께 신부의 집안에 인사를 가서 신부의 부모님께 결혼 허가를 받는다. 신부될 소녀가 커피를 준비하는데, 신랑이 마음에 들면 설탕을, 신랑이 마음에 들지 않으면 소금을 넣어 커피를 제공한다. 신랑의 됨됨이를 파악하고자 일부러 소금을 넣는 경우도 있기 때문에 신랑감이 소금이 든 커피라도 웃는 얼굴로 맛있게 마시는 것이 예의이다. 표정과 태도를 보고 신부의 아버지가 결혼을 허락한다고 한다. 튀르키예식 커피는 2013년 유네스코 무형문화유산으로 지정되었다.

❶ ❷ ❸ ❹ ❺ ❻ ❼

튀르키예식 커피 추출법

다니며 흥분하는 것을 보고 이 열매를 먹어본 것에서 기원하였다는 설화가 있다.

이디오피아에서 처음에는 잎과 열매를 따서 생식하거나 과육을 발효시켜 와인으로 만들어 먹었다. 이 술의 이름을 퀴스르qishr, 요즘 kisher의 어원라고 부르며 종교 의례에 사용되었다. 후에 발효주를 금지하는 이슬람의 율법에 의해 커피원두를 갈아 물에 우려내는 법으로 발전되었다. 오늘날도 예멘 등지에서는 발효한 커피 과육을 생강, 계피와 함께 끓여낸 음료를 키셔라고 부르며 애용하고 있다. 이슬람 수도사들이 애용하던 커피는 기도 중에 졸리지 않게 해주기 때문에 선호하였고 상류층은 따로 커피 마시는 방을 두어 경건한 의식을 행하며 커피를 마셨다. 대중적인 커피하우스가 생기면서 일반인들도 커피를 마시기 시작하였다. 16세기 초 메카의 지배자들은 커피하우스에서 술탄을 모욕하고 정부를 비판하는 언론이 형성된다고 하여 커피하우스들을 패쇄하고 커피를 금지시킨 적도 있었지만 잠시뿐이었고 대중의 커피에 대한 애호도가 증가하면서 금지령은 폐지되었다. 아랍 상인들은 유럽으로 커피와 커피하우스문화를 수출하였다.

연회식

튀르키예와 중동의 왕실과 사회지도층그중에서도 하렘이라고 알려진 왕의 여성들이 모인 궁중에서는 매우 감각적이고 달콤한 후식들을 즐겨먹었는데, 이들을 튀르키예시 딜라이트라고 한다. 대표적인 것이 장미 향유나 오렌지 향과 꿀을 넣어 조려 굳힌 젤리와 같은 로쿰들과 수천 겹의 패스트리와 견과류 믹스를 겹겹로 구워서 오렌지 시럽을 끼얹어 만든 바클라바가 유명하다.

27 _ 로쿰(장미유를 넣은 젤리)

28 _ 튀르키예시 딜라이트

29 _ 바클라바

알아두기

할바 : 경질밀 디저트

카카오를 넣은 할바

할바halva, halwa, halawa, helvasi는 세몰리나와 꿀과 섞어 오래 고아 굳인 달콤한 디저트이다. 세몰리나와 꿀만 넣은 순수한 할바부터 피스타치오나 아몬드, 잣 등 다양한 견과류를 넣어 굳히거나 초콜릿으로 코팅을 하는 등 변형된 할바도 있다. 오래 두어도 상하지 않기 때문에 중동 어디서나 할바를 파는 가게들이 있는데, 큰 덩어리로 파는 것부터 1인분씩 잘라서 포장한 것까지 다양한 상품으로 판매한다. 할바는 단맛이 강한 디저트이지만 이집트에서는 아침이나 저녁, 뜨거운 빵과 함께 샌드위치로 먹거나 진한 크림과 곁들여 식사 대용으로 먹기도 한다. 튀르키예나 이란에서는 경질밀 대신 일반 밀가루로 할바를 만들기도 하는데, 연질밀 할바는 주로 장례식 때나 사망자를 위한 1주기 추도식 때 손님들에게 대접하는 용도로 쓰인다. 그래서 연질밀로 만든 할바를 "죽은 자들의 할바"라는 뜻으로 "ölü helvası"라고 부른다.

메 제

가난한 사람에 대한 자선이 강조되는 튀르키예에서는 낯선 사람이나 이방인들을 집에 들여 음식과 잠자리를 제공하는 것은 당연한 주인의 의무로 여겨지고 있다. 일생에 한번 이슬람의 의무인 메카로의 순례를 행하기 위해 여행을 떠나야 하고 여행길에서 다른 무슬림인의 도움을 받는 것은 필수이기 때문에 손님을 잘 접대한다는 것은 단순한 선행이 아니라 이슬람인에게는 도덕적인 의무이며 손님을 잘 접대하지 못하는 것은 신의 징계를 받을 악행으로 여겨졌다. 이 환대의 전통은 최근까지도 중동의 각 지역사회에 남아 있어 손님접대용 요리가 잘 발달되어 있다.

손님접대용 요리의 대표적인 것이 메제meze이다.

여러 종류의 전채음식을 뷔페식으로 또는 주식의 일부로 차려내는 것으로 스페인의 타파스와 유사하다. 고추, 가지, 호박 등의 채소에 속을 채운 요리인 돌마dolma

나 포도잎이나 양배추잎으로 쌈을 싸서 쪄낸 사르마 sarma, 커민에 절인 양유치즈도 메제로 이용된다. 또한 칙피와 참깨를 갈아 만든 후무스, 얇은 밀가루 반죽에 치즈, 채소, 고기 등을 싸서 굽거나 튀긴 뵤렉 등과 같은 중동 대표음식들을 쟁반에 차리고 둥글게 둘러앉아 맛보며 대화를 나누는 전통이 있다.

30 _ 메제

유목민들이 손님이 오면 짐승을 잡아 요리하는 풍속 중에 전설적인 손님 접대요리인 메차우이가 있다. 소를 잡아 내장을 꺼내고 그 속에 양을, 양의 뱃속에 토끼, 토끼 속에 비둘기를 넣어 며칠에 걸쳐 서서히 구워낸 전통적인 유목민 바비큐가 메차우이다.

Collection

시시케밥

만드는 법

1 볼에 요거트 1/4컵을 넣고 큐민, 코리안더가루, 마늘, 생강, 강황, 고운 고춧가루, 소금과 후추로 양념한다.

2 닭과 양고기에 재움 소스를 버무려 30분 정도 둔다.

3 20cm 꼬치에 꼭꼭 쥐어가며 원통형으로 뀁다.

4 팬에 포일을 깔고 오일을 발라서 나란히 얹어 오븐에 넣는다(200도에서 15분 : 8개 스틱 분량).

5 색이 나고 다 익으면 접시에 담고 토마토 웨지와 라임 웨지, 고수와 쌀밥 1컵으로 장식하여 낸다.

*재료

닭고기 또는 양고기(어깨살) 200g, 오일 3큰술, 양파 1개, 마늘 1큰술, 생강 1큰술, 향신료(큐민, 코리안더, 칠리가루 각 1작은술), 홀토마토 터뜨려서 1국자, 월계수 1장, 계피 1조각, 블랙카다몬 2개, 플레인 요거트 1국자, 토마토 1개, 소금, 후추, 생크림 50g, 버터 1큰술

곁들임

장식용 토마토, 라임, 고수, 바스마티밥 2컵

가지돌마

*재료 가지 1개, 올리브유 30g, 캐슈넛 10개, 마늘 2알, 쇠고기 100g, 코리안더, 큐민, 고운 고춧가루 1작은술, 적양파 1/2개, 토마토 1개, 이탈리아 파슬리 조금, 피자치즈 50g

만드는 법

1 가지를 꼭지를 베고 1cm 떨어져서 길이로 길게 칼집을 낸다.
2 속을 벌려 올리브유를 한 큰술 넣고 아물려 120도 오븐에서 20분 정도 굽는다(굽다가 색이 너무 나지 않도록 여열을 이용한다).
3 가지 구울 때 옆에 캐슈넛도 살짝 굽는다.
4 가지가 익어 말랑거리면 껍질 모양을 살리면서 포크로 살을 긁어낸다.
5 따로 쇠고기에 커민, 고운 고춧가루, 소금, 후추를 넣어 많이 치댄다(커민과 고춧가루 색이 골고루 배게 하고 갈라지지 않게 매우 치댄다).
6 30분 정도 휴지시킨다.
7 팬에 버터를 두르고 쇠고기를 볶아낸다.
8 볶은 쇠고기에 다진 캐슈넛, 다진 토마토살, 가지살 바른 것, 마늘 다진 것을 넣어 버무리고 이를 가지 껍질에 채워 넣는다.
9 위에 올리브유를 뿌려(최근에는 치즈를 올려서 녹을 정도로) 구워낸다.
10 파슬리찹을 뿌려 낸다.

4 이스라엘음식의 특징

이스라엘 민족은 기원전 11세기에 팔레스타인 지역에서 통일 이스라엘 왕국을 건설하였으나 이후 연속적인 고대 국가들과의 경쟁에서 밀리며 로마제국의 식민 통치를 받았다. AD 70년 유대인 추방령에 의해 유태인들은 살고 있던 팔레스타인 지역을 떠나 세계 각국으로 흩어졌다가 2000여 년이 지나 제2차 세계대전 후 현재의 위치에 국가로 독립을 쟁취하였다. 현재 중동 국가 가운데 유일하게 식량을 자급자족할 뿐 아니라 수출까지 하는 이스라엘은 자국의 식문화에 대한 차별된 인지도를 증가시킴으로써 식품산업을 발전시켜가고 있다. 이스라엘의 식문화가 가지는 세 가지 특성, 즉 중동지역이라는 특수성이 나타나는 아랍식 식재료를 사용하되, 전통적인 유태인의 음식법이라는 틀에서 벗어나지 않으며, 2000년간 유태인들이 흩어져 살던 지역과 문화를 성공적으로 통합하는 방향으로 개발된 식품들은 식품 산업에 미치는 식문화의 영향력을 잘 보여 주고 있다.

유태인의 음식법

음식법kashrut은 구약의 레위기 11장에 언급된 613개 조항을 의미하는 것으로 유태인의 식생활의 기본이며 이에 해당하는 식품이나 음식을 코셔kosher ; 정결함라는 인증으로 구별하고 있다. 음식법은 먹을 수 있는 동물이나 식물, 식가공품을 지정하는 등 재료뿐 아니라 특정 음식을 조리하거나 제공하는 방식, 먹는 방식까지 규정하

31 _ 파레브 인증

32 _ 누룩을 넣지 않는 빵 맛쪼

33 _ 맛쪼 전용팬

는 등 식문화 전반에 영향을 미치는 규범이다. 이러한 식전통이 2000년간의 디아스포라 기간 동안 세계 각지로 흩어져 지낸 유태인들의 커뮤니티를 동질화시키고 유지시키는 힘이 되었다.

코셔에 해당하는 식품은 동물로는 율법에 의해 도살된 발굽이 갈라진 반추동물양, 소, 염소, 닭 등과 지느러미와 비늘이 있는 어류이며 식물로는 심은지 삼년이 지난 나무의 과일과 십일조를 바친 밀, 보리 등 곡류를 코셔로 인정하되 와인, 치즈, 버터 및 유제품, 조리된 음식 등은 재료와 부재료가 모두 코셔 인증을 받은 것만이 코셔로 인정된다. 인구의 약 5%를 차지하는 정통파 유태인들은 빵과 같은 기본적인 식품도 유태인들이 생산한 제품만을 코셔로 인정하고 사용한다.

또한 음식법은 재료뿐 아니라 음식을 먹는 방식에 대하여도 엄격한 룰을 적용하고 있다. 코셔 재료라 하더라도 우유나 유제품을 해당 육류와 함께 먹는 것을 금기시하며, 포도와 포도주를 함께 먹지 못하게 제한한다. 스테이크가 식탁에 오르면 우유나 유제품을 이용한 소스를 사용할 수 없을 뿐 아니라 우유를 마실 수도 없다. 이런 엄격한 식사법으로 인해 코셔식품은 그 음식이 함께 먹을 수 있는 그룹에 속해 있는지를 표시해주고 있다. 고기나 가금류(M), 생선류(F), 우유와 유제품(D), 안식일과 관계된 식품(P) 그리고 밀가루나 달걀처럼 어떤 식품과도 함께 조리할 수 있는 중성식품pareve군으로 나누어 표시한다. 유태인들은 식품이 어느 부류에 속하는지를 표시한 "파레브 인증"을 확인함으로써 함께 요리할 수 있는 식품을 선택한다.

표 7-1 | 중동의 종교와 금기음식

유태교의 금기음식	이슬람의 금기음식
• 상처, 질병, 돌연변이가 있는 동물(70가지의 동물 질병을 도살 시 확인) • 발굽이 갈라지지 않은 낙타나 잡식성 돼지 • 비늘과 지느러미가 없는 해산물 : 조개류, 새우 등 갑각류, 해삼, 해파리, 오징어 등 • 코셔 동물이 아닌 데서 온 부산물을 사용한 가공품 : 레넨, 젤라틴, 우유 등 • 코셔 소금을 쓰지 않고 조리된 식품과 부산물 • 코셔 동물의 특정 부산물 : 혈액, 다리 힘줄과 특정 부위 지방 등 • 십일조를 내지 않는 작물이나 식물	• 이슬람식 도살의식을 거치지 않고 잡은 모든 고기 • 돼지고기 • 피 • 육식 동물의 고기 • 양서류나 파충류 • 메뚜기를 제외한 벌레 • 사람을 취하게 만드는 술이나 술을 넣어 조리한 음식 • 마약, 담배

유태인의 축제음식

34 _ 유태인의 부활절 식탁

35 _ 안식일의 빵

유태인들의 명절이나 축제는 유태인의 역사에 기초를 두고 있기 때문에 행사 내용과 준비되는 음식이 음식법에 의해 엄격하게 규정되어 있다. 가장 큰 명절은 매주 맞이하는 안식일로 평소에는 유태인의 음식법을 지키지 않던 사람들도 안식일의 식사는 가족과 함께 유태 율법에 맞는 음식을 차려 지킨다. 안식일은 저녁에 촛불을 켜고 40년간의 광야생활에서 안식일에는 두 배의 만나를 먹은 것을 기념하는 두 덩이의 찰라빵에 축수기도를 하는 것부터 시작한다. 빵에 더하여 고기나 생선, 콩요리를 준비하는데, 안식일에는 음식을 조리하는 것이 금지되어 있기 때문에 대개 금요일 오전 두꺼운 냄비에 재료를 넣고 슬로쿠커나 온도가 낮은 오븐에 넣어두어 안식일 내내 천천히 조리되도록 준비한다.

이 외에 유태인들은 로쉬하사나신년, 하누카빛의 축제, 12월경, 패사흐유월절, 맥추절보리 수확기의 추수감사절, 수산절 등의 역사에 기인한 명절에 특정 음식을 가족, 친지들과 나누던 것을 핵심으로 하고 있다. 유태인들은 식재료의 구별과 특정 절기식을 제외하면 일상식의 조리방식이나 음식종류는 다른 아랍국가와 유사하다.

쥬이시 퓨전과 코셔-파레브 인증

2000년 전 세계 각지에 흩어졌던 유태인들은 게토출입제한지역 안에서 나름대로의 식전통을 지키면서도 커뮤니티를 형성하였다. 빵과 와인, 유제품 등은 제조자가 유태인이었을 때만 코셔로 인정하였기에 이들의 식생활과 거주국가의 식생활은 많은 차이가 있었다. 시간이 흐르면서 거주지의 식문화와 재료를 유태의 전통에 맞게 가공한 게토의 음식들이 거주국으로 퍼져가면서 다양한 퓨전음식들이 만들어졌다. 유태인들의 이주 경로를 보면 크게 독일이나 동유럽으로 이주한 아스케나지

ashkenazi 유대인들과 북아프리카와 스페인, 이탈리아 등 지중해 연변으로 흩어진 세파디sephardi 유대인으로 구별할 수 있다. 이들은 거주지의 음식문화 전통에 영향을 받아 독특한 색깔의 퓨전음식들을 만들었다가 제2차 세계대전 이후 이스라엘로 귀국하거나 미국으로 이주를 선택한 유태인들에 의해 유럽 각지에 쥬이시 퓨전음식 jewish fusion food이 널리 퍼지게 되었다. 오늘날 우리에게도 익숙한 음식 중에 뉴욕의

중동의 식문화 비교 : 새해 음식문화

구 분	중동의 노우루즈(nowrus)	이스라엘의 로쉬하사나(rosh hashanah)
날 짜	이란력 3월 21일, 즉 춘분으로 새로운 날이라는 뜻이다.	유태인들의 새해는 유대력 티슈리월(7월) 1일이다.
기 원	약 3000년 전 페르시아시대부터 전해온 새해의식은 추운 겨울을 이기고 새 생명이 탄생하는 봄이 오는 것을 환영하는 축제로 2010년 유네스코 세계 무형문화유산으로 지정되었다.	아담과 이브의 탄생일이라고 알려진 이 날이 처음 기록에 나온 것은 구약의 레위기로 양의 뿔로 만든 나팔을 불어 이 날을 선포하였기에 나팔절이라는 이름으로도 불린다.
풍 속	새해 전에 대청소를 하고 시작된 노우루즈 축제는 약 13일간 지속된다. 1~12일까지는 나이 든 가족과 친척, 친구들을 서로 방문하며 선물을 주고받고, 마지막 13일째는 모든 가족이 모여서 야외에서 불을 피우고 피크닉 축제를 연다.	풍속 : 랍비가 양의 뿔로 만든 나팔을 100번 불면서 신년의 시작을 알린다. 첫 사람인 아담을 창조한 날이라고 전해지는 이날 유태인들은 가장 좋은 옷을 입고 회당에 모여 예배를 드린다. 예배 후에는 각 가정에서 달콤한 로쉬하사나 음식을 먹으면서 축하한다.
음식	노우루즈에 등장하는 대표적인 음식은 수마나크(sumanak)라는 수프인데, 햇밀싹을 물에 불려 12시간 이상 저어가면 끓여 만드는 죽이다. 이 죽을 만들기 위해 일족의 여인들이 새해 전날 모두 모여서 밤새도록 죽을 저어가며 춤추고 노래하는 전통이 있다. 지역에 따라서 다르지만 새해 아침상은 풍요와 건강를 상징하는 7개의 식품, 즉 밀싹과 밀싹으로 만든 죽(수마나크), 베리류와 사과, 마늘, 화려하게 색칠한 달걀, 견과류와 바클라바 같은 전통 패스트리를 올린다. 또한 정결함을 상징하는 거울과 촛대, 봄을 상징하는 아이리스 꽃과 금붕어가 든 볼로 식탁을 장식한다.  중동의 새해 노우루즈 아침 식탁	대표적인 로쉬하사나의 음식은 대개 꿀과 사과로 시작한다. 달콤한 새해를 의미하는 꿀에 절인 사과나 꿀 바른 둥근 빵(새해는 둥근 빵처럼 달콤하고 원만하기를 기원)과 머리 있는 생선(추종자가 아닌 리더가 되기를 축원하는 뜻), 석류(자손이 많기를 바라는 의미) 등을 먹으며 한 가지씩 먹을 때마다 그 의미대로 이루어지기를 서로 축원한다.  새해의 꿀 바른 빵

베이글과 크림치즈, 연어스프레드나, 영국의 피시앤칩스fish and chips, 올리브오일에 절인 아티초크 등은 게토음식이 근원이다.

유태인들이 음식법의 규정을 어기지 않고 조리를 하게 하기 위하여 고대부터 유태인 커뮤니티에서는 유태인들에게 적합한 식재료나 조리법에 따른 음식을 인증제로 표시하여 판매하였다. 이 코셔 마크는 지역 유태인 커뮤니티의 랍비가 직접 생산현장을 방문하여 전 과정이 정결한 음식의 제조에 부합하는지를 지속적으로 모니터링하고, 유태인의 식습관대로 우유나 유제품과 육류를 함께 가공하지 않도록 세심한 주의를 하여 인증을 붙이기 때문에 식재료와 가공에 대한 불안이 커진 현대에 와서 식재료와 가공방식의 안전함을 의미하는 상징이 되었다.

1911년 프록터 앤 갬블Procter & Gamble사가 처음으로 돼지라드가 들지 않은 크리소코crisco를 코셔 제품으로 개발하면서 세계적으로 유명한 코셔 식료품 회사들이 나타났다**맥스웰하우스 커피, 렌더스 베이글 등**. 코셔 전문 레스토랑과 코셔 식품점, 코셔 조리기구 등으로 현재 미국의 코셔 산업은 획기적인 증가추세에 있다. 코셔 시장규모는 400억 달러에 달하며 약 1,400만 명의 코셔 소비자들이 있는데, 이들의 약 15%만이 유태인이며, 나머지는 코셔 식료품에 대한 안전성을 신봉하는 일반인들이라는 통계가 있다. 코셔 식품은 건강지향형, 가치지향형, 친환경제품으로 인지되며 일부 유전적으로 유당불내증이 있는 사람들은 코셔-파레브 인증에 의해 유제품이 전혀 들어가지 않은 가공식품으로 코셔식품을 이용하거나 미량이라도 육류가 든 음식을 기피하는 베지테리언들에게 인기가 많다.

좀 더 조사해 보기

1. 유태인의 식습관 중 크리스마스에 해당하는 하누카의 상차림을 알아보자.

2. 우리나라가 중동지역에 식품을 수출하려면 신경써야 할 부분인 재료, 제조 및 조리과정, 식습관 면에서 파악해 보자.

3. 사막지대가 점점 더 확장되는 중동에서 식수 및 식재료 부족을 성공적으로 해결한 나라들을 찾아보고 어떤 방식으로 해결하는지를 알아보자.

collection

팔라펠falafel

만드는 법

1 병아리콩은 하루 전에 충분히 불린다.

2 병아리콩 3컵에 이탈리아 파슬리 잎과 줄기 가는 것만 1컵, 양파 1/2개를 넣고 간다.

3 식용유를 끓여 수저로 퀘넬을 만들면서 한 술씩 튀긴다.

4 오이채를 소금에 절여서 사워크림에 넣고 레몬즙 조금과 마늘을 다져 넣고 휘저어 짜찌끼소스를 만들어 같이 낸다.

*재료 마른 병아리콩(불려서) 250g, 양파 작은 것 1개, 파슬리 1컵, 마늘 2~3개, 소금 · 후춧가루 · 커민가루 약간, 베이킹파우더 1작은술, 튀김용 기름

짜찌끼 소스
마늘 1쪽, 오이 1/2개, 사워크림 200g, 레몬즙 1큰술

후무스Hummus와 짜찌끼Tzatziki

만드는 법

1 후무스는 병아리콩을 하루 전에 물에 불렸다가 양파와 향신채를 넣고 삶아둔다. 장식용 병아리콩을 남기고 나머지 콩을 곱게 갈면서 타이나와 올리브유로 농도를 맞춘다. 마늘과 레몬즙, 소금으로 간을 맞추고 접시에 담아낸다.

2 짜찌끼는 오이를 채 쳐 소금에 절인 다음 사워크림, 다진 마늘을 넣어 많이 휘저어 마늘맛이 크림에 배게 한다. 딜과 파슬리, 후추와 올리브유로 맛을 낸다.

3 후무스와 짜찌끼는 빵에 올려 먹거나 팔라펠에 찍어먹거나 케밥요리에 곁들인다.

*재료 피타브레드 1장

후무스

병아리콩 1컵, 타이나 1/4컵, 마늘 2쪽, 올리브유 2큰술, 소금, 장식용 이탈리아 파슬리, 칠리파우더, 레몬즙

짜찌끼

오이, 사워크림, 소금, 마늘, 딜, 파슬리

Chapter 08

아프리카의 식문화

Africa

아프리카Africa라는 단어는 페니키아어로 '동굴에 사는 사람이 사는 땅'을 뜻하며, 그리스, 라틴어로는 '추위가 없는 곳', '햇볕이 쬐는 곳'이라는 의미가 있다. 아프리카대륙은 유럽의 식민지배하에서 54개의 작은 국가단위로 발전되어 왔으며, 워낙 광대하고 여러 기후가 나타나는 특징 때문에 다양한 음식문화가 존재한다는 특징이 있다.

사하라 사막 위쪽의 북아프리카는 6개 국가로 구성되어 있는데, 이집트를 제외한 5개국, 리비아, 튀니지, 알제리, 모로코, 모리타니는 정치 · 경제적 공동체인 마그레브 연맹을 구축하고 있고, 모두 회교국가로서 중동지역과 함께 넓은 범위의 이슬람권역으로 분류되기도 한다.

사하라 이남 아프리카는 서부, 중부, 동부, 남부 4개의 권역으로 나누기도 하는데, 나이지리아, 가나 등이 포함되는 서부 아프리카는 원유 및 천연가스가 풍부하며 최근 이슬람교와 기독교 간 분쟁으로 인한 테러가 발생하기도 하였다. 중부 아프리카는 위도 20° 지역에 있는 국가들로 대서양과 인도양에 걸쳐 있으며 카메룬, 차드, 콩고민주공화국 등이 있다. 에티오피아, 케냐, 소말리아 등이 속한 동부 아프리카는 고산지대에 위치해 있어 기후와 자연경관이 뛰어난 것으로 알려져 있고, 남부 아프리카는 남아프리카공화국, 모잠비크, 짐바브웨 등이 속해 있다.

아프리카는 정치적으로나 경제적으로 암울한 시기가 있었으나 최근 세계에서 가장 주목받는 대륙으로 인식되고 있으며 2000년대 들어 정치가 안정되고 경제 성장률도 매년 5~6%를 기록하고 있다. 또한 아프리카 인구 10명 중 7명이 30세 미만으로 전 세계에서 가장 젊은 대륙이기 때문에 성장 가능성이 높은 지역으로 볼 수 있다. 이와 같이 지역적 · 역사적 특성에 따라 다양한 문화가 발달해왔으며, 신흥 소비시장으로 떠오르고 있는 아프리카에 대해 북부 아프리카와 동부 아프리카, 남부 아프리카의 식문화를 중심으로 살펴보기로 하자.

✪ 학습목표

- 아프리카의 지리적 · 역사적 특성에 따른 식문화의 발달과정을 이해한다.
- 북부 아프리카와 동부 아프리카, 남부 아프리카 식문화의 유사성과 차이점을 이해한다.
- 신흥 소비시장으로 떠오른 아프리카의 현대 식문화에 대해 이해한다.

이집트 Arab Republic of Egypt

나라명 | 이집트 아랍 공화국
면 적 | 100만 2,450km^2 **인 구** | 약 7,900만 명 **수 도** | 카이로 **공용어** | 아랍어
통 화 | 파운드 **종 교** | 이슬람교 93%, 기독교 7% **인종(민족)구성** | 이집트인 98%, 베르베르인, 누비아인 베두인, 베자인

1 식문화의 발달배경

자연환경

아프리카는 적도와 남·북 회귀선이 대륙을 가로지르고 있어서 다양한 기후 풍토를 보이고 있다. 적도 부근의 중부와 서부 아프리카는 고온다습한 열대우림지대가 있고, 적도의 남쪽과 북쪽에는 건기와 우기가 뚜렷한 열대 초원인 온대 초원 기후 사바나savannah와 스텝steppe지대가 존재하며, 남·북 회귀선을 따라서는 세계 최대의 사하라 사막과 나미브 사막, 칼라하리 사막 등이 펼쳐져 있다.

아프리카의 북동부에 위치한 이집트는 나일 강 하곡과 그 유역의 삼각주평야, 수에즈 운하 연안, 그 외의 사막지대로 지형을 구분할 수 있다. 대부분의 지역이 건조기후에 속하며, 나일강 계곡과 지중해 연안의 좁은 해안지방을 제외하면 대부분 사막이나 황무지이다.

이집트에는 비가 거의 내리지 않지만 장기간에 걸친 나일 강의 범람은 토양을 비옥하게 만들어 고대로부터 지금까지 농경문화가 발달할 수 있었다. 나일 강 유역과

삼각주 평야 및 오아시스 주변에서 집약적으로 농사를 짓는데, 주요 농산물은 면화, 쌀, 밀, 옥수수, 콩, 보리, 사탕수수 등이며 이외 척박한 환경에서도 잘 자라는 대추야자에서 열매가 수확되기도 한다.

사회문화적 배경

북아프리카는 아프리카와 아시아를 거쳐 인도네시아까지 뻗어 있는 이슬람권의 서쪽 끝에 해당한다. 이슬람은 자유, 평등, 박애의 정신을 바탕으로 한 정교일치政敎一致를 지향하고 있으며 이슬람 교리가 국민생활과 의식구조의 기준이기 때문에 의식주 생활 전반에 영향을 미치고 있다.

이집트의 경우 서쪽으로는 북아프리카의 해안으로, 서북쪽으로는 유럽으로, 동북쪽으로는 레반트로, 나일강을 따라 남쪽으로는 아프리카로, 동남쪽으로는 인도양과 동아시아로 향하는 통로의 중심이므로 음식 역시 여러 지역의 영향을 받았다. 메소포타미아와 함께 매우 일찍부터 도시가 있었고, 지역적 특성으로 고대부터 세계 무역의 핵심이었으며, 따라서 다른 아프리카 문화의 발전에 상당한 영향력을 끼쳤다.

북아프리카는 인종 구성이 단순하며 주로 아랍인과 베르베르인이 거주하고 있다. 토착 인종은 베르베르족으로 기원전 9세기 무렵부터 카르타고의 지배를 받고, 그 이후에 로마, 아랍, 오스만투르크인들의 지배를 받았다. 아랍인들에 의해 이슬람 문명을 받아들이게 되었고 아랍인들이 북아프리카 전역에 걸쳐 널리 퍼져 있기 때문에 북아프리카는 유럽 남쪽 끝이자 아랍의 서쪽 끝으로 간주되기도 한다.

지리적 환경 특성상 고대 문명의 발상지가 된 이집트는 기원전 4200년경 역사가 시작된 후 기원전 2900년경 파라오의 지배하에서 많은 발전과 부귀 영화를 누렸으나 이후 페르시아, 그리스, 로마제국, 오스만튀르키예, 프랑스 등 주변 강국의 지배를 오래 받았으며, 20세기 영국의 보호국으로 종속되었다. 제2차 세계대전 후 팔레스타인 전쟁에 패배하면서 1952년 혁명에 의해 공화국이 되어 오늘에까지 이르고 있다. 이러한 지리적 · 역사적 특성으로 튀르키예, 팔레스타인, 시리아 등 아랍과, 지중해 연안에 위치한 이유로 그리스, 로마의 영향을 받았기 때문에 이들 나라의 음식과 유사한 점이 많다.

식문화의 특징

이집트는 기원전 1만 5000~1만 년경 메소포타미아 유역에서 재배하기 시작한 보리나 밀을 빵으로 가공하는 기술을 처음으로 도입한 나라이다. 처음에는 발효시키지 않은 보리를 납작하게 만들어 구웠고, 기원전 2000년경 효모를 넣어 부드러운 빵을 만들기 시작하였다. 보리의 맥아로 만든 빵이 맥주를 발효시키는 데 사용되고, 다시 그 맥주 효모가 빵 발효제로 사용되었으며, 질그릇 항아리를 사용한 빵 굽기 전용 가마도 발명하는 등 이집트인이 빵과 맥주를 오래 전부터 즐겼다는 사실은 고대 그림이나 조각품들을 통해서도 찾아볼 수 있다. 이집트의 대표적인 주식인 아이시aysh는 이집트 어디에서든 볼 수 있으며, 이 외에도 프랑스식 바게트, 식빵, 롤빵, 크루아상 등 빵의 종류도 다양하다.

이렇듯 고대부터 이집트의 주요 농산물이었던 밀은 북부 아프리카 전체에 퍼져 밀가루를 이용한 빵을 만들어 먹는 음식문화를 형성하게 하였다. 이집트음식은 주식인 빵 이외에 신선한 과일과 채소, 계절에 맞는 향신료로 만들어지기 때문에 건강식이라고 할 수 있다. 과일의 경우 여름에는 멜론, 복숭아, 자두, 포도 등, 겨울에는 바나나, 대추야자열매, 오렌지, 선인장열매cactus 등을 먹을 수 있다. 육류는 상시 판매되고 있으나 이슬람교의 특성상 돼지고기는 쉽게 구매할 수 없다.

홍해와 지중해를 접하고 있기 때문에 물고기가 풍부하여 도미, 농어, 방어, 가자미, 오징어, 낙지, 새우, 뱀장어 등 주로 튀기거나 구워서 먹는 생선요리가 발달되었다.

이집트에서는 귀족과 서민의 식생활이 현저히 차이가 났다. 귀족들은 전채, 주 요리, 디저트로 연결되는 호화로운 음식을 즐겼고, 서민들은 빵을 주식으로 하여 채소를 곁들인 소박한 식사에 맥주를 즐기곤 하였다. 이집트 사회에서 맥주는 군인과 노동자, 농민 등 서민들이 주로 마셨던 대중적인 음료였다. 반면, 와인은 주로 국왕이나 귀족들이 많이 즐겼다. 육류는 비교적 고가이기 때문에 서민들은 자주 접하기 힘들어 특별한 날에 먹곤 한다.

2 이집트음식의 특징

주요 식재료

아프리카음식을 구성하는 주된 재료는 주요 에너지원인 탄수화물이 풍부한 옥수수, 카사바cassava, 얌yam, 콩, 감자, 쌀 등이 있다. 여기에 비타민 급원인 채소를 곁들이고 지역마다 지리적 여건에 의해 결정되는 부수적인 식재료가 있는 것이 특징이다.

북아프리카요리에 공통적으로 나타나는 재료는 칠리가루, 올리브유, 커민, 계피, 코리앤더, 캐러웨이 등이다. 칠리 고추는 아프리카 전역에 걸쳐 주요 양념으로 쓰인다. 아프리카에서 칠리는 양념이자 약인 동시에 최음제이며, 불멸의 영혼을 만드는 음식으로 여겨진다. 또한 이집트에서는 5000년 전부터 마늘의 효능을 인정하고 여러 요리에 두루 사용하였다. 피라미드를 건설할 당시 노동자들에게 체력을 유지하게 하기 위해 마늘을 꼭 먹도록 했다고 한다.

커민 커민cumin은 현재 아랍요리에 가장 많이 사용되는 향신료로 원산지는 이집트 나일 강가이다. 주로 양고기나 닭고기요리에 사용되며 강한 향과 톡쏘는 매운맛을 갖는다. 수확한 열매를 말려 통째로 쓰거나 가루로 갈아서 쓰는데, 아랍요리 특유의 강한 향을 풍기게 한다.

두카 두카dukkah는 견과류와 향신료를 갈아서 섞어 만든 것으로 일종의 조미료 같은 역할을 한다. 집집마다 직접 만드는 경우가 대부분이며, 빵과 함께 먹는 소스로서 사용된다.

콩 '콩은 파라오도 만족시킨다'라는 말이 있을 정도로 고대 이집트인에게 콩bean은 인기가 있었으며, 현재까지도 널리 애용되는 식재료이다. 이집트 콩 또는 병아리 콩chick peas은 주로 삶아 으깨서 사용된다. 잠두broad bean콩도 널리 이용된다.

1 _ 병아리콩

몰로키야 몰로키야molokhiyya는 이집트를 중심으로 고온건조한 기후에서 자라는 피나무과 1년초 녹황색 채소로, 고대 이집트 왕족이 먹었던 음식이며, 단어의 어원은 '왕가의 채소'이다. 몰로키야 잎을 잘게 썰어 마늘, 후추 등을 넣고 묽게 끓인 수프 형태로 만들어 빵이나 밥과 함께 먹는다. 칼슘, 식이섬유, 비타민, 미네랄이 균형 있게 함유되어 있어 체지방 감소는 물론 지방간, 콜레스테롤 수치 감소 효과, 장 운동 촉진, 항염 등의 효과가 있다고 한다. 클레오파트라가 평생 동안 몸매와 피부관리를 위해 즐겨 먹었다고 전해지면서 국내에서 이를 이용한 가공식품이 출시되기도 했다.

견과류 땅콩이나 말린 씨앗 등 간식으로 인기 있는 견과류를 파는 모습을 이집트 길거리 어디에서나 찾아볼 수 있다. 주로 kg단위로 판매하며 길가에 견과류 껍질이 버려져 있는 것을 쉽게 볼 수 있다.

대표음식

아이시 아이시aysh는 주식인 빵으로 밀가루 반죽을 화덕에 구운 것이다. 속이 비어 있기 때문에 각종 재료를 넣어 샌드위치처럼 먹거나 소스, 샐러드 등과 함께 먹는다. 길거리에서 쉽게 살 수 있으며 레스토랑에서는 주문하지 않아도 주문한 요리와 같이 나온다.

2 _ 아이시

풀 풀ful은 콩을 푹 익혀서 여러 가지 향신료와 기름으로 맛을 낸다. 기호에 따라 채소와 함께 샌드위치 안에 넣어 먹거나 아이시에 찍어 먹는다. 길거리에서 아이시와 함께 파는 곳을 자주 볼 수 있고, 아침식사 메뉴로 인기가 있다.

타미야 타미야taamiya는 이집트식 채소 크로켓으로 콩을 주 재료로 하여 각종 채소를 같이 갈아 동그랗게 만들어 기름에 튀긴 요리이다. 값이 저렴하고 길거리나 음식점에서 쉽게 접할 수 있어 가볍게 식사할 때 좋다.

3 _ 타미야

쿠샤리 쿠샤리kushari는 이집트식 비빔밥으로 곡류와 마카로니 또는 스파게티면에 토마토 소스를 얹고 튀긴 양파를 올려 먹는다. 이집트의 빈민들이 먹기 시작한 것으로 값이 저렴하고 쉽게 먹을 수 있어 현재는 이집트 대표 길거리음식 중 하나이다.

4 _ 쿠샤리

5 _ 쿠스쿠스

쿠스쿠스 쿠스쿠스couscous는 이집트 원주민 베르베르족으로부터 유래된 북아프리카의 대표적인 주식으로, 지중해 지역에서 많이 먹는다. 세몰리나semolina밀을 1mm의 작은 알갱이 모양으로 만들고 다시 밀가루로 겉을 감싼 우리나라의 쌀 같은 기본적인 식재료이다.

후무스 후무스hummus는 병아리콩을 으깬 후 올리브유, 소금, 후추 등 여러 조미료를 넣고 섞은 스프레드 형태이며, 빵이나 채소 등에 찍어 먹는다.

쿠프테 쿠프테kufte는 양고기를 다져서 경단으로 빚은 후 꼬치로 꿰어 구운 요리로, 튀기거나 햄버거 패티처럼 만들 수도 있다.

샥슈카 샥슈카shakshuka는 히브리어로 '섞다'라는 뜻으로, 이집트, 이스라엘, 모로코, 리비야 등 중동에서 구하기 쉬운 재료인 마늘, 양파, 토마토, 파슬리, 달걀, 병아리콩 등을 같이 넣고 졸인 요리이다.

6 _ 호무스

7 _ 카르카데

카르카데 카르카데karksdeh는 이집트 고유의 음료이다. 열대지방에서 자라는 무궁화과 식물인 히비스커스의 꽃잎을 물에 우려 낸 후 설탕을 타서 시원하게 먹는다.

일상식

이집트인은 아침식사의 경우 빵이나 주스로 간단히 먹지만 점심은 푸짐하게 먹는 편이다. 보통 2~3시에 먹게 되며 점심식사 후 티타임을 갖는다. 날씨로 인해 낮 시간 동안은 자주 쉬는 대신 밤에 늦게까지 활동을 하기 때문에 저녁은 8시 이후에 가벼운 메뉴로 하는 편이다. 손님 초대 역시 주로 점심시간에 이루어지는데, 최근에는 많은 외국인들이 저녁을 정찬으로 하기 때문에 점심을 중요하게 여기는 식습관이 점차 사라지고 있다.

최근 이집트의 현대화와 여성의 사회진출 증가 등으로 라면 등의 인스턴트 식품, 냉동조리식품, RTHReady-to-Heat수프, 통조림캔 등이 인기를 끌고 있다. 주로 값이 싼 동남아시아와 중국제품이 많고 간식 개념이기 때문에 한국제품의 1/2 정도 크기가 대부분이다.

식사예절

점심에 정찬을 즐기는 식습관으로 인해 식사 초대도 점심에 이루어지는 경우가 많다. 식사 전에 반드시 화장실에 가서 손을 씻고, 오른손을 사용하여 식사를 하는 것이 예의이다. 이슬람 율법의 영향으로 왼손은 빵이나 고기를 양손으로 찢을 때 이외에는 가급적이면 사용하지 않는다.

이집트인은 인간관계를 중요하게 여겨 손님 접대에 정성을 쏟는다. 준비한 음식을 많이 내놓고 그릇에 가득 담아 주며 과일 등도 손님의 눈에 잘 보이게 놓아 언제든지 편하게 먹을 수 있게 한다. 손님의 입장에서는 많이 먹는 것이 예의지만 음식을 전부 먹지 않고 조금 남기는 것이 접대를 잘 받았다는 것을 표현하는 방법이다.

독실한 이슬람교도들은 술과 돼지고기를 먹지 않으나, 대부분의 이집트 레스토랑에서는 맥주와 와인 등의 주류를 취급한다.

케냐 Republic of Kenya

나라명 | 케냐 공화국 **국토면적** | 58만 2,650km² **인 구** | 약 4,404만 명
수 도 | 나이로비 **공용어** | 스와힐리어, 영어 **통 화** | 실링(KES)
종 교 | 기독교 82.99%, 이슬람교 11.21%
인종(민족)구성 | 케냐인(키쿠유족, 루히아족, 루오족 등) 95%, 아시아계, 유럽계, 아랍계 1%

1 식문화의 발달배경

자연환경

케냐는 아프리카 중동부에 위치하고 인도양에 면해 있으며 동북부로는 소말리아, 서북부로는 에티오피아 및 수단과 접하고 서부로는 우간다, 남부로는 탄자니아와 접하고 있다. 나이로비를 비롯한 중부지역은 동아프리카 지구대를 이루고 있고, 완만한 고원인 서부, 사막지역인 북부, 열대 해안지역인 동부, 마사이마라 초원이 있는 남부지역으로 나눌 수 있다.

케냐-탄자니아 국경지역에 킬리만자로 산이 있어 그 일대는 서늘하고 내륙지방은 건조하며, 해안은 열대성 기후가 나타난다. 또한 케냐 산은 고도 5,199m에 이르며 빙하적 지형이다. 수도인 나이로비는 해발 약 1,800m의 고지대에 위치하고 있어 날씨가 항상 온화하고 기후가 농업에 적합하여 전체 인구의 70%가 농업에 종사하고 있다. 케냐에는 유엔환경계획UNEP본부를 비롯한 많은 국제기구가 있어 외국인

들의 수가 많고, 마사이마라 국립공원, 킬리만자로 산 방문을 위한 관광객이 끊이지 않는다.

사회문화적 배경

케냐는 동아프리카의 무역과 금융의 중심지이다. 1400년대 중국인의 거주를 시작으로 포르투갈, 이슬람의 지배를 거쳐 1962년에 영국으로부터 독립하였으며 영국 식민지시대에 영국인들에 의해 유입된 인도인들이 현재 대부분의 경제권을 가지고 있다. 사회주의를 채택한 인근 국가들과 달리 시장경제체제하에서 1980년대까지 경제적으로 안정되어 있었다. 케냐의 경제는 농업과 관광업에 의존하는데, 가장 큰 소득원은 차tea와 커피이며, 한 해 3,000억 원 이상이 관광 수입으로 기록되고 있다.

케냐의 나이로비에는 프랑스, 이탈리아, 그리스, 인도, 일본, 한국, 태국 등 다양한 나라의 음식을 맛볼 수 있는 음식점이 있으며, 최근에는 중국인들의 수가 급격히 증가하여 중국음식점의 수 역시 증가하는 추세이다.

케냐에 라면이? … 농심, 닛신, 데체코사 등 경쟁 치열

케냐는 즉석 라면류 등 면 시장이 점점 확대되어가면서 2017년도 대비 58% 정도의 성장세를 기록하고 있다. 한국의 농심 신라면을 수입하는 현지업체의 시장 점유율은 2~3% 정도이다. 우리나라 신라면이 1,800원인 데 비하여 일본의 대표적인 라면 제조사의 하나인 닛신Nissin은 케냐의 조모케냐타농공대Jomo Kanytta University of Agriculture and Technology와의 제휴를 통해 현지에서 생산하는 라면을 204원대의 싼 가격에 내놓고 있다. 이는 현지업체들이 생산하는 라면 가격에 출시함으로써 시장 점유율을 12% 정도로 높여가고 있으며, 케냐인들의 한 끼 외식에 드는 비용이 1,500원가량임을 고려할 때 일본의 현지화 전략은 매우 효과적인 판단으로 보인다. 최근 이탈리아의 최대 스파게티면 제조회사 중 하나로 꼽히는 데체코가 수출 확대를 적극 모색하고 있는 것으로 알려져 케냐는 세계적인 면류 제조업체들의 각축장이 되어가고 있다.

출처 : 글로벌이코노믹(2018. 10. 7)에서 일부 발췌.

식문화의 특징

케냐에는 문화와 전통이 다른 70여 개 이상의 부족들이 살고 있기 때문에, 케냐인의 음식문화를 한마디로 표현하기는 어렵다. 이슬람문화의 영향, 영국문화의 영향, 인도문화의 영향 등 다양한 문화의 영향을 받았지만 각 부족들은 생활환경에 맞추어 저마다 고유한 음식문화를 발전시켜 왔다.

대체로 해안지방에서는 생선과 쌀을 이용한 음식이, 내륙에서는 쇠고기나 염소고기 등의 육류와 옥수수가루, 감자로 만드는 음식이 발달했다. 케냐의 북쪽지역에서는 매운 것을 잘 먹지만 중앙지역에서는 매운 것을 잘 먹지 못하며, 저장문화가 발달하지 않아 농산물의 수요 공급 조절에 어려움이 있다.

케냐의 원주민인 마사이족의 경우 평소에는 육류, 우유, 나무껍질, 꿀을 즐겨 먹고, 외부인이 오면 기르던 가축을 잡아 대접하기도 한다. 부족 간의 음식문화의 차이는 상당한 편이며, 대부분의 음식은 손을 이용해 먹지만 외국인에게는 포크 등을 제공하기도 한다.

최근에는 외국에서 들어온 자바 커피하우스Java CoffeeHouse, 도르만스 커피Dormans Coffee, 난도스Nandos, 스티르Steers, 윈피Winpy, 코카콜라CocaCola 등 다양한 프랜차이즈 형태의 레스토랑을 많이 볼 수 있다.

2 케냐음식의 특징

주요 식재료

케냐에는 채소와 과일의 종류가 다양하다. 채소로는 양배추, 당근, 양파, 감자, 오이, 토마토 등이 있고 과일로는 바나나를 비롯해 파파야, 두리안, 망고, 파인애플, 오렌지, 무화과, 수박 등 갖가지 열대과일을 계절에 따라 맛볼 수 있다. 특히, 망고, 바나나 등은 식사 대용으로 이용된다. 바나나는 주로 썰어서 콩, 채소 등과 함께 잎으로 싼 후 쪄서 먹으며, 기름에 튀기거나 구워먹기도 하는데, 과거에 비해서는 이용빈도가 많이 줄어든 편이다.

케일은 수쿠마 위키sukuma wiki 등으로 요리하는데, 거의 모든 가정집 마당에서 케일을 키울 정도로 보편적인 식재료이며 우리나라의 김치처럼 매 끼니에 곁들여 먹는 것이 일반적이다.

대표음식

8 _ 우갈리 만드는 모습

9 _ 우갈리가 주식인 식사

10 _ 원주민의 우갈리 먹는 모습

우갈리 우갈리ugali는 케냐의 대표적인 주식으로, 옥수수가루에 물을 넣어 끓이면 밥알처럼 뭉쳐진다. 채소나 고기와 곁들여 먹거나 빈곤층에서는 이것만 먹기도 한다. 우리나라의 백설기 같은 음식으로 소금 간을 하지 않는 것이 특징이다.

차파티 차파티capati는 우갈리와 함께 케냐의 대표적인 주식으로 밀가루를 얇게 반죽하여 철판에 구운 납작한 빵을 의미한다. 동아프리카뿐만 아니라 인도나 파키스탄 같은 남아시아 및 중앙아프리카에서도 흔히 먹는다. 우갈리에 비해 가격은 비싼 편이며 아침, 점심, 저녁 할 것 없이 자주 먹는 음식이다.

수쿠마 위키 수쿠마 위키sukuma wiki는 케일과 여러 채소를 넣고 볶아 만든 음식이다. 위키wiki는 영어로 week를 뜻하고 수쿠마는 스와힐리어로 한 주를 버텨내게 해준다는 의미로, 이 음식을 먹고 일주일 동안 배고프지 않게 된다는 의미에서 유래했다.

냐마초마 냐마초마nyama choma는 숯불고기라는 뜻으로 꼬치구

11 _ 길거리에서 파는 냐마초마

이와 비슷하며 케냐의 대표적 관광 상품이다. 보통 양고기와 염소고기를 숯불에 구워 내며 전문음식점이 있기는 하지만 대부분 냉장시설이 없는 정육점에서 파는 음식이고 실온에 전시되었다가 남은 고기를 저녁에 구워서 팔기 때문에 저녁시간에 길거리에서 많이 볼 수 있다. 야생고기 판매가 허가된 음식점에서는 악어, 코끼리, 얼룩말 등의 고기도 먹을 수 있다.

12 _ 터스커 맥주

케냐 커피 19세기 후반 에티오피아를 통해 처음 도입되었고 합리적인 재배, 가공, 판매 시스템과 국가 차원의 품질 개발, 기술 교육을 통해 케냐는 아프리카의 대표 커피 생산국으로 인정받고 있다. 적절한 토양과 강수량, 기온 등 커피재배에 이상적인 자연 조건을 가지고 있으며 재배 품종은 아라비카arabica로 대표적인 커피는 케냐 더블에이Kenya AA와 이스테이트 케냐Estate Kenya가 있다.

터스커 맥주 터스커tusker 맥주는 코끼리 상아라는 뜻으로 케냐의 동아프리카 브루어리East African Brewery에서 생산된 맥주이다. 케냐에서 30% 넘는 점유율을 차지하고 있는 국민 맥주이다.

일상식

케냐 현지인들이 많이 먹는 음식 중 쇠고기를 갈아서 카레와 섞어 기름에 튀긴 사모사samosa라는 것과 밀가루반죽을 도넛처럼 기름에 튀겨먹는 만다지mandazi 등의 음식들은 간식으로 애용되는 것들이다.

또한 아침에 홍차에 우유를 많이 넣어 먹음으로써 아침을 대신하는 경우가 많으며 대개 설탕을 많이 첨가함으로써 부족한 열량을 공급한다.

음보가mboga는 음식점에서 쉽게 볼 수 있는 메뉴이다. 채소를 채 썰어 기름에 볶는 것으로 가격이 매우 저렴하고 조리방법이 간단하여 일상식으로 먹는다. 감자튀김은 식사

13 _ 빈스 앤 포테이토

14 _ 만다지와 냐마초마

15 _ 사모사

16 _ 사모사와 도부맥주

대용으로도 먹고 간식으로도 먹는 흔한 요리이며, 삶은 콩과 감자를 으깨고 볶은 케일을 같이 넣는 빈스 앤 포테이토beans & potato 는 한 끼 식사를 대신할 만큼 포만감을 느낄 수 있어 식사 대용으로도 많이 먹는 음식이다. 모든 음식에 자극적인 향신료를 쓰거나 양념을 많이 하는 대신 식재료 고유의 맛이 느껴지도록 조리하는 것이 특징이다.

케냐 나이로비는 다양한 문화가 어우러져 있으며 경제권을 가진 인도인을 비롯하여 외국인을 상대로 하는 음식점이 다수 존재하고, 최근에는 패스트푸드 체인점들도 쉽게 접할 수 있다. 따라서 케냐에는 고유의 음식문화가 없다고 보는 견해도 있으며, 보통 현지인들은 영국식 입맛을 가지고 있어 피자, 햄버거, 치킨을 주로 먹거나, 소득수준이 낮은 편이어서 값이 싼 감자튀김만으로 식사를 대신하는 경우도 많다.

17 _ 점심 급식의 예

18 _ 패스트푸드점 메뉴

남아프리카공화국 Republic of South Africa

나라명 | 남아프리카공화국 **국토면적** | 122만 1,037km^2 **인 구** | 4,932만 명
수 도 | 프리토리아(행정), 블룸폰테인(사법), 케이프타운(입법) **공용어** | 영어, 아프리칸스어 등 11개 공식어 **통 화** | 랜드(ZAR) **종 교** | 기독교 73%(시온주의자 40.8% 포함)
인종(민족)구성 | 보어인(네덜란드계 백인), 영국계 백인

1 식문화의 발달배경

자연환경

남아프리카공화국은 아프리카 대륙의 남단에 위치하고 있으며, 국토의 대부분이 고원으로 대서양과 인도양 두 대양에 걸친 2,500km가 넘는 해안선을 가지고 있다. 북쪽으로는 나미비아, 보츠와나, 짐바브웨와 접해 있으며 북동쪽으로는 모잠비크, 스와질란드와 접한다.

국토 중앙에는 그레이트카투 고원이 있고, 동쪽에는 아프리카 남부에서 가장 높은 산맥인 드라켄즈버그 산맥이 있으며, 동쪽의 인도양 연안에는 평야가, 서부에는 칼라하리 사막이 있다.

또한 남아프리카공화국 최대의 오렌지 강이 국토의 중앙을 횡단하여 흐르고 있다.

남아프리카공화국은 남반구에 위치하고 있어 4계절이 대한민국과 반대이며, 습한 지역보다는 건조한 지역이 많다. 남서부는 겨울에 비가 많은 지중해성 기후, 북

동부는 아열대성 기후이다.

전체적으로 내륙지방은 반건조 기후이지만, 지역별로 차이가 커서 동쪽지대는 온난 습윤 기후와 나미비아 부근의 칼라하리 사막으로부터 모잠비크와의 국경 부근의 아열대 기후, 남서쪽 해안지대는 지중해성 기후에 이르기까지 다양하다.

남서 해안의 케이프타운을 중심으로 관광지가 발달하였고, 전 국토에 걸쳐 수많은 국립공원과 자연보호구역이 있다. 농업이 발달하여 남부 고원지대에서는 옥수수가 많이 생산되고, 서부지역에서는 밀이 많이 생산되며 지중해성 기후 지대에서는 밀, 포도, 오렌지, 설탕 등이 생산된다.

사회문화적 배경

남아프리카공화국의 음식은 크게 토착민의 음식과 식민지 시기에 유입된 영국인의 음식으로 분류될 수 있다. 식민지 시기 이전에는 다른 아프리카 국가와 유사하게 과일과 땅콩류 등을 많이 사용하였으나 영국 및 외세의 침략이 이루어지면서 이전에는 거의 먹지 않았던 밀가루, 옥수수, 설탕 등을 먹게 되었다. 이러한 재료는 고유요리와도 잘 접목되어 현대 식단에 주 식재료로 자리 잡게 되었다.

또한 영국인들을 따라 입국한 말레이시아와 인도네시아인의 영향을 받아 심황과 아니스 열매, 커민, 생강류의 열매, 계피 등의 향신료를 사용하게 되었으며, 이후 남아공 사탕수수 농장에 이주해 온 인도인들에 의해 커리, 사모사, 브리야니스, 탄두리, 망고 피클 등을 접하게 되었다. 포도주 산업 역시 남아공으로 망명해 온 프랑스인에 의해 발달하게 되었고, 영국의 지배하에 있으면서 후식과 로스트류의 요리가 확산되었으며, 남아공으로 이주해 온 포르투갈인들에게 영향을 받은 포르투갈식 매운 새요리페리페리치킨 등 남아공의 음식문화는 다양한 국가의 영향을 받은 것이 특징이라고 할 수 있다.

식문화의 특징

백인들이 약 350년간 남아공을 점령하면서 백인들의 식문화가 남아공 식문화를 지배하게 되었다. 따라서 밀리팝 등의 흑인 음식문화, 브라이, 보보티 등의 백인 음식문화가 혼재되어 있는 것이 특징이다. 육류를 좋아하는 습관으로 인해 남아공식 바비큐인 브라이를 요리하는 모습을 야외 곳곳에서 볼 수 있으며 음식을 오랜 기간 보존하기 위해 육류를 절이거나 말렸던 개척자들의 생활에서 영향을 받아 남아공식 육포인 빌통이 개발되기도 하였다.

또한 외식문화가 발달하여 대도시에는 중국요리, 인도요리, 일본요리, 포르투갈 요리를 취급하는 현대식 음식점을 많이 볼 수 있다. 패스트푸드의 점유율도 갈수록 높아지면서 KFC, 맥도날드가 난도스, 스티어스 등의 토종 브랜드와 경쟁하고 있다. 영국 지배 이후 대표적인 영국음식인 '잉글리시 블랙퍼스트Eglish Breakfast'는 카페나 식당에서 자주 볼 수 있는 메뉴가 되었다.

한편, 2018년 AFLO농식품 청년 해외개척단에 따르면 남아공 여성의 비만율이 42%로 가장 높았으며 성인 남성의 경우 14%, 청소년의 9%가 비만인 것으로 나타났다. 이에 건강에 관심을 갖고 스스로 음식을 통해 건강을 관리하려는 사람들이 많아졌다. 또한 최근 남아공의 중산층 비율이 전반적으로 높아졌기 때문에 일차적인 생필품 구매 개념에서 벗어나 웰빙제품, 친환경 제품에 대한 수요가 늘어나고, 따라서 무지방, 저지방, 무유제품, 저콜레스테롤 제품, 저나트륨을 지향하는 웰빙식품의 인기가 상승하고 있다.

19 _ 과일 및 플로럴 향을 첨가한 음료 자판기
출처 : https://blog.naver.com/aflo2017/221271263779

❷ 남아프리카공화국음식의 특징

주요 식재료

옥수수 남아공 전역에서 주식으로 애용되는 식재료로서 옥수수가루를 백설기처럼 만들어 먹는다. 토마토, 양파로 소스를 만들어 바비큐와 함께 먹는다.

육류 남아공은 육류가 풍부하여 쇠고기, 닭고기, 양고기뿐 아니라 사슴이나 멧돼지 등 야생 동물에 이르기까지 각종 고기요리를 많이 먹는다.

20 _ 브라이

21 _ 양갈비구이

22 _ 보보티

대표음식

밀리팝 밀리팝mieliepap은 아프리카 전역에서 흑인들이 먹는 대표적인 주식이다. 냄비에 물과 소금을 넣고 끓이다 옥수수가루를 넣고 물을 계속 부으며 익을 때까지 저어서 죽처럼 만들어 먹는다. 값이 저렴하고 다른 요리와도 잘 어울린다.

브라이 브라이braaivleis는 일종의 바비큐로, 양고기, 쇠고기, 닭고기 등을 주로 이용하며 집 정원에서나 야외에서나 쉽게 구워 먹는다. 대부분의 공원은 브라이를 즐길 수 있는 도구를 갖춰놓았다.

빌통 빌통biltong은 과거 개척자들이 사냥 후 먹고 남은 육류를 오랜 기간 보존하기 위해 개발한 것으로 식초나 소금 등에 절인 고기를 말린 것이다. 간식이나 술

23 _ 포이키코스

24 _ 루이보스티

안주로 애용되고 있다.

보보티 보보티bobotie는 네덜란드 동인도회사에서 일하던 인도네시아인들이 만들어 먹으면서 전수되었으며, 백인의 식문화와 현지인들의 식문화가 결합된 남아공의 대표요리이다. 다진 쇠고기와 양고기, 생선살 등을 동양의 향료인 육두구nutmeg와 정향clove, 심황turmeric, 계피 등과 잘 섞은 밥에 달걀을 얹고 채소와 곁들여 오븐에 굽는다.

포이키코스 포이키코스potjiekos는 큰 솥에 고기와 양파, 양념 등을 기름과 버터를 넣어 익힌 뒤 채소를 얹고 와인과 국물맛을 내는 스톡을 넣은 후 약 2시간가량 뭉근한 불에서 천천히 끓이는 스튜이다.

와인 1655년부터 포도재배에 적합한 지중해성 기후인 케이프 주에 유럽인들이 정착하면서 포도 농장이 일구어지기 시작했고, 망명해온 프랑스인들에 의해 본격적으로 양조기술이 발달하였다. 특히, 남아공의 인기 관광지 중 하나인 콘스탄샤Constantia 지역에서 생산되는 와인은 세계적으로도 유명하다.

루이보스티 원래는 남아공의 원주민들이 불로장수의 음료로서 애음했던 것으로 희망봉 인근에서 자생하는 침엽수의 일종인 루이보스의 잎을 건조하여 차로 만들었다. 자극적이지 않고 카페인이 없어 편하게 즐길 수 있다. 루이보스에 우유와 설탕을 넣어 밀크티로 마시기도 한다.

일상식

남아공은 인구의 10% 정도를 차지하는 백인들이 경제생활을 이끌어가고 있으며 상류층을 형성하고 있는 반면, 80%를 차지하는 흑인들은 대체적으로 빈곤한 삶을 살고 있다. 또한 도심지역과 외곽지역의 생활 수준이 현저히 차이가 나는 편이라 식문화 역시 다르다. 백인의 경우 유럽과 비슷하게 육류와 해산물요리를 좋아하고 티타임을 즐기는 등 식사시간을 중요하게 여기지만, 외곽지역에서는 아침식사는 거르고, 빵과 물로 점심을 대신하며 저녁식사는 밀리팝 정도만 먹는 경우가 많다.

식사예절

고기를 많이 먹기 때문에 칼과 포크 사용법이 중요하다. 항상 칼은 오른손으로, 포크는 왼손으로 다룬다. 음식을 남기는 것은 무례한 행동으로 여겨진다. 식사에 초

남아프리카공화국 음식축제

1. 픽스버그 체리축제

픽스버그 체리축제Ficksburg Cherry Festival는 남아공에서 가장 역사가 오래된 축제 중 하나로 1969년 처음 열렸다. 매년 11월 초에 약 2만 명의 방문객이 몰리며, 체리와 아스파라거스 시식회, 미스 체리 및 체리씨 경연대회도 열린다.

2. 프린트 알버트 음식와인축제

프린스 알버트 음식와인축제Prince Albert Olive, Food & Wine Festival는 5월 중 웨스턴 케이프 주 스와르트버그지역에서 이틀에 걸쳐 진행된다. 이 지역 특산물로 알려진 올리브와 와인을 위주로 한 여러 행사가 진행된다.

픽스버그 체리축제 안내 포스터

출처 : 남아프리카공화국 대사관, http://southafrica-embassy.or.kr/kr/aboutsa/tourism07.php

블랙 다이아몬드

최근 아프리카의 정치적 안정을 기반으로 경제가 성장하면서 아프리카 흑인 중산층이 확대되는 현상을 말한다. 아프리카개발은행AfDB에 따르면 아프리카 중산층은 지난 10년간 60% 증가했고 사하라 이남 아프리카의 중산층은 중국, 인도와 맞먹는 3억 1,300만 명에 달하며 이들의 소비가 아프리카의 경제 성장을 주도하고 있다.

출처 : 매일경제신문사(2011), 컬러풀아프리카.

대받았을 때는 와인이나 초콜릿 같은 작은 선물을 하는 것이 예의이다. 식사 중 대화 시에는 인종문제에 대한 언급은 삼가야 하며, 종교에 따른 금기음식이 있을 수 있어 사전에 물어본 후 식사메뉴를 선택하는 것이 좋다.

일상적으로 와인을 즐기는데, 특히 더운 날에는 화이트와인, 추운 날에는 레드와인을 즐긴다. 또한 술자리 예절이 엄격하지는 않지만 연장자의 술잔이 비지 않게 술을 따라 놓기도 한다.

아프리카의 식문화 비교

아프리카음식의 식단을 구성하는 주된 재료 옥수수, 콩, 감자 등은 오래 전 유럽 탐험가들에 의해 소개된 외래 작물이다. 지리적으로 교류가 수월했던 아시아로부터 아랍인들에 의해 유래된 식재료로는 바나나와 쌀이 있다. 이후 쌀의 재배와 요리, 저장방법 등에 대한 지식은 쌀 농사를 위해 아메리카로 강제 이주된 흑인들에 의해 아메리카 남부지방 식문화에 영향을 주기도 했다. 쌀을 이용한 음식으로 동아프리카의 왈리wali, 사모사samosa, 북아프리카의 쿠샤리 등이 있다.

또한 아프리카의 항구는 본래 유럽 선박의 수리와 물자 공급을 위한 기지로 활용되었으며 남아프리카공화국은 1652년 네덜란드 동인도회사가 이러한 목적으로 세운 식민지이다. 네덜란드인들은 선원들의 건강을 유지하기 위해 아프리카에 고구마, 파인애플, 수박, 호박, 오이 등의 과일과 채소를 심었다.

이러한 식재료들은 어떤 토양에서도 쉽게 적응하기 때문에 아프리카 전역에 금새 퍼졌고, 쉽게 구할 수 있으며 값이 비교적 저렴하여 주식 재료로 널리 사용되고 있다.

지 역	북부 아프리카	동부 아프리카	남부 아프리카
대표 국가	이집트	케냐	남아프리카공화국
기후	나일강 하곡, 지중해 연안 이외 대부분 건조 기후	내륙지방은 건조, 해안은 열대성 기후	전체적으로 내륙지방은 반건조 기후이나, 지역별로 차이가 크다.
인종	함족(코카서스 인), 콥트인, 누비아인으로 이루어져 있다.	아프리카인이 다수이나, 인도인, 파키스탄인, 유럽인, 아랍인 등이 기득권을 형성하고 있다.	흑인 다수, 아프리카너, 영국계, 포르투갈계, 유대계 백인 소수, 여러 인종이 섞여 다양한 개성이 존재하는 '무지개의 나라' 이다.
종교	이슬람교	기독교	기독교
주로 영향받은 국가	아랍, 그리스, 로마	아랍, 중국, 인도	유럽
식재료	옥수수, 콩, 바나나, 칠리 고추, 몰로키야	옥수수, 콩, 바나나, 케일	옥수수, 콩, 바나나, 육류
대표음식	아이시, 칠리 고추	냐마초마 루이보스티, 커피	브라이

더 조사해 보기

1. 아프리카의 식문화 발달에 있어 특징적인 점은 무엇인지 알아보자.

2. 북부 아프리카와 동부 아프리카, 남부 아프리카의 식문화 차이는 무엇인지 알아보자.

3. 아프리카는 최근 신흥 경제대국으로 급부상하고 있다. 또한 K-pop 등 한국에 대한 관심이 많다고 알려져 있다. 아프리카에 한국음식을 소개한다면 어떤 것이 좋을지 알아보자.

Collection

쿠스쿠스를 곁들인 달콤한 닭요리 Sweet chicken with cuscus

만드는 법

1 한 입 크기로 썬 닭살에 소금과 후추로 밑간하고 꿀과 자두주스, 소이소스를 섞어 재워 놓는다(취향에 따라 페페론치노를 더한다).

2 푸룬과 건살구는 반으로 잘라 소스에 버무리고 가지, 호박과 따로 소금에 절여 살짝 굽는다.

3 감자를 따로 삶아서 준비하고 오븐 팬에 양파 채를 두껍게 깐다.

4 닭과 십자형으로 썬 채소, 감자와 마리네이드액을 부어 30분 정도 뚜껑을 덮어 굽다가 뚜껑을 열고 20분 더 색 나게 굽는다.

5 쿠스쿠스를 쪄서 접시에 깔고 닭 구운 것과 채소를 올린 후 소스와 견과류 뿌려 낸다.

*재료 닭다리와 가슴살 섞어 200g, 꿀 2큰술, 푸룬(건자두) 또는 건살구 5개, 소금, 푸룬주스 1/2컵, 양파 1/2개, 쿠스쿠스 1/4컵, 견과류 13큰술, 가지 1/4개, 호박 1/4개, 감자 1/2개, 당근 1/4개, 간장 2큰술, 페페론치니(선택사항)

따블라 toubble

만드는 법

1 쿠스쿠스에 올리브유와 뜨거운 소금물을 뿌려 찜통에 찐다.

2 토마토는 껍질을 벗겨 살만 얇게 썰고, 이탈리아파슬리의 잎과 민트를 크게 다진다. 양파도 다진다

3 레몬즙을 짜고 대추야자(또는 건살구)는 슬라이스하여 준비한다.

4 레몬즙과 올리브유를 1 : 1로 섞고 소금과 후춧가루로 간하여 소스를 만든다.

5 쪄진 쿠스쿠스에 토마토, 다져 놓은 파슬리, 민트, 양파와 대추야자를 넣고 소스를 버무린다.

*재료 쿠스쿠스 100g, 토마토 1개, 이탈리아파슬리 10g, 민트 10g, 양파 1/2개, 레몬 4개, 대추야자(프룬) 말린 것 10개, 올리브유, 소금, 후춧가루

Chapter 09

남유럽의 식문화

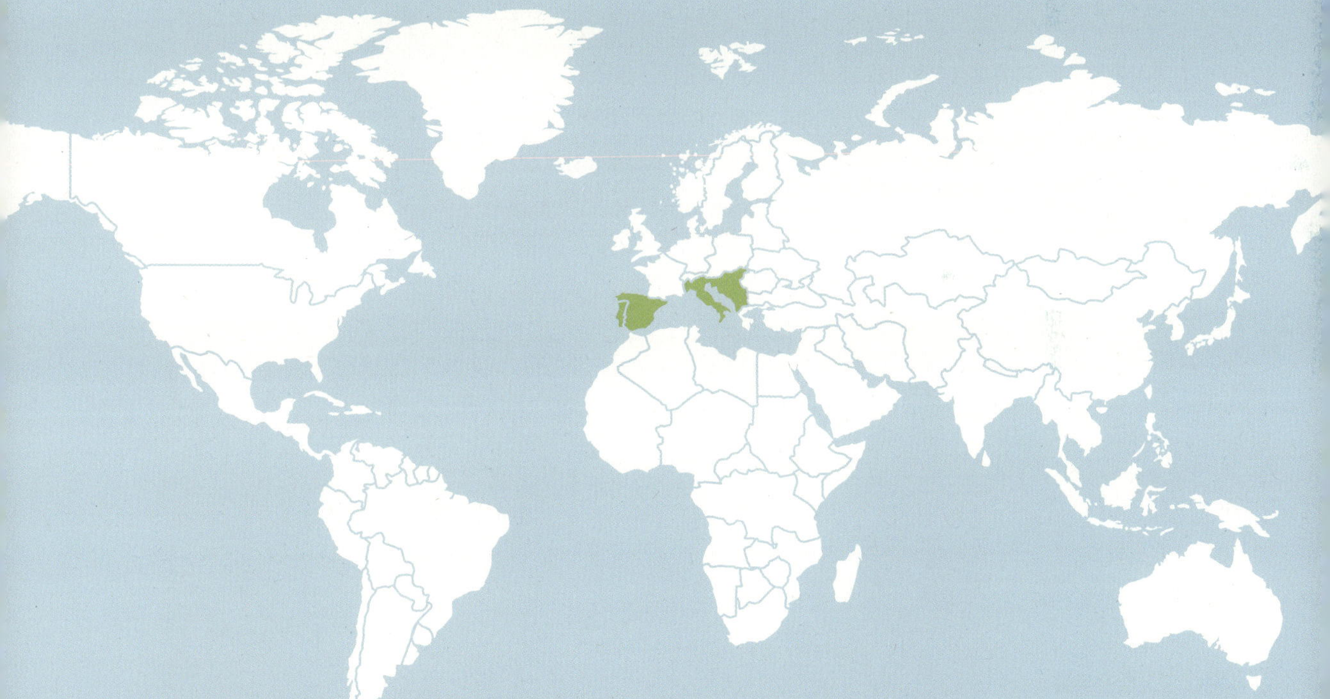

Southern Europe

이베리아 반도, 이탈리아 반도, 발칸 반도 안에 있는 스페인, 포르투갈, 이탈리아, 그리스 등 남유럽 국가들은 지중해 북쪽 연안을 감싸 안은 듯한 모양을 하고 있다. '땅terra'의 '가운데medi', 다시 말해, '지구의 중심'이라는 뜻을 지닌 지중해mediterranean는 고대의 남부 유럽인들이 알고 있던 세계의 중심이었을 뿐만 아니라, 유럽과 아프리카, 아시아를 이어주는 물길이기도 했다. 남유럽의 식문화는 이 지중해를 빼놓고는 이야기할 수 없다. 여름에는 기온이 높고 건조하며 겨울에는 다소 따뜻한 지중해성 기후는 이 지역의 식문화 형성에 큰 영향을 미쳐 왔다. 고온 건조한 여름에는 포도와 올리브 등 수목 농업이 잘 이루어지는 반면 우기가 시작되는 겨울에는 기후가 온화해 주로 밀농사를 짓는다. 남유럽의 식문화를 빵, 포도주, 올리브유라는 공통분모로 묶을 수 있는 것도 이러한 기후조건 때문이기도 하다. 한편, 남유럽은 알프스 산맥을 비롯한 험준한 산지가 많고 평지가 비교적 적은 편으로, 목축업이 발달하여 유제품을 많이 활용한다. 지중해가 선사하는 풍부한 해산물을 이용한 요리도 발달하였다. 남유럽은 일찍부터 문화가 발달한 곳이기도 하다. 고대 그리스에서 시작된 남유럽의 문화는 고대 로마에서 꽃을 피우고 기독교로 안정화되었다. 대항해시대에는 스페인과 포르투갈이 문화나 정치, 경제 면에서 최고의 전성기를 누리며 세계 식문화 발전에 기여하기도 했다. 각 나라가 처한 환경에 맞게 닮은 듯 서로 다른 모양새로 발달한 남유럽의 식문화를 이탈리아, 스페인, 포르투갈을 중심으로 살펴보자.

✪ 학습목표

- 지중해의 기후 조건이 남유럽의 식문화에 미친 영향을 이해한다.
- 이탈리아, 스페인, 포르투갈의 역사적 배경이 각국의 식문화에 미친 영향을 이해한다.
- 이탈리아, 스페인, 프르투갈의 주요 식재료와 대표음식을 알아본다.
- 이탈리아, 스페인, 포르투갈 음식의 공통점과 차이점을 비교해 본다.

이탈리아 Italian Republic

나라명 | 이탈리아 공화국 **면 적** | 30만 1,338km² **인 구** | 약 6,000만 명(세계 23위)
수 도 | 로마 **통 화** | 유로(Euro) **공용어** | 이탈리아어
종 교 | 가톨릭교 90% **인종(민족)구성** | 이탈리아인 96%, 기타 4%

1 식문화의 발달배경

자연환경

이탈리아는 지중해를 향해 길게 뻗은 장화 모양의 반도와 시칠리아 섬, 사르데냐 섬으로 이루어져 있다. 북쪽으로는 알프스 산맥을 경계로 프랑스, 스위스, 오스트리아와 국경을 마주하고 있으며, 북동쪽으로는 유고슬라비아와 접해 있다. 기다란 반도국가인 탓에 해안선의 길이만 총 4,321km에 달한다. 서쪽으로는 리구리아 해와 티레니아 해가 펼쳐져 있으며 동쪽으로는 아드리아 해를 사이에 두고 발칸 반도와, 남쪽으로는 지중해를 사이에 두고 북아프리카와 마주 보고 있다. 북부의 알프스 산맥과 반도의 남북으로 뻗어 있는 아펜니노 산맥 등 산지가 많은 편이지만, 평야와 하천도 고루 발달해 있다.

이탈리아는 역사적으로 농업과 목축업을 중시해 온 나라로 비옥한 토양에서는 다양한 채소와 과일이 풍부하게 생산되며, 목축업이 활발하게 이루어지는 덕분에 유

제품을 이용한 식문화도 발달하였다. 고대 로마인들이 '우리들의 바다mare nostrum' 라고 불렀던 지중해에서는 다양한 해산물이 공급된다. 이 같은 자연의 풍요로움은 지역적 다양성과 조화를 이루며 오늘날 이탈리아의 요리가 세계적으로 인정받게 되는 기초를 다져주었다.

사회문화적 배경

이탈리아에는 '이탈리아요리는 없고 향토음식만 있다'는 말이 있다. 이는 이탈리아요리를 한 가지 개념으로 정의할 수 없을 만큼 지역마다 다양한 전통음식이 발달해 있다는 뜻이다. 이탈리아는 지역주의와 향토주의가 심한 나라인데, 식문화에도 이러한 지역적인 차이가 뚜렷하게 드러난다. 이는 이탈리아가 오랫동안 지역 분할이라는 역사적 배경을 가지고 있기 때문이다.

이탈리아 식문화는 고대 로마시대부터 다양한 사회 · 정치적 변화와 함께 발전해 왔다. 이탈리아 중부의 작은 마을에서 시작한 고대 로마는 지중해의 패권을 장악한 대제국을 건설한 후 수백 년 동안 확장을 거듭하였으나, 이민족의 침략으로 쇠퇴기에 접어들었으며 동서로 분열된 후 476년에는 서로마제국이 몰락하였다. 서로마제국의 멸망으로 게르만족이 정치적 · 사회적 우위를 차지하게 되면서 식문화에도 많은 변화가 일어났다. 그중 가장 중요한 변화는 곡물의 재배를 중요시한 로마인들의 식문화에 사냥이나 방목을 중요시하던 게르만의 식문화가 융합한 것이다. 이에 따라 경작, 원예, 사냥, 어로, 방목, 채집 등 다양한 생산활동이 공존하게 되었으며, 음식의 종류도 다양화되었다.

서로마제국의 몰락 이후 이탈리아는 오랫동안 타 민족의 침입에 시달리며 수많은 왕국과 도시국가로 분열되었다. 각각의 왕국이나 도시국가는 방언을 비롯해 독특한 문화를 가지고 있었는데, 식문화도 예외는 아니었다. 대항해시대에는 남아메리카에서 토마토, 감자, 옥수수 등 새로운 식재료가 유입되면서 현대 이탈리아요리의 형성에 큰 영향을 미쳤다. 이탈리아는 1861년에 통일을 이루었지만, 지역적인 차이는 오늘날까지 이어지고 있다. 이러한 역사적인 과정을 거치면서 이탈리아는 주변 지역의 식문화와 충돌하고 융합하는 과정을 통해 다양성과 균형이 핵심이 되는 독특한 식문화 전통을 확립하였다.

식문화의 특징

"먹고 사랑하고 노래하고 소화시키는 것, 이것이야말로 샴페인의 거품처럼 사라져버리는 인생이라는 코미디 오페라의 네 개의 막이다. 이것을 즐기지 않는 자는 미치광이다." 이탈리아의 작곡가 로시니의 말이다. 소문난 미식가였던 로시니는 파리에서 이탈리아산 식재료를 조달해 먹었을 만큼 조국의 식문화를 사랑했다. 이탈리아인들의 자국 식문화에 대한 사랑은 유별나다. 지중해식Mediterranean diet의 전통을 바탕으로 슬로푸드slow food를 탄생시킨 이탈리아는 세계에서 가장 흥미로운 식문화를 자랑하고 있는 나라이기도 하다.

'지중해식'이란 올리브를 재배하는 그리스와 이탈리아 남부 등 지중해 연안지역의 전통적인 식생활을 말하며, 다음과 같은 특징을 지니고 있다. 첫째, 올리브유가 식생활의 중심이 된다. 둘째, 식물성 식품을 충분히 섭취하는데, 식사에는 보통 빵을 곁들이며 신선한 채소를 샐러드 형태로 즐겨 먹는다. 신선한 제철 식품과 지역에서 생산되는 로컬푸드를 많이 먹는다. 셋째, 유제품은 주로 발효유나 치즈 형태로 먹는다. 넷째, 육류와 육류 가공품을 적게 먹는다. 다섯째, 지나친 음주를 피하고 적당히 즐긴다. 주로 포도주를 즐겨 마시며, 대부분 식사에 곁들여 마신다. 여섯째, 규칙적인 신체활동을 통한 활동적인 삶과 긍정적인 마인드를 지닌 라이프스타일을 유지하고 있다. 지중해식이 세계적인 관심을 받게 된 것은 이러한 식생활이 건강에 좋은 웰빙식이라는 점이 과학적으로도 증명되었기 때문이다.

이탈리아는 슬로푸드운동이 시작된 곳이다. 슬로푸드운동은 대량생산과 규격화, 산업화, 기계화를 통한 맛의 표준화를 지양하고, 전통적이고 다양한 식생활문화를 계승·발전시킬 목적으로 시작된 식생활운동이다. 1986년에 이탈리아의 작은 도시인 브라Bra에서 시작된 슬로푸드운동은 한 마디로 패스트푸드에 대항하는 운동이라고 할 수 있다.

2 이탈리아음식의 특징

주요 식재료와 대표음식

• 올리브유

1 _ 올리브유

지중해성 식물인 올리브 열매는 이탈리아뿐 아니라 스페인, 포르투갈, 그리스 등 지중해의 모든 나라에서 재배되며, 올리브유는 지중해에 면한 지역의 요리에 흔히 이용된다. 올리브유는 올리브 열매를 압착해서 만드는데, 이탈리아는 세계 제2위의 올리브유 생산국이자 세계 제1의 소비국으로 전 세계에서 생산되는 올리브유의 30%를 소비하고 있다. 올리브유는 올리브 재배가 활발히 이루어지는 남부에서 주로 생산된다. 올리브유는 품질에 따라 엑스트라 버진 올리브유olio extravergine di oliva, 버진 올리브유olio di oliva vergine, 올리브유olio di oliva 등으로 구분한다. 이 중 엑스트라 버진 올리브유는 올리브 열매를 가장 먼저 저온 압착하여 얻는 고품질의 올리브유로 깊은 향미를 지니고 있어 요리의 마지막 단계에 향미를 더하거나 빵을 찍어 먹는 용도 등으로 사용된다. 올리브 열매는 흔히 소금물에 절여 먹기도 한다.

2 _ 올리브 열매 절임

• 발사믹식초

발사믹식초aceto balsamico는 이탈리아 북부 모데나 지방에서 생산되는 전통 식초로, 깊은 향과 맛을 지닌 최고급 포도식초이다. 발사믹식초는 끓여서 농축시킨 포도즙만을 100% 이용하여 나무로 된 통 속에서 장시간 발효시켜서 만드는데, 발효하는 동안 나무 재질의 다른 통에 여러 번 옮겨 담아 숙성시킨다. '전통 발사믹식초Aceto

Balsamico Tradizionale di Modena'라는 명칭을 사용하려면 모데나 지방에서 생산되는 포도 품종을 이용하여 그 지방의 전통적인 기법으로 만들어야 한다. 발사믹식초는 숙성 기간이 길수록 풍미가 좋아지는데, 12년 이상 숙성시켜야 전통 발사믹식초의 명칭을 사용할 수 있다. 시중에서 흔히 판매하는 발사믹식초는 대부분 적포도주 식초에 캐러멜 색소를 첨가하여 만든 가공품이다. 발사믹식초는 드레싱이나 생선, 육류요리용 소스로 사용한다.

3_ 모데나의 전통 발사믹식초

치즈

이탈리아는 치즈 제조기술을 정립하고 전파한 고대 로마인들의 후예답게 치즈 제조기술이 뛰어나다. 이탈리아는 지방마다 지형이나 기후가 다양한데, 포강 유역의 풍부한 목초는 소를 기르기에 적당해 이 지역에서는 젖소유가 치즈의 원료로 사용되었으나, 포강 유역을 제외한 지역은 목초지가 적어 주로 양유나 염소유를 이용하여 치즈를 만들었다. 토스카나, 라치오, 캄파나, 사르데냐 등지에서 양유로 만드는 치즈를 통틀어 페코리노pecorino라고 부르는데, 이탈리아에서 가장 오래된 기록을 가진 치즈가 바로 로마 외곽에서 만들어졌던 페코리노 로마노pecorino romano이다. 물소 키우기에 좋은 남부의 늪지대에서는 물소유로 모차렐라mozarella를 만들었다.

최근의 조사에 의하면 이탈리아에는 400가지 정도의 치즈가 있으며, 그중 일부는 원산지 보호 등급인 DOPDenominazione d'Origine Protetta등급에 의한 법적인 보호를 받고 있다. 그 밖에 많이 알려진 치즈로 치즈의 왕이라고 불리는 파르미자노 레자노

4 _ 치즈의 왕으로 불리는 파르미자노 레자노

5 _ 다양한 이탈리아의 치즈

parmigiano reggiano, 파르미자노 레자노의 사촌격인 그라나 파다노grana padano, 푸른 곰팡이 치즈인 고르곤졸라gorgonzola, 부드러운 크림치즈인 마스카르포네mascarpone, 치즈를 만들고 남은 부산물을 모아 만드는 리코타ricotta 등이 있다. 이탈리아 치즈는 프랑스 치즈에 비해 세계적인 명성은 덜하지만, 품질이나 다양함, 풍부한 맛과 향은 결코 뒤지지 않는다. 이탈리아와 프랑스의 치즈문화에 차이점이 있다면, 프랑스에서는 치즈가 식사코스 중 하나의 코스를 차지하고 있는 반면, 이탈리아에서는 치즈가 요리에 다양하게 사용된다는 점이다.

햄과 소시지

이탈리아에서는 햄과 소시지 등을 통틀어 살루미salumi라고 부른다. 이는 소금을 뜻하는 라틴어에서 유래된 말로 '소금에 절인 고기'라는 뜻을 지니고 있다. 가장 잘 알려진 햄으로는 돼지 뒷다리로 만든 프로슈토prosciutto가 있는데, 익힌 것은 프로슈토 코토prosciutto cotto, 익히지 않은 생햄은 프로슈토 크루도prosciutto crudo라고 부른다. 특히, 이탈리아 북부의 파르마에서 생산하는 프로슈토 크루도는 세계적으로 유명하다. 잘게 다진 돼지고기로 만든 커다란 소시지인 모르타델라mortadella는 볼로냐의 전통 햄으로 보통 볼로냐 햄이라는 이름으로 알려져 있다. 그 밖에 지방이 적은 쇠고기로 만든 브레자올라bresaola, 이탈리아식 베이컨인 판체타pancetta, 돼지 기름으로 만든 라르도lardo, 다진 고기에 향신료 등을 섞은 후 동물의 창자에 소를 넣어 건조시켜 만드는 소시지 살라미salami, 익혀 먹어야 하는 생소시지 살시차salsiccia등

6 _ 프로슈토 크루도

7 _ 이탈리아의 다양한 햄과 소시지

이 대표적이다.

파스타

이탈리아는 전 세계에서 파스타를 가장 많이 먹는 나라로, 국민 1인당 연간 28kg, 하루 평균 77g의 파스타를 먹는다. 이탈리아 파스타를 그냥 스파게티spaghetti라고 부르는 경우가 많지만, 스파게티는 다양한 파스타의 한 종류일 뿐이다. 파스타pasta란 밀가루를 이용해 만든 국수 형태의 음식을 통틀어 일컫는 말이다. 스파게티 같은 국수 모양뿐 아니라 라비올리ravioli처럼 속을 채운 만두 모양이나 둥글게 빚은 뇨키gnocchi도 모두 파스타에 속한다. 현재 이탈리아에서 먹고 있는 파스타는 종류가 300가지가 넘는다. 같은 스파게티라고 해도 굵기가 다양해서 굵기에 따라 번호로 분류하기도 한다.

파스타는 크게 건조 파스타와 생파스타로 구분할 수 있다. 건조 파스타는 듀럼밀을 거칠게 갈아 만든 세몰라를 반죽해 만드는 파스타로 말 그대로 건조시킨 것이다. 생파스타는 건조시키지 않은 파스타로 보통 밀가루에 달걀을 넣고 반죽해 만드는데, 주로 이탈리아 중북부지방에서 즐겨 먹는다. 탈리아텔레tagliatelle나 라자냐lasagna가 대표적인 생파스타이며, 라비올리ravioli나 토르텔리tortelli 같은 만두형 파스타도 생파스타를 이용해 만든다. 생김새에 따라서도 긴 국수 모양의 롱 파스타와 다양한 모양의 쇼트 파스타로 구분할 수 있다. 롱 파스타에는 단면이 스파게티처럼 둥근 것, 링귀네linguine처럼 납작한 것, 구멍이 있는 것, 구멍이 없는 것 등이 있다표 9-1.

8 _ 푸타네스카 소스의 파스타요리

9 _ 다양한 이탈리아의 파스타

표 9-1 | 다양한 파스타의 종류

사 진	내 용	사 진	내 용
	**스파게티(spaghetti)** 지름이 1.8~2.0mm 정도의 국수형 건조 파스타		**펜네(penne)** 양끝이 사선 모양으로 잘려 있는 튜브 모양 파스타
	**카펠리 디 안젤로 (capelli d'angelo)** 아주 가늘고 긴 파스타		**파르팔레(farfalle)** 나비넥타이 모양의 파스타
	**링귀네(linguine)** 스파게티를 납작하게 눌러 놓은 듯한 모양의 파스타		**콘길리에(conghiglie)** 조개 모양의 파스타
	**부카티니(bucatini)** 중심부에 구멍이 뚫린 가는 빨대 모양의 파스타		**오레키에테 (orecchiette)** 작은 귀 모양의 파스타
	**탈리아텔레(tagliatelle)** 너비가 5~8mm 정도의 이탈리아식 칼국수		**푸질리(fusilli)** 비비 꼬인 모양의 파스타
	**파파르델레 (pappardelle)** 탈리아텔레보다 넓게 잘라 만든 파스타		**라비올리(ravioli)** 납작한 만두 모양의 파스타
	**라자냐(lasagna)** 넓적한 판 모양의 파스타		**토르텔리(tortelli)** 라비올리와 비슷한 만두형 파스타

펜네penne, 파르팔레farfalle, 푸질리fusilli 등도 흔히 사용하는 파스타이다.

파스타는 파스타로 만든 요리를 지칭하는 말이기도 하다. 소스는 파스타의 종류만큼이나 다양한데, 북부에서는 버터와 생크림, 남부에서는 토마토와 올리브유를 사용하는 경향이 있다. 달걀 노른자와 판체타로 만드는 카르보나라carbonara, 고추를 넣어 맵게 만드는 아라비아타arrabbiata, 마늘과 고추, 올리브유로 맛을 내는 알리오 올리오 에 페페론치노aglio, olio e peperoncino, 해산물 소스인 프루티 디 마레frutti di mare, 바질, 잣, 치즈, 마늘, 올리브유를 갈아서 만드는 제노바식 페스토 소스pesto alla genovese, 안초비와 검정 올리브, 토마토로 만드는 푸타네스카puttanesca 등이 유명하다.

피 자

나폴리의 서민음식에서 시작한 피자pizza는 파스타와 함께 가장 유명한 이탈리아음식으로 납작한 반죽 위에 얹는 토핑에 따라 종류가 매우 다양하다. 기본적으로 이스트로 부풀린 밀가루 반죽을 넓고 둥글게 민 후 그 위에 토마토 소스나 모차렐라 치즈를 비롯해 여러 가지 토핑을 얹어 오븐에 구워내는데, 가장 기본이 되는 피자로는 토마토 소스, 모차렐라 치즈, 바질잎을 얹어 구운 마르게리타margherita 피자가 있다. 마르게리타 피자는 1889년에 이탈리아 여왕 마르게리타를 위해 이탈리아 국기의 붉은색토마토소스, 흰색모차렐라 치즈, 초록색바질으로 만들어진 것으로 알려져 있다. 그 밖에도 4가지 종류의 토핑을 구분하여 얹은 콰트로 스타지오니quattro stagioni, 4가지 치즈를 토핑한 콰트로 포르마지quattro formaggi 등이 있다.

10 _ 콰트로 스타지오니 피자

커 피

강하고 자극적인 에스프레소espresso와 에스프레소에 뜨거운 우유 거품을 넣어 만드는 카푸치노capuccino는 전 세계적으로 유명한 커피이다. 이탈리아에서는 커피를

11 _ 에스프레소

12 _ 이탈리아의 바

카페caffè라고 부르는데, 골목골목마다 바bar가 있을 만큼 커피를 마시는 것이 일상화되어 있다. 에스프레소용 커피빈은 검은빛을 띨 정도로 강하게 로스팅하여 진한 맛을 낸다. 이탈리아 가정에서는 보통 모카포트를 이용해 에스프레소를 추출해 마신다.

젤라토

젤라토gelato는 이탈리아어로 '얼린'이라는 의미이며, 이탈리아에서 유래한 아이스크림을 말한다. 우유, 설탕, 과즙, 과육 등으로 만들며, 그 밖에도 커피를 비롯해 다양한 재료를 이용한다. 일반적인 아이스크림과 달리 공기 함유량이 낮아 더 진하고 깊은 맛이 있으며, 유지방 함량도 낮은 편이다. 젤라토 이외에도 이탈리아 남부에서는 라임, 레몬 등 과일즙에 설탕을 섞어 얼려 만드는 얼음과자 그라니타granita를 즐겨 먹는다.

13 _ 이탈리아의 젤라토

14 _ 젤라토를 판매하는 젤라테리아

이탈리아 음식과 이탈리아 와인 페어링

포도는 고대 로마시절부터 이탈리아에서 재배되었고 이탈리아의 거의 모든 지역에서 다양한 향토와인이 생산된다. 이탈리아인들의 피에는 와인이 흐른다는 말이 있을 정도로 이탈리아인들에게 와인은 술이 아니라 일상식사에 포함되는 음료로서 잘 어울리는 음식과 맞추어 마시고 있다.

와인 종류	어울리는 음식	예
스파클링 화이트 와인	전채요리	Brut Spumante,Moscato d' Asti Prosecco
드라이 화이트 와인	전채요리와 해산물, 리조토, 파스타 또는 채소요리	Arneis, Chardonnay, Fiano di Avellino, Friuliano, Pinot Grigio, Soave
가벼운 보디 레드 와인	닭고기, 가벼운 쇠고기요리, 송아지 고기, 토마토 또는 미트소스 파스타	Bardolino, Dolcetto, Merlot, Montepulciano d' Abruzzo, Valpolicella
중간 보디 레드 와인	양유치즈, 쇠고기, 돼지고기, 양고기, 칠면조, 오리 및 거위요리	Barbera, Chianti, Grignolino, Merlot, Nebbiolo, Rosso di Montalcino, Sagrantino
풀 보디 레드 와인	숙성된 치즈, 찐 채소 또는 로스트 한 고기	Aglianico, Amarone, Barbaresco, Barolo, Brunello di Montalcino, Cabernet Sauvignon, Chianti Classico Riserva, Gattinara, Salice Salentino, Spanna, Taurasi, Vino Nobile di Montepulciano
달콤한 디저트 와인	케이크, 쿠키, 타르트, 과자 또는 신선한 과일	Asti Spumante, Branchetto d' Acqua, Malvasia, Moscato d' Asti, Passito, Vin Santo

출처 : https://www.winewordswisdom.com/food_wine/wine_food_pairings.html

일상식

15 _ 안티파스토로 유명한 프로슈토 크루도와 멜론

이탈리아인들은 '자신이 먹는 음식에 관심을 갖는 것은 자기 자신을 사랑하고 삶을 사랑하는 방법이 된다'는 음식 철학을 가지고 있다. 이탈리아인들에게 식사시간이란 여유 있게 즐기며 대화를 나누는 소통의 통로이며, 특히 가족들이 함께 하는 가정에서의 식사는 특별한 의미를 지닌다.

이탈리아의 식문화는 지방색이 강하지만 공통분모가 되는 유사점을 발견할 수 있다. 무엇보다 식사의 구조는 지역별로 큰 차이가 없다. 이탈리아에서는 어디서나 간단한 아침식사인 '프리마 콜라지오네prima colazione', 점심인 '프란조pranzo', 저녁인 '체나cena'가 주요 식사이다. 여기에 '스푼티노spuntino'와 '메렌다merenda'라고 부르는 오전과 오후 간식을 먹는다. 아침식사는 보통 커피에 크루아상을 곁들여 가볍게 먹는다. 점심식사의 경우, 전통적으로는 직장인들도 가정으로 돌아가 먹었지만, 현대에는 샐러드나 샌드위치 등으로 간단하게 외식하는 것이 일반화되었다. 가장 중요한 저녁식사는 보통 가족이 함께 하며 전통적인 식사 구성을 따른다.

이탈리아의 전통적인 식사 구성은 전채에 해당하는 '안티파스토antipasto', 파스타나 쌀요리가 주가 되는 '프리모 피아토primo piatto', 육류나 생선요리가 주가 되는 '세콘도 피아토secondo piatto', 샐러드 등 곁들임 음식인 '콘토르노contorno', 디저트인 '돌체dolce' 등으로 이루어져 있다. 육류요리가 식사의 중심이 되는 다른 서구 국가들과는 달리 이탈리아의 식사에서 가장 중요한 위치를 차지하고 있는 것은 파스타나 쌀요리가 주가 되는 프리모 피아토로, 식사에서 프리모 피아토를 생략하는 경우는 드물다. 또한 모든 식사에 빵을 곁들이며, 식사와 함께 와인을 즐겨 마신다. 신선한 채소에 올리브유, 식초, 소금, 후추로만 간단히 양념한 신선한 샐러드를 즐겨 먹고, 진한 에스프레스 한 잔으로 식사를 마무리하는 것도 이탈리아 식단의 특징 중 하나이다.

∴ 축제음식

지역마다 명절이나 축제가 조금씩 다르고 이때 먹는 음식도 다르지만, 국민의 대부분이 가톨릭 신자인 이탈리아에서 가장 중요한 축제는 성탄절과 부활절이다. 성탄절 이브의 저녁식사에는 정찬을 차려 먹는데, 육류는 금하기 때문에 주로 해산물을 이용한 음식을 준비한다. 성탄절 당일에는 전통적으로 토르텔리니tortellini를 먹는다. 크리스마스 케이크로는 파네토네panettone와 판도로pandoro가 있다. '커다란 빵'이라는 뜻의 파네토네는 말린 과일과 견과류를 넣어 만들며, '황금빵'이란 뜻을 지닌 판도로는 견과류를 넣지 않고 만든 부드러운 과자빵으로 가루설탕을 뿌려 먹는다. 성탄절에는 이웃과 친지끼리 파네토네나 판도로를 선물하는 풍습이 있다. 성탄절 다음으로 중요한 명절인 부활절에는 지역의 구분 없이 전통적으로 양고기를 요리한 음식을 먹는다.

파네토네

3 식문화 비교

이탈리아 식문화의 특징은 한마디로 '다양성'이라고 말할 수 있다. 이탈리아의 각 지역은 그 지방에서 생산되는 식재료에 바탕을 둔 독특한 요리법을 가지고 있다. 이탈리아는 모두 20개의 주로 이루어졌는데, 주마다 요리의 특성이 다르지만, 크게 북부, 중부, 남부 등으로 나눌 수 있다.

북부

북부에는 피에몬테, 리구리아, 롬바르디아, 베네토, 에밀리아 로마냐 주 등이 속한다. 밀농사나 올리브 재배보다는 목축이나 쌀 재배가 환경적 조건에 잘 맞기 때문에 올리브유보다는 버터, 파스타보다는 쌀로 만든 리조토risotto나 옥수수가루로 만든 폴렌타polenta가 더 흔하다. 피에몬테는 흰 송로버섯의 최고 산지이며, 토스카나 주

16 _ 제노바식 페스토 소스를 이용한 파스타요리

17 _ 라구 소스를 이용한 파스타요리

와 더불어 이탈리아 최고의 와인 생산지이기도 하다. 안초비, 마늘, 올리브유로 만든 뜨거운 소스에 아티초크 등 다양한 채소를 찍어 먹는 독특한 요리인 바냐 카우다 bagna càuda는 피에몬테요리이다. 리구리아는 지역의 특성상 해산물요리가 발달하였으며, 항구 도시인 제노바는 바질, 올리브유, 잣, 파르미자노 치즈를 갈아 만든 제노바식 페스토pesto alla genovese 소스가 유명하다. 비옥한 롬바르디아평원에서는 포강 유역에서 쌀이 생산되는데, 사프란을 넣어 만드는 리조토 밀라네제risotto milanese가 유명하다. 그 밖에 골수까지 먹는 송아지 정강이 요리인 오소부코osso buco, 밀라노식 송아지고기 커틀릿cotoletta alla Milanese도 대표적인 롬바르디아 요리이다. 에밀리아 로마냐는 이탈리아에서 가장 기름진 요리로 유명한데, 특히 미트 소스인 라구 ragú alla bolognese가 유명한 볼로냐요리로 잘 알려져 있다.

중부

18 _ 카르보나라 소스를 이용한 파스타요리

19 _ 소꼬리를 토마토 소스에 푹 끓여 낸 로마의 전통요리 코다 알라 바치나라(coda alla vaccinara)

중부지방에는 토스카나, 움브리아, 마르케, 라치오, 아브루초, 몰리제, 사르데냐 등의 7개 주가 속해 있는데, 피렌체와 로마가 대표적인 도시이다. 진하고 강한 소스를 사용하는 특징이 있는데, 로마의 대표적인 파스타 소스인 카르보나라carbonara와 생햄과 토마토, 고추, 치즈 등으로 만드는 아마트리치아나amatriciana 소스 등이 대표적이다. 비옥하고 기후가 온화한 토스카나에서는 올리브와 포도 재배가 활발하게 이루어지는데, 토스카나는 이탈리아 와인의 대표 산지이다. 비노 노빌레 디 몬테풀치아노vino Nobile di montepulciano, 브루넬로 디 몬탈치노brunello di montalcino 같은 유명 와인들이 토스카나에서 생산되며, 우리나라에도 잘 알려진 키안티chianti 와인도 이곳에서 생산된다. 토스카나의 주도인 피렌체는 티본스테이크인 피렌체식 스테이크 bistecca alla fiorentina로 유명하다.

20 _ 토스카나에서 생산되는 고급와인, 사시카이야(sassicaia)

남부

이탈리아인들이 '메조조르노mezzogiorno, 정오 또는 한낮'라고 부르는 이탈리아 남부에는 캄파니아, 풀리아, 칼라브리아, 시칠리아 주 등이 속해 있다. 남부에서는 듀럼밀 생산이 활발하여 듀럼밀가루로 만든 파스타가 발달하였으며, 올리브와 토마토의 생산량이 많아 요리에 다양하게 이용되고 있다. 또한 해산물이 풍부하여 이를 이용한 요리도 잘 발달해 있다. 캄파니아의 주도인 나폴리는 이탈리아 피자의 고향으로 알

21 _ 남부의 듀럼밀밭

22 _ 부카티니 콘 레 사르데

23 _ 모차렐라 치즈와 토마토를 이용한 나폴리음식인 카프레제 샐러드

려져 있다. 9~11세기까지 아랍이 점령했던 시칠리아는 이탈리아에서도 가장 독특한 식문화를 지닌 곳이다. 아랍의 영향으로 카놀리cannoli나 카사타cassatta 같은 단과자를 만드는 기술이 발달하였는데, 카놀리는 패스트리 반죽을 튜브 모양으로 바삭하게 튀긴 후 달고 부드러운 리코타를 채워 만들며, 카사타cassatta는 리코타와 설탕을 섞어 만든 케이크이다. 시칠리아에서는 요리에도 설탕이나 단맛이 나는 재료를 사용하기 때문에 달고 신맛이 나는 음식이 많은데, 식초와 설탕을 넣어 만드는 가지요리인 카포나타caponata, 사프란, 펜넬, 잣, 정어리 등을 넣어 만드는 파스타요리인 부카티니 콘 레 사르데bucatini con le sarde 같은 음식은 시칠리아의 대표요리라고 할 수 있다.

스페인 Kingdom of Spain

나라명 | 에스파냐 왕국 **국토면적** | 50만 4,782km² **인 구** | 약 4,700만 명
수 도 | 마드리드 **공용어** | 스페인어 **통 화** | 유로(Euro)
종 교 | 가톨릭교 94%, 이슬람교 3%, 개신교 1%, 기타 또는 무교 2% **인종(민족)구성** | 스페인인(45%, 카탈로니아인 28%, 갈라티아인 8%, 바스크인 6%, 아라곤인 5%, 기타 8%)이 다수

1 식문화의 발달배경

자연환경

스페인은 유럽연합 회원국 중 프랑스에 이어 두 번째로 영토가 넓은 나라로, 이베리아 반도 대부분을 차지하고 있다. 스페인은 피레네 산맥을 경계로 유럽 대륙과 연결되어 있는데, 북쪽으로는 안도라와 프랑스, 서쪽으로는 포르투갈과 국경을 맞대고 있으며 북서쪽으로 대서양, 남쪽과 동쪽으로 지중해에 면해 있다.

스페인은 숲이 우거진 북부의 산악지대와 중부의 메세타고원 지대, 동남부의 해안지역으로 나눌 수 있다. 본토의 1/3 정도가 산지이며, 전 국토의 2/3가 해발 600~1,000m의 고원지대로 이루어져 있어 유럽을 통틀어 스위스 다음 가는 고산 국가이기도 하다. 그러나 남부의 안달루시아 지방은 토지가 비옥해 예로부터 포도와 오렌지, 올리브 재배가 이루어졌다.

유럽의 다른 나라에 비해서는 건조하고 무더운 편이나, 수많은 산맥으로 인해 기후가 다양한 것이 특징이다. 대서양에 면해 있는 북부와 서부지역은 해양성 기후

로 여름에는 서늘하고 겨울에는 따뜻하다. 지중해에 접한 동남부는 여름은 건조하고 겨울은 온난다습한 지중해성 기후를 보이며, 중앙 고원지대는 대륙성 기후로 건조하고 여름과 겨울, 주야의 기온차가 크다. 이처럼 다양한 지리적 조건은 스페인이 다양한 식문화를 창조할 수 있도록 해주었다.

사회문화적 배경

이슬람의 발자취를 남긴 역사

지리적인 환경과 더불어 스페인이 거쳐온 역사적 배경은 다채로운 식문화를 탄생시켰다. 스페인의 식문화는 에스파냐 원주민의 식문화에 외부의 침입자였던 로마인과 아랍인 등의 식문화가 어우러져 발전하였다. 이베리아 반도는 유럽과 아프리카의 길목에 위치해 있는 데다 풍부한 광물자원을 가지고 있어 선사시대 때부터 외적의 침략을 많이 받았다. 빈번한 외부 침략은 오히려 스페인으로 하여금 다양한 식문화를 받아들이는 계기를 마련해 주었다.

스페인의 역사는 페니키아인과 그리스인, 카르타고인들이 해안지방에 무역도시를 건설하면서 시작되었다. 이후 로마인이나 아랍인들의 침입이 시작되면서 이들이 가져온 식문화는 원래 스페인의 요리법과 혼합되어 독특한 식문화를 형성하였다. 로마인들은 스페인 식문화에 적지 않은 영향을 미쳤는데, 가장 중요한 두 가지 요소는 마늘과 올리브이다. 이 두 가지는 현대 스페인음식에서 빼놓을 수 없는 요소인데, 스페인은 전 세계에서 올리브유를 가장 많이 생산하는 국가이기도 하다.

8세기에는 북아프리카에서 무어인들이 침입해 들어와 인종과 종교가 전혀 다른 그리스도인, 유대인, 이슬람인이 합쳐져 새로운 사회가 형성되었다. 아랍의 침략은 아랍 양식의 새로운 요리법을 스페인에 전해 주었으며, 레몬이나 오렌지 같은 새콤달콤한 과일을 스페인에 가져다 주었다. 스페인의 쌀요리인 파에야에 빼놓을 수 없는 재료인 사프란 역시 아랍인들이 스페인에 가져온 것이다. 아랍인들은 1492년 그라나다 정복으로 스페인에서 축출될 때까지 거의 800년 동안 스페인을 통치하였다. 이러한 역사적 배경 덕에 유럽의 다른 나라들과 달리 식문화의 바탕에 아랍문화의 흔적이 강하게 남아 있다.

신대륙 발견과 신재료의 유입

1492년 스페인이 아메리카 신대륙을 발견한 이후 신대륙과의 교류는 스페인뿐 아니라 전 세계의 식문화에 많은 영향을 미쳤다. 신대륙으로부터 유입된 다양한 식재료들은 스페인의 음식을 더욱 풍요롭게 해주었으며, 감자와 같은 작물은 여러 유럽 국가의 주식이 되었다. 그 밖에 담배, 초콜릿, 카카오, 고추, 커피 같은 기호식품들이 유럽을 통해 전 세계로 전해졌다. 한편, 스페인은 멕시코와 현재의 미국 중서부를 비롯하여 아르헨티나, 코스타리카 등 캐나다, 미국, 브라질 등을 제외한 아메리카 전 지역과 필리핀, 아프리카의 적도 기니, 서사하라 등 세계 여러 지역을 식민지로 거느리면서 이들 지역의 식문화에도 적지 않은 영향을 미쳤다.

2 스페인음식의 특징

주요 식재료와 대표음식

하몬과 초리소

스페인의 대표적인 햄으로 하몬jamón이 있다. 하몬은 돼지다리를 소금에 절인 후 건조시켜 만드는 생햄으로 이탈리아의 프로슈토 크루도와 비슷하다. 품질에 따라 하몬 세라노jamón serrano와 하몬 이베리코jamón ibérico로 구분한다. 하몬 세라노는

24 _ 하몬

25 _ 초리소

흔한 흰돼지고기를 사용한 것으로, 주로 옥수수, 보리, 밀 등 곡류를 먹여 키운다. 비교적 가격이 저렴하고 대중적인 하몬 세라노에 비해 하몬 이베리코는 고급 햄으로 이베리아 반도에서 서식하는 흑돼지로 만든다. 흑돼지는 전통적인 방식을 고수해 다른 것은 먹이지 않고 도토리만 먹여 키운다. 초리소chorizo는 마늘이나 각종 향신료를 넣은 돼지고기를 창자에 채워 넣은 스페인의 소시지로 이탈리아의 살라미와 비슷하다. 지역에 따라 다양한 초리소를 만드는데, 간단하게 타파스로 먹거나 샌드위치에 넣어 먹으며, 파에야 등 다양한 요리의 재료로도 사용된다.

타파스

타파스tapas란 스페인의 전역에서 볼 수 있는 식문화로, 주 요리를 먹기 전에 작은 접시에 담겨져 나오는 적은 양의 전채요리를 말한다. 식사 사이의 간식으로 먹기도 한다. 소시지, 샐러드, 절인 생선, 치즈, 튀김 등 사용하는 재료나 조리법이 매우 다양한데, 대개 한입에 들어갈 수 있는 작은 크기의 음식을 준비한다. 보통 바나 카페,

스페인 와인과 타파스와의 조합

술잔에 얹어 준 한 조각 빵이라는 타파스의 기원에서 보이듯이 스페인 지방마다 클래식한 타파스와 와인의 조합이 있다.

스페인 와인 종류	어울리는 타파스
쉐리(Jerez)	아몬드, 올리브, 만체고치즈 등과 같은 기본 타파스
카바(Cava)	오징어(chipirones)와 크로켓 같은 튀김 타파스
로사도(Rosado)	매콤한 초리소
리오하(Rioja)	• 고기를 주 재료로 한 타파스 • 겨울철에 주로 먹는 타파스
맨치아(Mencia)	세시나(cecina, 절인 쇠고기), 하몬 이베리코(jamon iberico) 또는 돼지고기를 주재료로 한 타파스

출처 : https://www.matchingfoodandwine.com/news/pairings/6-of-the-best-spanish-wines-to-pair-with-tapas

간이식당 등에서는 여러 가지를 한꺼번에 진열해 놓아 골라 먹을 수 있도록 한다. 타파스는 '덮개'라는 뜻을 지니고 있는데, 원래 유리잔에 음료수나 술을 채운 후 파리가 들어가는 것을 막기 위해 빵 한 조각을 올려놓던 것이 그 기원이다.

: 파에야

파에야paella는 스페인을 대표하는 요리 중 하나다. 넓적한 철 냄비로 밥을 한 발렌시아의 쌀요리로 사프란으로 색과 향을 내는 것이 특징이다. 주 재료는 고기, 해산물, 초리소 등 지방에 따라 다양하지만, 발렌시아의 전통 파에야에는 해산물을 넣지 않고 토끼고기를 넣는다. 파에야라는 이름은 파에야를 만들 때 쓰는 납작한 냄비 이름을 딴 것이다.

26 _ 파에야

: 가스파초

가스파초gazpacho는 스페인의 여름음식을 대표하는 차가운 토마토수프로, 토마토와 오이, 피망, 양파, 마늘, 올리브유 등을 익히지 않고 갈아서 만든다. 특히, 스페인 남부 안달루시아지방에 발달해 있다. 가스파초 외에도 스페인의 유명한 수프로 마늘수프sapa de ajo가 있다. 마늘 맛을 낸 수프에 빵을 넣고 달걀을 깨 넣은 독특한 수프로 카스티야지방의 요리이다.

27 _ 가스파초

: 추로스

추로스churro는 막대기 모양이나 U자 모양으로 튀긴 스페인식 도넛이다. 스페인에서는 보통 핫초콜릿이나 카페라테café con leche와 함께 아침식사로 즐겨 먹는다.

상그리아와 쉐리

상그리아sangria는 스페인의 전통음료로, 레드와인에 오렌지, 레몬, 라임, 사과, 복숭아 등 다양한 과일을 잘게 잘라 넣고, 설탕, 브랜디 등을 넣어 만든 칵테일로 차게 해서 마신다. 브랜디 대신 소다수를 넣기도 한다. 쉐리jerez는 백포도로 빚은 포도주에 브랜디를 첨가한 강화 와인으로 달고 도수가 높다.

28 _ 바르셀로나의 재래시장, 보케리아(Bogueria)

29 _ 상그리아

토마토축제

8월 마지막 주 수요일, 스페인 발렌시아지방의 작은 도시 부뇰Bunol에서는 토마토전쟁이라 불리는 라 토마티나La Tomatina 축제가 벌어진다. 스페인의 토마토축제는 1944년 토마토 값 폭락에 분노한 농부들이 시의원들에게 분풀이로 토마토를 던진 것에서 유래되었다고 알려져 있다. 이 축제를 위해 매년 수십 톤의 토마토가 준비되는데, 전 세계에서 관광객이 몰려와 서로 잘 익은 토마토를 던지며 축제를 즐긴다.

토마토축제 공식 홈페이지(www.tomatina.es)

일상식

스페인은 기후 조건에 따라 하루의 생활 패턴도 특이한 개성을 갖게 됐다. 네 번의 식사와 간식이 전형적인 일상식의 구조이다. 전형적인 식사 형태는 아침 8시의 가벼운 아침식사, 11시경의 중간 아침식사, 1시경의 타파, 2~3시까지의 점심식사, 5~6시 사이의 차와 빵 혹은 스낵을 먹는 간식, 8시경의 타파요리, 그리고 10시에 먹는 저녁 만찬으로 구성되어 있다. 이른 아침식사는 대륙식으로 커피에 작은 롤빵이나 추로스churro를 곁들여 간단하게 먹는다. 중간 아침식사는 구운 소시지, 빵, 오믈렛 등으로 먹는다. 주요 식사에 해당하는 점심과 저녁, 두 끼의 식사는 정찬으로 풍성하게 준비한다. 2~3시경에 가족들이 집에 돌아와 수프와 채소를 곁들인 고기요리, 후식과 커피를 천천히 즐기는 점심식사를 하며, 식사가 끝난 후에는 시에스타라고 하는 낮잠을 즐기고 다시 오후의 일과에 들어간다. 그러나 요즘 도시생활에서는 이런 전통적인 식습관이 많이 변하여 점점 간단하게 먹는 쪽으로 바뀌고 있다.

포르투갈 Portuguese Republic

나라명 | 포르투갈 공화국 **국토면적** | 9만 2,090km^2 **인 구** | 약 1,080만 명
수 도 | 리스본 **공용어** | 포르투갈어 **통 화** | 유로(Euro)
종 교 | 가톨릭교 85% **인종(민족)구성** | 포르투갈인 92%, 기타 8%

1 식문화의 발달배경

자연환경

포르투갈음식은 종종 농부와 어부의 음식으로 불린다. 이는 포르투갈의 자연환경이 농업과 수산업에 적합하기 때문이다. 유럽 대륙에서 가장 서쪽에 위치한 포르투갈은 이베리아 반도의 메세타고원 서쪽 해안으로 남북으로 길게 뻗어 있다. 동쪽과 북쪽은 스페인, 서쪽과 남쪽은 대서양을 맞대고 있다. 지형적으로는 크게 스페인과 경계를 이루는 동부 산악지대와 서쪽의 해안 평야지대로 나눌 수 있다. 다른 남유럽 국가들과 마찬가지로 지중해성 기후의 영향을 받는 포르투갈은 유럽 국가들 중 가장 온화한 기후를 갖고 있는 나라 중 하나이다. 테주 강을 경계로 산이 많은 북부는 비가 많이 내리는 편이며 지대가 낮은 남부는 건조한 편이다. 북부와 남부의 경계를 이루는 테주 강의 하류지역은 비옥한 충적평야를 형성하여 농업이 발달해 있다. 올리브, 포도, 밀, 옥수수, 쌀 등이 주요 농산물이다. 또한, 대서양을 마주하고 있는 덕

분에 수산업이 크게 발달하였다. 포르투갈은 1인당 생선 소비량이 유럽에서 가장 많으며, 세계에서도 4위에 해당한다. 수산물 통조림은 주요 수출품에 속한다. 특히, 대서양에서 잡히는 대구를 염장하거나 건조시킨 바칼라우는 포르투갈 식문화의 중심을 차지하고 있다. 같은 이베리아 반도에 위치한 탓에 스페인과 거의 같은 식품들을 이용하나 식문화는 사뭇 다르다.

사회문화적 배경

이민족의 침략이 남긴 식문화

이베리아 반도에 위치한 포르투갈은 스페인과 마찬가지로 기원전부터 수많은 이민족의 침입으로 수난을 겪었다. 하지만 여러 이민족들이 남긴 식문화는 포르투갈의 식탁을 더욱 풍성하게 만들어주었다. 페니키아, 그리스 등의 영향을 받았던 포르투갈은 기원전 2세기부터 로마의 속주가 된 후 로마문화의 영향을 많이 받았다. 이베리아 반도를 로마의 곡창지대로 만들려고 한 로마인들 덕에 밀을 바탕으로 한 식문화가 자리를 잡게 되었을 뿐 아니라, 올리브 역시 로마에서 전해졌다. 로마시대에 유입된 양파와 마늘 또한 포르투갈 요리에서 귀하게 쓰인다.

그 후 고트족 등 게르만계 부족들의 침입을 받았으며 기독교도 널리 전파되었다. 8세기에는 이슬람 세력의 침입으로 국토의 대부분이 아랍의 지배에 들어갔으며, 아랍인들은 800년 이상 이베리아 반도를 점령했다. 아랍인들에 의해 포르투갈에 전해진 쌀, 아몬드, 가지, 사탕수수, 커민, 레몬과 오렌지 등의 감귤류는 오늘날까지 중요한 식재료로 사용되고 있다. 튀김 조리법도 아랍인들에게 배운 것이다. 이후 그리스도교에 의한 국토회복운동 과정에서 포르투갈 왕국이 성립되었다. 포르투갈 왕국은 1139년 성립되었으며, 1143년에는 독립이 승인되고 1249년에는 국경의 확립을 통해 유럽에서 가장 오래된 민족국가로 거듭났다. 그러나 포르투갈 식문화에는 과거 다양한 이민족들이 남긴 식문화의 발자취가 남아 있다.

해외 팽창과 식문화의 형성

외세의 침략으로 포르투갈에 전해진 식품도 많지만, 포르투갈이 미지의 세계에서 들여와 유럽 사회에 소개한 식품도 매우 많다. 스페인과 마찬가지로 포르투갈 역시 해외 팽창의 역사를 통한 오랜 식민지 점령을 통해 자신들의 식문화를 세계 각지로 전파하며 큰 영향을 주었다. 포르투갈은 15~17세기 사이 대항해시대에 남아메리카, 아시아, 아프리카, 오세아니아를 아우르는 제국을 건설하였다. 포르투갈 제국은 가장 오래 지속된 식민지 제국으로 근 600년 동안 이어졌다. 포르투갈이 거느리고 있던 식민지 중에는, 특히 향신료를 사용하는 나라들이 많았다. 이러한 영향으로 포르투갈은 다른 남유럽 국가와는 달리 요리에 다양한 향신료를 사용하는 편이다. 가장 대표적인 향신료가 작고 매운 고추인 피리피리piri piri이며, 그 밖에도 후추, 계피, 바닐라, 사프란, 생강, 카르다몸 등을 많이 사용한다. 마늘도 폭넓게 활용하며, 코리안더나 파슬리 같은 허브도 빼놓을 수 없는 중요한 식재료이다. 신세계의 토마토와 감자는 16세기 초에 포르투갈에 들어왔으며, 1497년 바스코 다 가마는 인도에서 카레를 가져왔다. 16세기 초에는 왕실 사람과 귀족들만 먹을 수 있었던 카레가 오늘날에는 포르투갈 어느 곳에서나 주방용 향신료로 쓰인다.

2 포르투갈음식의 특징

주요 식재료와 대표음식

바칼라우

'포르투갈인들은 꿈을 먹고 살고, 소금에 절인 대구를 먹고 생존한다'는 말이 있을 만큼 염장 대구 바칼라우bacalhau는 포르투갈에서 가장 중요한 식재료이다. 그 요리 방법만 해도 매일 한 가지씩 365가지나 된다고 알려져 있다. 포르투갈의 대구잡이는 그 역사가 오래되었다. 북대서양 해에서 이루어진 포르투갈의 어업 전통은 냉장 기술이 발명되기 이전에 발전했기 때문에 오랜 항해 기간 동안 고기가 상하는 것을

30 _ 바칼라우

31 _ 바칼라우 요리

막기 위해 소금에 절여 햇볕에 건조시키는 기술이 발달했다. 요즈음은 어획량이 감소하여 노르웨이로부터 많은 양의 대구를 수입하고 있는 실정이다.

바칼라우는 염장된 형태이기 때문에 보통 조리 전에 물에 담가 둔다. 가장 간단하게는 올리브유와 포도주, 식초만으로 맛을 낸다. 바칼라우요리 중 유명한 것으로는 얇게 썬 감자와 양파, 삶은 달걀과 검은 올리브 열매로 고명을 곁들여 찜냄비에 요리한 바칼라우 아고메스 드 사bacalhau à Gomes de Sá, 잘게 자른 바칼라우와 휘저어 익힌 달걀, 양파, 잘게 썬 감자튀김을 섞어 만드는 바칼라우 아 브라스bacalhau à Brás 등이 있다. 대중적인 전채요리인 볼린뉴 드 바칼라우bolinhos de bacalhau는 바칼라우와 감자를 함께 섞어 미트볼 형태로 빚어 튀겨서 만든다.

칼두 베르데

국물이 많은 음식을 즐겨 먹는 포르투갈 사람들이 좋아하는 음식 중 하나가 수프인데, 만찬도 보통 수프로 시작한다. 그중에서도 가장 서민적이며 유명한 것이 바로 칼두 베르데caldo verde이다. 칼두 베르데는 에메랄드 빛의 부드러운 잎을 지닌 양배추 갈레고couve gallego의 잎을 잘게 썰어 넣고 감자, 양파, 마늘 등을 넣어 끓인 초록색 수프이다. 스페인의 초리소와 비슷한 쇼우리수chouriço를 넣기도 한다.

32 _ 칼두베르데

33 _ 사르딘냐 아사다

사르딘냐 아사다

포르투갈인들이 대구 다음으로 많이 먹는 생선이 포르투갈 연안에서 많이 잡히는 정어리다. 신선한 정어리를 석쇠에 구워 상추, 양파 등으로 만든 샐러드를 곁들여 먹는 간단한 음식이 사르딘냐 아사다sardinha assada이다. 바칼라우요리와 더불어 가장 서민적인 음식으로 손꼽힌다.

아로스 도스와 파스텔 드 나타

포르투갈 사람들은 케이크를 비롯해 단맛 나는 후식을 매우 즐기는 편인데, 포르투갈인들이 단 음식을 좋아하는 것은 아랍인들의 영향을 받은 것이다. 포르투갈의 대표적인 후식으로 쌀로 만든 푸딩인 아로스 도스arroz doce가 있다. 성탄절, 결혼식 등 중요 행사에 반드시 등장하는 아로스 도스는 쌀, 설탕, 우유, 달걀 노른자, 레몬 껍질, 계피 등으로 만든다. 포르투갈식 에그타르트인 파스텔 드 나타pastel de nata는 패스트리 위에 커스터드를 부어 오븐에 구워낸 디저트로 전 세계적으로 알려져 있다.

프레순투와 쇼리수

전통음식 중에 염장 대구와 정어리가 포르투갈에서 가장 선호하는 생선이라면, 육류 중에서는 돼지고기를 으뜸으로 친다. 이탈리아나 스페인과 마찬가지로 포르투갈의 햄과 소시지 제조기술 역시 세계적으로 인정받고 있다. 가장 유명한 것으로는 돼지 넓적다리에 소금, 파프리카, 포도주와 다진 마늘을 섞어 양념한 후 훈제시켜 만드는 프레순투presunto가 있다. 이탈리아의 프로슈토, 스페인의 하몬과 비슷한 햄이다. 소시지의 종류도 매우 다양한데, 가장 대중적인 것이 쇼리수chouriço이다. 스페인의 초리소와 비슷한

34 _ 쇼리수

소시지로 돼지고기, 마늘과 고추 다진 것을 채워 넣어 훈제하여 만든다.

∶ 피리피리

포르투갈은 다른 남유럽 국가들과는 달리 음식에 향신료와 양념용 식물을 과감하게 사용한다. 포르투갈인들이 가장 즐겨 사용하는 향신료로는 후추, 정향, 계피, 육두구, 생강 등이 있는데, 이 중에서 후추가 가장 광범위하게 사용되고 계피 역시 과자류를 만드는 데 없어서는 안 될 귀중한 재료다. 피리피리piri piri는 칠리 페퍼에 기름과 식초를 섞어 만든 양념으로 포르투갈에서는 소금과 후추만큼이나 인기 있는 양념이다. 보통 숯불에 구운 닭고기에 발라서 먹는다.

∶ 포 트

35 _ 포트

긴 항해기간 일반 와인이 시어져 못 마시는 현상을 개선하기 위하여 포르투갈인들은 포트와인을 만들었다. 포트와인은 영국이 프랑스와 전쟁 중이었던 17세기 프랑스 와인에 대한 불매운동의 결과로 대중화되었다. 스페인의 쉐리와 함께 세계 2대 주정 강화 와인으로 꼽히는 포트port는 발효 중인 레드와인에 브랜디를 첨가하여 만든다. 알코올 함량은 18~20% 정도 되며, 브랜디의 향과 견과류의 고소한 향이 난다. 스페인의 쉐리는 발효 후에 브랜디를 첨가하지만, 포트는 발효 중에 브랜디를 첨가하는 점이 다르다. 단맛이 강해 주로 식후주로 마신다.

일상식

포르투갈의 일상식은 전통적으로 하루 네 번의 식사로 구성된다. 즉, 이른 아침과 늦은 아침, 점심과 저녁식사이다. 아침식사는 가장 가벼운 식사로 빵, 버터, 햄, 치즈 등으로 여기에 커피, 우유, 차, 핫초콜릿을 곁들인다. 점심의 경우, 예전에는 집에서 먹었지만 요즈음에는 식사를 하기 위해 집에 가는 경우는 드물다. 저녁식사는 8시경으로 늦은 편이며, 하루 중 가장 푸짐한 식사시간이다. 점심과 저녁식사는 보통 세 가지 코스로 이루어지는데, 일반적으로 수프로 시작된다. 주 요리는 육류와 생선이고, 후식으로는 푸딩이나 신선한 과일, 치즈 등이 나오며 마지막으로 커피가 나온다. 식사시간은 스페인과 비슷하지만, 전통적으로 시에스타를 즐기지 않는 점이 다르다.

덴푸라

포르투갈은 근 600년간 이어진 식민지 점령 기간 동안 세계 여러 나라 식문화에 영향을 미쳐왔다. 그중 대표적인 것이 바로 일본의 튀김요리인 덴푸라이다. 덴푸라는 일본어로 변화되어 마치 일본의 음식인 것처럼 알려져 있지만, 사실 포르투갈 선교사들이 일본에 전하여 토착화된 음식이다. 고기를 먹지 못하는 사순절 육식금지 기간에 포르투갈 선교사들이 만들어 먹었던 음식으로, 덴푸라는 육식금지일을 의미하는 우스템페로스os temperos라는 말이 변형된 것이다.

남유럽 식문화와 기독교

기독교는 크게 두 가지 측면에서 남유럽 식문화에 결정적인 영향을 미쳤다. 첫째, 빵과 와인, 올리브유가 남유럽 식문화의 중심에 자리 잡게 되었다. 빵과 와인, 올리브유는 이미 고대부터 지중해 주변 국가의 중요한 식품이었을 뿐 아니라 신성시되는 대상이기도 하였다. 지중해 지역에서 성장한 기독교는 전통 문화권의 식생활을 흡수하였고, 지중해 문명의 이데올로기적 기초를 이루는 산물들을 종교상의 상징물로 받아들였다. 그 결과 빵과 포도주는 성찬식의 기적을 상징하는 신성한 음식이 되었고, 올리브유 역시 예배식에 필수불가결하게 되었다. 때문에 중세 동안 포도주와 올리브유, 그리고 특히 빵은 기독교 세계의 음식문화를 대표하는 상징으로 정착하게 되었다.

둘째, 기독교는 음식의 다양성을 더욱 촉진시킨 계기가 되었다. 금식 기간이라는 기독교의 교리 규정은 전통적으로 육식문화가 지배적이었던 중세의 식생활에 탈육식문화현상을 가져왔으며, 결과적으로 식탁에 다양한 음식들이 오르게 만들었다. 육식을 금지하는 금식 기간이 일년에 140~160일에 달했던 탓에 자연적으로 대체 음식문화가 등장해 음식문화의 저변을 확대하는 결과를 가져왔기 때문이다. 그 결과 두류, 치즈, 달걀 그리고 생선 등이 중요한 음식재료로 등장하였다.

좀 더 조사해 보기

1. 슬로푸드(slow food) 웹사이트(http://www.slowfood.com)를 방문하여 슬로푸드단체가 하고 있는 주요 활동내용을 조사해 보자.

2. 이베리아 반도의 식문화에 남아 있는 아랍 식문화의 영향을 식재료, 음식, 조리법, 먹는 방법의 측면에서 조사해 보자.

3. 대륙식 아침식사를 포함해 세계의 주요 아침식사 형태를 조사해 보자.

collection

그릭샐러드 Greek Salad

만드는 법

1 토마토는 껍질째 한 입 크기 웨지로 썰어 볼에 넣는다.

2 오이는 군데군데 껍질을 벗겨 0.5cm 두께로 썬다.

3 피망과 파프리카도 링으로 썬다.

4 양파는 링으로 아주 얇게 채친다.

5 순서대로 담고 페타치즈를 큐브로 썬 것과 올리브를 올린다.

6 오레가노 오일을 넉넉히 넣어 소금으로 간한다.

*재료 토마토 1개, 오이 1개, 양파 ¼개, 피망 또는 파프리카 1개, 올리브(블랙, 그린 각각 5알씩), 페타치즈 ½병, 오레가노 오일

collection

파에야 paella

만드는 법

1 닭가슴살을 삶아두고 닭육수를 낸다. 쌀은 미리 불려서 물기를 완전히 빼둔다.

2 파에야 팬에 올리브유를 두르고 쌀을 충분히 볶는다(3분 정도).

3 쌀에 마늘 1쪽과 양파채, 파프리카채를 넣고 볶다가 화이트와인을 조금 부어 끓인다. 증발되면 사프란이 든 사프란믹스 2큰술을 넣는다.

4 닭육수와 우유 1/2컵을 붓고 초리소 소시지와 동태살, 새우, 삶은 닭가슴살, 오징어를 넣고 나머지 육수를 부어준다(불린 쌀 : 총 육수 = 1 : 2)

5 홍합을 꽂아주고 알루미늄 포일로 덮은 후 끓인다. 홍합이 익으면 올리브와 레몬을 얹고 10분간 더 뜸들여 낸다.

*재료 닭가슴살 1조각, 닭육수 1 1/2컵, 양파 1/2개, 쌀 1컵, 토마토 홀 1/2캔, 새우 6마리, 홍합 6개, 초록 올리브, 오징어 1/4마리, 레몬 1/2개, 파프리카 1/2개, 우유 1/2컵, 동태살 100g, 화이트와인 1/4컵, 초리소 소시지 1개, 소금 1큰술, 후춧가루 조금, 올리브유 2큰술, 마늘 2쪽

사프란믹스
사프란 1큰술, 오레가노 1큰술, 파프리카가루 1큰술, 커리파우더 1큰술, 파슬리 다진 것 1큰술

Chapter 10

서유럽의 식문화

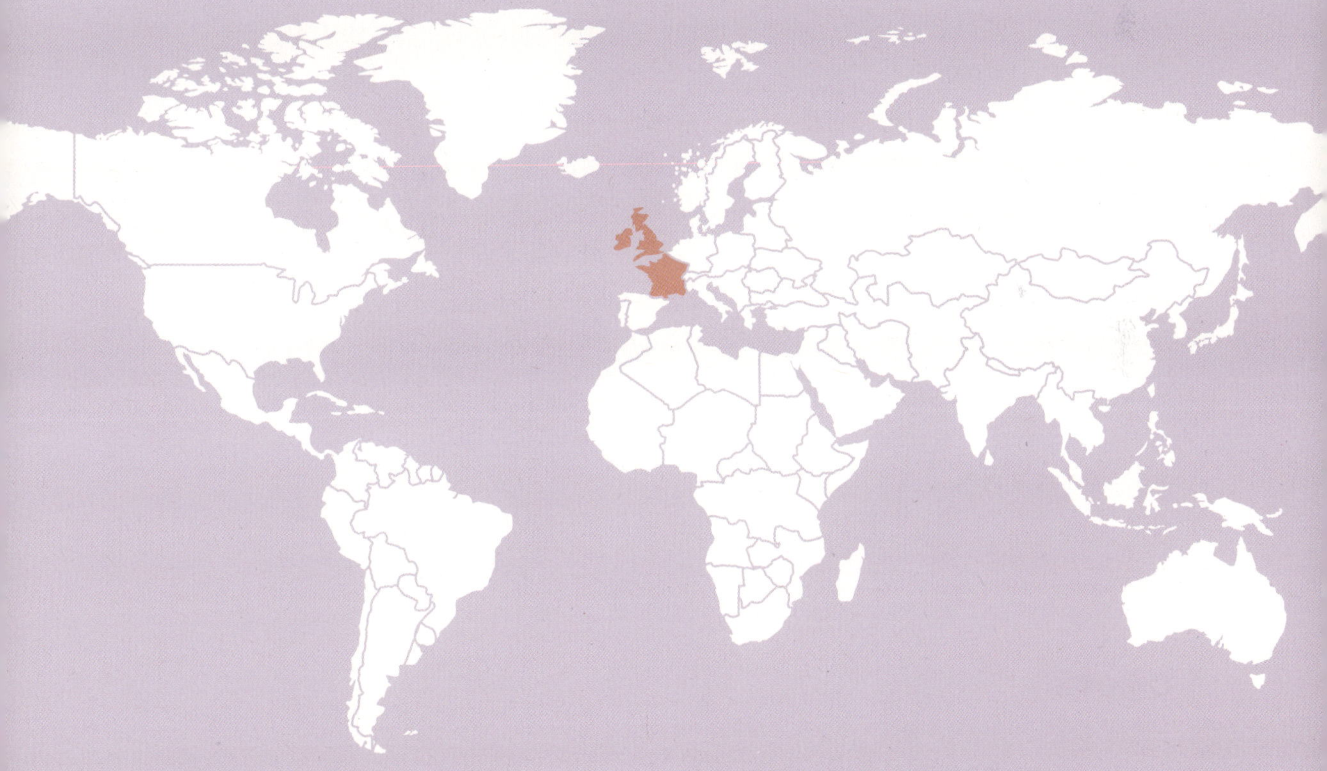

West Europe

서유럽은 지역적으로는 유라시아 대륙의 서쪽 끝을 가리키며 알프스 산맥 윗부분에 있는 나라로 대서양, 지중해, 북해와 맞닿은 곳이다. 정치 · 역사 · 문화적으로 동유럽과 구분되며, 시장 경제를 도입한 자유민주주의 국가들을 일컫는다. 프랑스, 영국과 아일랜드의 브리튼제도, 벨기에, 네덜란드, 룩셈부르크의 베네룩스 삼국을 의미하지만 독일, 오스트리아, 스위스를 포함시키기도 한다. 서유럽은 경제, 문화적으로 유럽 전체를 대표하는 중요한 지역으로, 이 지역의 이민자들이 세운 나라인 미국, 캐나다와 많은 공통점을 보인다.

특히, 프랑스는 지리적으로 다양한 토양과 기후를 가지고 있어 유럽 전체에서 생산되는 식재료들이 거의 산출되는 유일한 나라이며 다양한 인종으로 구성되어 그만큼 특색 있는 요리가 발달되었다.

대체적으로 평야가 많고, 1년 내내 강한 편서풍이 불기 때문에 온화한 기후와 알맞은 강수량을 보이며, 석탄을 비롯한 지하자원이 풍부하여 이를 이용해 대량 생산이 시작되는 등 세계에서 가장 먼저 공업이 발달한 곳이기도 하다.

영국의 경우 섬이라는 지리적 특성 때문에 해산물이 풍부하며 스코틀랜드지역은 우수한 품질의 쇠고기, 치즈, 위스키 등이 유명하다. 과거에는 북아메리카, 중국, 인도의 영향, 최근에는 프랑스와 이탈리아의 영향을 받아 영국 고유의 음식문화를 만들어 왔으며 단순하고 평범한 것이 그 특징이다.

서유럽의 대표적인 국가인 프랑스와 영국을 중심으로 식문화의 발달과정과 주요 특징을 살펴보도록 하자.

✪ 학습목표

- 프랑스와 영국의 식문화가 형성된 배경과 그 과정을 이해한다.
- 프랑스와 영국의 주요 식재료와 대표음식을 알아본다.
- 프랑스와 영국 식문화의 유사성과 차이점을 이해한다.
- 유네스코 세계무형문화유산으로 지정된 프랑스 미식요리법에 대해 이해한다.

프랑스 French Republic

나라명 | 프랑스 공화국 **면 적** | 55만 1,695km²(세계 47위) **인 구** | 약 6,565만 명
수 도 | 파리 **공용어** | 프랑스어 **통 화** | 유로(Euro) **종 교** | 가톨릭교 82%, 이슬람교 5%
인종구성 | 프랑스인, 바스크인, 북아프리카인 등

1 식문화의 발달배경

자연환경

프랑스는 유라시아 대륙 서단의 지협부를 차지하고 있고, 서쪽으로는 대서양이, 남쪽으로는 지중해, 북쪽으로는 북해와 접해 있다. 이탈리아, 스위스, 독일, 룩셈부르크, 벨기에, 스페인, 모나코와 국경이 접해 있으며 북서쪽으로는 영국 해협을 사이에 두고 영국과 마주하고 있다. 이러한 지리적 이점을 살려 유럽 문명의 중심 역할을 담당해 왔다.

북동부의 알자스 지방과 남서부의 바스크 지방을 잇는 선을 경계로 남동부지역은 높고 북서부지역은 고도가 매우 낮은 평야나 대지로 구성되어 있다. 북부지방은 멕시코만 난류의 영향으로 겨울에 비교적 온난한 기후를 보이며, 남부는 지중해성 기후를 가지고 있다. 동부는 중부 유럽의 공기의 영향으로 겨울엔 매우 춥고 눈이 오며, 여름에는 건조하고 따뜻한 날씨가 이어진다. 또한 넓은 국토와 다양한 기후, 농

업에 적합한 토지로 인하여 유럽에서 농업 생산량이 가장 많은 나라이다.

사회문화적 배경

프랑스 지역의 옛 이름은 골Gaule이다. 골족은 육류를 많이 섭취하며, 버터나 돼지기름을 주로 이용하여 요리를 하고, 맥주의 기원인 세르부아즈cervoise를 만들어 마시는 등 대식가로 알려져 있다. 로마의 정복 후 골지역은 로마 전통이 혼합되어 발전하였다. 원래 포도주는 로마에 의해 프랑스에 전파되었지만 골족이 이를 받아들인 후 더욱더 포도주문화를 발달시키게 된다.

중세400~1500에는 귀족과 평민 사이의 사회적 구분이 엄격하였고, 따라서 귀족들은 다양한 육류, 과일, 향신료 등을 섭취할 수 있었던 반면 서민들은 각 지역별 곡물과 채소를 섭취하는 데 그쳤다. 이는 프랑스 지역별 특색 있는 요리cuisine regionale가 발전하게 된 계기가 되었다. 13세기에 타이방Taillevent이라 불리는 요리사에 의해 처음으로 요리책이 기록되었으며 냉장기술이 없었기 때문에 대신 발달하게 된 염장기법, 다양한 소스와 향신료 등에 대한 내용이 담겨져 있다. 이때의 사람들은 식사 시 요리를 손으로 집어먹었고, 두꺼운 빵을 접시처럼 이용하여 수프를 담아 먹었다.

르네상스시대15~16세기에는 건축 · 회화 · 음악과 함께 요리문화 역시 발달하였다. 프랑수아 1세의 며느리인 이탈리아의 공주 카트린느 드 메디치에 의해 새로운 식재료가 이탈리아로부터 소개되었고, 포크 사용이 시작되었으며 타르트, 누가, 아이스크림 등의 제조기술이 발전하였다.

17세기부터 프랑스 고급요리인 오트 퀴진haute cuisine이 등장했고, 식도락을 강조했던 루이 14세에 의해 화려한 정찬 위주의 식문화가 발달할 수 있었다. 작은 양파의 일종인 샬롯, 송로버섯 등이 오트 퀴진의 상징이 되었고, 한꺼번에 여러 음식을 차려놓아 시각적 즐거움을 강조하는 프랑스식 상차림이 유행하였다. 반면, 서민들은 채소나 빵 위주로 식사를 하였으며, 고기요리는 거의 먹을 수 없었다.

18세기 계몽주의시대에는 단순하고 순수한 것을 찾는 시도로서 누벨 퀴진nouvelle cuisine이 등장하였다. 1674년 프로코프procope 카페가 최초로 문을 열었고, 1764년 샹다조champ d'Oiseaux라는 레스토랑을 시초로 하여 외식산업이 시작되었으며, 귀족들만 누리던 식문화를 조금이나마 서민들도 즐길 수 있게 되었다.

프랑스 혁명을 계기로 부르주아 계급이 사회를 주도하면서, 19세기 식문화에도 이러한 사회 분위기가 반영되었다. 귀족에만 국한되었던 레스토랑 문화가 서민들에게 확산되면서 서민들을 대상으로 한 '부르주아요리'가 생겼으며 오늘날 코스요리의 기원인 러시아식 상차림이 정착되었다. 또한 대중적인 선술집인 갱게트guinguette는 경치 좋은 교외 지역에서 저렴한 가격으로 술을 마시며 유흥을 즐기는 공간이 되었다.

20세기는 프랑스요리의 근대화가 이루어졌다. 프랑스의 대표적인 요리사인 오귀스트 에스코피에Georges-Auguste Escoffier에 의해 체계적인 주방 시스템이 발전하였고, 1900년 최초로 미슐랭 가이드가 출간되기도 했다. 에스코피에의 요리 가이드북은 기존에 알려진 프랑스요리를 집대성하고 수많은 디저트 레시피를 창조하여 프랑스 요리를 세계적으로 알리는 데 기여하였다. 이후 폴 보퀴즈Paul Bocuse 등을 중심으로 한 젊은 요리사들은 음식 재료 고유의 맛을 살리기 위해 진한 소스나 육수의 사용을 줄이고, 프레젠테이션을 강조하는 창의적인 기법인 누벨 퀴진을 발전시켰다.

오늘날 식품산업의 발전과 혁신으로 프랑스요리 역시 식단이 간소화되거나 반조리식품을 사용하는 등 이전과는 다른 모습을 보이고 있으나 여전히 프랑스는 훌륭한 식문화를 대표하는 나라로 간주된다.

프랑스식 상차림 vs 러시아식 상차림

19세기 말까지 프랑스식 상차림service a la francaise은 손님에게 서비스될 다양한 요리가 한꺼번에 차려진 식탁을 가리켰다. 이러한 방식의 상차림은 전시효과는 있을 수 있으나, 손님 개개인의 요구를 만족시킬 수 없다는 점에서 불편함을 가지고 있다. 반면, 1810년 러시아 대사 쿠라킨 공의 저택에서는 요리를 미리 정해진 순서대로 차례차례 제공했는데, 이를 러시아식 상차림service a la russe이라고 한다. 이 방식으로는 음식이 식기 전에 제공받을 수 있다는 장점이 있고 이러한 방식이 보편화되면서 점차 테이블의 전시효과를 위한 요리의 전통들이 사라지며 식사예절을 중요시하게 되었다. 러시아식 상차림은 오늘날 연회 행사에 많이 사용되는 방식이다.

식문화의 특징

미식(美食) 문화

프랑스의 정치가이자 미식가인 브리아 샤바랭은 저서 《미식예찬》에서 '당신이 무엇을 먹었는지 말해달라, 그러면 당신이 어떤 사람인지 말해주겠다'라고 말한 바 있다.

프랑스의 식탁은 단순히 음식을 먹는 장소가 아니라 사교와 만남의 장소이며, 프랑스인들은 식탁에서 이야기를 많이 하기로 유명하다. 이러한 현상은 프랑스 사람들이 일반적으로 음식을 혀로만 맛보는 것이 아니라, 후각으로 맛보고, 눈으로 먹고, 말로 즐기며 다른 예술과 결합시키는 데서 유래하였다. 가죽제품의 명품업체인 에르메스 Hermes는 금속으로 된 식기 세트를 출시하였고, 와인 라벨에 마키스나 로트렉의 작품이 그려지는 것처럼 프랑스는 식탁의 예술을 거론하는 유일한 나라로 알려져 있다.

2010년 유네스코 인류무형문화유산으로 등재된 프랑스 미식문화gastronomie meal of the French는 개인이나 단체에게 있어 중요한 순간을 축하하기 위해 사람들이 모여 맛있게 먹고 마시는 사회적 관습으로 정의될 수 있다. 이는 사람들끼리의 친목과 맛의 즐거움, 인간과 자연 산물의 균형을 강조하고 있으며 요리 선택하기, 요리에 어울리는 식재료 구입하기, 와인 고르기, 식탁 차리기, 음식을 먹으며 맛과 향 테스팅하기 등이 포함된다. 미식식사는 아페리티프식사 전 음료, 전채요리, 채소를 곁들인 생

1 _ 미식문화를 보여 주는 포스터
출처 : 유네스코 인류무형문화유산 홈페이지.

2 _ 유네스코 인류무형문화유산으로 등재된 프랑스 미식문화를 보여 주는 사진
출처 : 유네스코 인류무형문화유산 홈페이지.

선 및 육류, 치즈와 디저트-리큐어의 코스로 이루어지며, 둥글게 원을 이루어 가까이 앉아 대화하며 음식을 먹음으로써 사회적 유대를 강화한다.

이러한 프랑스 미식문화를 널리 알리기 위한 목적으로 2011년부터 매년 미식축제를 열고 있으며, 축제 기간 동안에는 연회, 식사, 시식, 요리대회, 관련 직업 소개, 관련 장소 방문 등 2,000여 개가 넘는 다양한 행사가 프랑스 전역에서 이루어진다.

오트 퀴진과 누벨 퀴진

프랑스요리는 크게 프랑스 부유층의 요리인 '오트 퀴진haute cuisine'과 지역 특산물을 살린 향토요리인 '퀴진 뒤 떼루와Cuisine de terroir'로 분류되어 왔다. 예술의 수호자이자 문화의 개척자라는 평가를 받는 루이 14세가 집권한 시기인 17세기에 궁정 요리사들은 미식가인 루이 14세의 입맛에 맞는 요리를 준비한 결과 단순한 허기를 채우는 식사의 개념이 아닌 '소수의 상류층 연회에서 만날 수 있는 섬세한 진미의 정찬'이라는 의미를 가지고 있는 오트 퀴진이라는 말이 생기게 되었다. 이는 의식적으로 손질하고 창의력을 가미하여 맛과 더불어 눈을 즐겁게 하는 음식재료, 스타일링, 테이블 장식, 우아한 예절을 중시하는 세련된 요리라는 개념을 가지고 있다. 하지만 1960년대 이후에는 음식물의 과도한 섭취가 병을 초래한다고 하여 담백한 맛이 요구되었고 폴 보퀴즈Paul Bocuse 등 젊은 요리사들을 중심으로 누벨 퀴진nouvelle cuisine이 인기를 누렸다. 누벨 퀴진은 '새로운 요리'라는 뜻으로, 오트 퀴진의 지나치게 어려운 조리법, 비싼 식재료의 사용 등의 반대 개념으로 볼 수 있다. 조리법이 간단하고 제철식품을 이용하며

3 _ 오트 퀴진 1 : 데미글라스 소스의 안심과 감자크림

4 _ 오트 퀴진 2 : 속 채운 호박꽃을 얹은 완두콩크림수프

5 _ 누벨 퀴진 1 : 가벼운 와인 소스의 안심스테이크

6 _ 누벨 퀴진 2 : 허브와 오렌지의 농어구이

조리시간이 짧다는 특징을 가지고 있다.

최근에는 장기적인 경기 침체와 불황으로 인해 소비자들의 구매력이 감소되어 전통적인 고급 레스토랑의 수가 상당히 줄어들었고, 비교적 경제적이고 캐주얼한 분위기를 선호하는 경향으로 인해 파리 시내에는 다국적 커피 · 패스트푸드 체인점의 수가 늘어나고 있다.

7 _ 파리의 패스트푸드 체인점

레스토랑문화

파리 최초의 레스토랑은 1782년 앙투안느 보빌리에Antoine Beauvilliers가 운영한 '라 그랑 따베른느 드 롱드르La grande teverne de Londres'라고 알려져 있다. 이 레스토랑의 성공이 시작이 되어 1789년에 50여 개에 불과했던 파리의 레스토랑이 오늘날에는 5,000개가 넘게 존재한다. 프랑스 파리의 레스토랑은 가게의 등급과 요리의 종류, 음식 가격대에 따라 다양하게 세분화되어 있으며 비스트로le bistro, 브라스리la brasserie, 카페le cafe 등으로 구분된다.

일반적으로 작고 자유스럽고 편안한 분위기의 레스토랑을 비스트로라고 하며, 격식을 차리는 음식이 아닌 비교적 빠르게 서비스되는 음식이 주 메뉴이다. 브라스리도 비스트로와 비슷한 분위기이나 원래는 맥주 양조장이라는 의미를 가지고 있다. 다양한 종류의 주류와 함께 간단히 식사를 할 수 있는 곳이다. 카페는 파리 거리에서 가장 눈에 많이 띄는 형태로, 칵테일, 맥주, 와인 등과 함께 크로크 무슈croque-monsieur 등이 카페에서 맛볼 수 있는 대표적인 음식이며 밖의 풍경을 바라볼 수 있는 테라스가 있다. 야외 테라스, 실내 테이블, 스탠드바로 이루어지는데, 위치에 따라 음식 가격이 다르기도 하다. 또한 정통 프랑스 코스요리가 나오는 고급 레스토랑은 미리 예약을 해야 하

8 _ 파리 거리의 카페들

며, 정해진 드레스코드가 있고 6세 미만 입장 불가, 14세 미만 입장 불가 등 입장 제한 연령이 있는 경우도 있다.

② 프랑스음식의 특징

주요 식재료

프로마주 프랑스의 치즈를 프로마주fromage라고 한다. 프랑스는 유럽 최대의 치즈 생산국으로, 젖소의 위생상태부터 젖 짜기, 우유 수집, 치즈로 변형되는 모든 과정을 국가에서 철저하게 감독, 관리한다. 까망베르, 염소치즈, 브리, 에멘탈, 고다 등 400여 가지가 있으며 대부분의 프랑스 사람들은 거의 매일 빵과 와인, 프로마주를 먹는다.

9 _ 프로마주

빵 프랑스에서는 매끼 모든 음식을 빵과 함께 먹는다. 바게트, 브리오슈, 크루아상, 비스코트, 마들렌 등이 있다. 프랑스에는 약 70여 종의 지역 특산 빵이 있으며 각 지역마다 독특한 맛과 모양의 빵을 가지고 있다. 일반적으로 식사를 할 때 가장 먼저 빵이 나오며 수프와 함께 먹기도 한다.

10 _ 식전빵

트뤼프 : 송로버섯 트뤼프truffle는 떡갈나무 숲의 땅속에서 자라며 동물의 후각을 이용해 찾아낸다. 산지에 따라 맛은 조금씩 다르고, 인공재배가 되지 않아 가격이 비싸며, 프랑스와 이탈리아의 일부 지방에서만 생산되기 때문에 고급 식재료로 여긴다.

11 _ 블랙 트뤼프

12 _ 블랙 트뤼프 통조림

게랑드 소금 게랑드 소금gros sel은 프랑스 브르타뉴 주 게랑드지역 해안에서 토판 염전방식으로 생산되는 바다소금으로, 짠맛이 덜하고 독특한 향을 가지며 부드러운 맛이 특징이다. 프랑스는 아르헨티나와 함께 세계에서 가장 좋은 소금을 생산하는 나라이다. 다섯 개 연안에서 갯벌 천일염을 생산하고 있으며 이 중 전 세계 셰프들이 가장 선호하는 것은 대서양변 브르타뉴에서 나는 게랑드 소금으로, 대서양의 온난한 기후에 풍부한 일조량, 건조한 날씨, 적당한 바람, 점토질의 갯벌 등이 어우러져 천일염 생산에 좋은 기후 조건을 가지고 있다. 게다가 최고의 소금을 생산하기 위해 게랑드 마을 주변에는 고속도로나 공장, 축산업, 양식장 등이 금지되어 있다. 17세기 루이 14세의 식탁에 올라 '황제의 소금'이라고 불린다.

부케가르니 부케가르니bouquet garni는 프랑스음식 맛을 좌우하는 소스를 만들기 위한 여러 종류의 향신료를 꽃처럼 묶은 것이다. 일반적으로 파슬리, 타임, 월계수잎 등이 기본이며 지역에 따라 다양한 허브를 첨가한다. 최근에는 티백 형태로 만들어져서 수프나 스튜 등을 만들 때 쉽게 사용할 수 있다.

13 _ 부케가르니

대표음식

와인 프랑스인의 식탁에서 빼놓을 수 없는 음식으로 와인이 있다. 일반적으로 생선요리에는 화이트와인을, 육류요리에는 레드와인이나 로제를 마신다. 오래 묵은 것이 좋은 품질로 여겨지지만 보졸레지방에서 그해 가을에 수확한 포도로 만든 보졸레 누보는 예외이다. 1935년 AOC등급으로 지역을 구분하여 재배하는 포도 품종부터 제조과정을 정부가 규제하여 철저히 관리하고 있다.

와인은 등급에 따라 크게 네 개의 카테고리로 나눌 수 있다. 가장 하위 등급인 뱅 드 타블Vin de Table은 총 생산량의 40%를 차지하며 일상에서 물처럼 싸게 마시는 와인이다. 그 위의 등급인 뱅 드 페이Vins de Pays는 원산지가 표시되기는 하지만 제조에 엄격한 제한이 없다. 그 위의 AOVDQS등급은 생산지역, 포도 품종, 알코올 함유량, 수확량, 재배 및 양조방법, 와인 품질분석, 테스팅 등으로 AOC등급을 위한 준비

:• 프랑스 음식과 와인의 페어링

프랑스 사람들은 특정 와인과 음식의 궁합을 중시한다. 주로 음식과 와인의 산도, 보디, 아로마 그리고 풍미가 서로 어울려야 음식이 더 맛있게 느껴지고 와인도 풍성한 느낌이 난다고 한다. 이를 '음식과 와인의 결혼'이라고까지 표현하는 학자도 있다. 특정 요리를 즐길 때 고려해야 할 것들이다.

대표적으로 페어링이 잘되는 와인과 음식은 다음과 같다.

- Sauternes : Blue cheese
- Chardonnay : chicken, scallop, lobster and brie
- Sauvignon Blanc : shrimp, acidic pork, oyster and white fish
- Pinot Noir : salmon, fatty fish and duck
- Zinfandel or red/white Burgundy : turkey, pheasant and quail
- Red Bordeaux : lamb
- Beajolais : pork
- Cabernet sauvignon : beef, venison and grilled meat
- Burgundy : braised meat and game

출처 : https://translate.googleusercontent.com

단계라고 볼 수 있다. 가장 상위 등급은 원산지 표기와 통제를 철저하게 받는 AOC 등급으로, 세밀한 규제와 와인 분석 및 테스팅을 거쳐야 한다.

대표적인 와인 생산지로는 보르도Bordeaux와 부르고뉴Bourgogne, 알자스Alsace, 상파뉴Champagne 등이 있다.

:• AOC제도 : 원산지 명칭의 통제

프랑스 와인의 명성을 보호하고 품질을 유지하기 위해 제정된 품질관리체계이다. 이 법률에서는 포도재배지역의 지리적 경계와 명칭, 사용하는 포도의 품종, 재배방법, 알코올 농도, 맛과 향에 대한 규정 등을 정하고 있으며 현재 프랑스에는 약 400여 개의 AOCAppellation d'Origin Controlee 명칭이 있다. 이 규정에 적합한 와인은 포도재배지역의 명칭을 가운데 삽입하여 'Appellation ○○○ Controlee' 라고 상표에 표기할 수 있다.

푸아그라 푸아그라fois gras란 살찐 거위나 오리의 간을 뜻하며 다른 재료와 섞어서 파테잘게 썬 고기를 양념한 뒤 틀에 넣어 구운 음식, 용기에서 꺼내어 얇게 썰어 먹음, 테린용기 안에서 썰어 먹음으로 만들어 먹기도 하고, 그대로 먹기도 한다. 거위나 오리를 좁은 곳에 가두고 영양가가 높은 곡식으로 만든 사료를 강제로 먹이기 때문에 이런 사육방식에 거부감을 느끼는 사람들도 있다.

14 _ 푸아그라

15 _ 푸아그라를 이용한 요리

16 _ 푸아그라 파테요리

에스카르고 : 달팽이요리 에스카르고escargot는 식용으로 키운 커다란 달팽이를 사용하여 만든다. 달팽이를 데쳐서 껍질 속에 넣고 마늘과 파슬리를 넣은 후 버터를 얹어 오븐에 구운 요리이다.

코크 오 뱅 코크는 수탉을 의미하며, 뱅은 와인을 뜻하므로 코크 오 뱅coq au vin은 '와인 안의 수탉'으로 해석할 수 있다. 닭고기와 채소에 와인을 넣어 졸인 전통요리로, 서민들이 주로 먹던 음식이며 대표적 와인 생산지인 부르고뉴에서 발달하였다.

17 _ 에스카르고요리

18 _ 코크 오 뱅

19 _ 현대식 코크 오 뱅

라타투이 라타투이ratatouille는 양파, 마늘, 토마토, 가지, 피망, 호박 등의 채소를 썰어 올리브유에 볶은 후 토마토소스나 치킨 스탁과 함께 익힌 프로방스의 전통적인 채소 스튜이며 사이드 디시로 먹거나 에피타이저로 먹기도 한다.

부이야베스 부이야베스bouillabausse는 지중해 연안지방인 마르세이유의 대표 음식으로 일종의 해물찌개이다. 양파, 대파, 감자와 마늘, 사프란 등의 향신료를 넣고 생선, 가재, 아구, 장어, 조개류, 새우 등을 넣고 푹 끓인다.

20 _ 라타투이

21 _ 라타투이를 얹은 왕새우

일상식

식도락을 중시하는 프랑스인들은 아침보다 점심식사에 비중을 두는 편이다. 아침에는 바게트나 크루아상 등의 빵과 우유를 많이 넣은 커피 한 잔으로 간단히 식사하는 것이 일반적이며 아침에 길거리에서 바게트를 들고 다니는 모습을 흔히 볼 수 있다. 점심은 보통 12~2시로 아페리티프aperitif ; 식전에 식욕을 돋우기 위해 먹는 가벼운 알코올, 에피타이저appetizer, 주 요리main dish, 샐러드salad, 치즈, 디저트 및 식후 음료 등의 순서로 여유 있게 풀코스 식사를 한다. 저녁식사는 집에서 먹거나 레스토랑에서 먹는데, 대부분 정식 상차림에 와인을 곁들인다. 음식이 순서대로 나오기 때문에 식사시간이 1~2시간 이상 걸리며, 무엇보다 저녁시간을 가족과의 대화시간으로 여기기 때문에 식사시간이 길어지는 이유도 있다.

프랑스 거리에서 쉽게 볼 수 있는 음식은 크레페crepe이다. 이는 프랑스 브르타뉴 지방의 향토요리이며 얇은 밀가루 반죽에 햄과 채소, 과일, 아이스크림 등 다양한

22 _ 프랑스의 대표 디저트 마카롱

23 _ 프티프루

재료를 넣어서 싸먹는 음식으로 한 끼 식사 대용으로 충분하다. 식당이나 길거리에서 전문적으로 만들어 파는 사람을 크레페리creperie라 부른다.

프랑스인들은 아침식사를 제외하고는 에피타이저에서 디저트까지 꼭 챙겨먹는 습관이 있어 디저트문화가 발달했다.

크리스마스음식

24 _ 구겔호프

프랑스의 크리스마스는 우리나라의 명절처럼 가족과 친척이 한 자리에 모이는 날로 여겨지기 때문에 음식을 준비하는 데 많은 시간을 보내게 된다. 대표적인 음식은 푸아그라, 코크 오 뱅이 있으며, 후식으로 먹는 부쉬 드 노엘buche de Noel은 나무 모양의 버터크림 케이크로 이는 무사히 보낸 한 해를 기념하고 다음 해의 희망을 기원하는 의미가 있다. 이 외에도 건과일들을 넣고 브리오슈 반죽으로 만든 케이크인 구겔호프gugelhopf 등이 있다.

프렌치 패러독스

프렌치 패러독스French Paradox 는 원래 프랑스인의 상식적이지 않은 생활이나 이해가 되지 않는 사고방식을 일컫는 말로 사용되었으나 1989년 세계보건기구의 심장질환에 관한 연구에서 프랑스인들의 포화지방 섭취량이나 혈청 내 콜레스테롤 농도가 영국인이나 미국인과 비슷함에도 심장병에 덜 걸리는 현상을 표현하는 용어로 쓰이게 되었다. 이는 레드와인의 레스베라트롤resveratrol, 폴리페놀polyphenols 등의 성분에 의한 것으로 보고된 바 있다. 하지만 최근 보고에서는 프랑스인들의 심장병에 의한 사망률은 낮지만, 알코올로 인한 질병 비율은 오히려 높다고 조사되었기 때문에 적당한 양의 와인 섭취가 중요함을 알 수 있다.

신세계(New World) 와인과 구세계(Old World) 와인이란?

1. 생산지

신세계란 구세계 외의 모든 지역을 가리키며 기본적으로 유럽을 의미한다. 따라서 프랑스, 스페인, 이탈리아, 독일, 그리스, 크로아티아 등에서 생산된 와인을 구입할 경우 구세계 와인을 구입한 것이고, 반면 미국, 칠레, 남아프리카공화국, 오스트레일리아에서 생산된 와인은 신세계 와인을 구입한 것이다.

2. 라벨링 차이

구세계 와인은 일반적으로 와인이 생산되는 곳의 이름을 따서 명명된다. 예를 들면, 보르도, 리오하, 키안티가 대표적이며 이곳들은 유명한 와인 생산지로 단순히 그 지방의 지역명을 따라 와인의 이름을 지었다. 반면, 신세계 와인은 생산자, 생산지역, 품종을 표기한다.

3. 제조방법

일반적으로 구세계 와인이 전통적인 와인제조방식을 지키려고 노력하고 있으며 신세계 와인은 스테인리스 스틸 탱크와 같은 진보된 기술을 와인제조방식에 접목시키고 있다. 그러나 그 차이점은 희미해지고 있으며 와인 메이커, 트렌드, 기술 및 아이디어가 국경을 넘나들고 있다.

4. 테리어와 양조자

테리어terrior는 일반적으로 포도의 성장에 영향을 줄 수 있는 모든 환경적 요소를 의미하는 프랑스 단어이다. 날씨, 토양, 토지의 지형까지 포함된다. 구세계에서는 이러한 환경적 측면의 중요성과 그 변화가 매년 어떻게 다른지에 따라 매우 다른 와인을 생산한다. 신세계에서는 포도주 양조자wimemaker와 그의 뛰어난 역량을 더욱 강조한다.

식사예절

사회생활의 모든 경우와 장소에서 취해야 할 바람직한 행동 양식을 의미하는 에티켓etiquette은 본래 프랑스어로서 예의범절을 익힌 사람이 왕실에 출입할 수 있는 티켓이란 말에서 유래한 것이다. 이 단어에서 알 수 있듯 프랑스는 식사예절이 까다로운 나라 중 하나이다. 프랑스인들은 타인에 대한 배려로서 예절교육을 중요시하며, 식탁은 단순히 식사의 공간을 넘어 사교의 공간이기 때문에 식탁에서의 예절은 매우 중요하다.

프랑스인들은 악수가 생활화되어 있어 만날 때마다 악수를 하며 집으로 초대받은 경우 꽃이나 초콜릿 등 작은 선물을 준비하여 10분 정도 늦게 도착하는 것이 예의이다. 식사시간을 사교의 시간으로 여기기 때문에 식사 도중 침묵을 지키는 것은 무례하다고 여겨지나 음식물을 입 안에 넣고 이야기하는 것은 좋지 않다. 자리에 앉을 때는 주인이 배치한 대로 앉게 되며 남녀가 번갈아가며 앉고, 한 가족이 연이어 나란히 앉지 않도록 배치한다. 주인이 시작 후 식사를 하게 되며 식사 전에는 자연스럽게 손을 식탁 위에 놓거나 무릎 위에 올려놓는다.

식사 시 포크와 나이프는 요리가 나올 때마다 바깥쪽부터 한 개씩 사용하고, 샐러드는 나이프로 잘라서 먹지 않는다. 생선요리는 윗면의 살을 먹은 다음 뼈를 발라내고 나머지 부분을 먹어야 하며 절대 뒤집어 먹지 않도록 한다. 식사가 끝난 후 포크는 위를 향하게 하고 나이프는 칼날을 안쪽으로 향하게 하여 접시 오른편에 나란히 놓는다.

영 국 United Kingdom

나라명 | 그레이트브리튼 북아일랜드 연합 왕국 **국토면적** | 24만 3,610km^2(세계 80위)
인 구 | 약 6,318만 명 **수 도** | 런던 **공용어** | 영어 **통 화** | 파운드
종 교 | 영국 성공회 29%, 로마 가톨릭교, 개신교 등 **인종(민족)구성** | 앵글로색슨족, 켈트족

1 식문화의 발달배경

자연환경

영국은 유럽대륙 북서쪽 북대서양에 위치한 섬나라로 잉글랜드, 웨일스, 스코틀랜드, 북아일랜드 등 4개의 지방으로 구성되어 있다. 서쪽으로 대서양이, 동쪽으로 북해가 위치해 있으며 남쪽의 도버 해협을 사이에 두고 프랑스와 인접해 있다. 동부 해안 중앙부의 티스 강 하구와 남부 해안의 라임만을 연결하는 선을 중심으로 동남부의 저지대와 북서부의 고지대로 나눌 수 있고, 중위도 대륙 서해안의 해양성 기후로서 멕시코 만류와 편서풍 때문에 고위도임에도 불구하고 따뜻한 편이다. 습기가 많기 때문에 안개가 많고, 런던에서는 스모그가 1년에 90일간 생겨서 '안개의 도시'라고 불린다. 비는 연중 고루 내리는 편이지만 3~6월에는 비가 적고 9~1월까지가 많은 시기이다.

과일이나 채소의 재배에 적합하지 않은 서늘한 기후로 인해 감자가 충분하게 생산될 수 있었고, 농경지의 대부분이 목초지여서 낙농업과 목축업이 발달하였다. 섬

나라로서 어업도 활발하게 이루어져 생선요리와 해산물요리가 발달하였다.

사회문화적 배경

한때 100여 개의 식민지를 지배하던 영국은 '해가 지지 않는 나라'라고 불린다. 대영제국 시기에는 북아메리카, 중국, 인도로부터, 제2차 세계대전 이후 이민자들의 식문화와 영국의 전통음식이 어우러져 발달해 왔다. 프랑스요리나 이탈리아요리의 영향도 받았으며 1750년 발생한 산업혁명으로 인해 상공업이 활성화되면서 도시의 인구가 많아졌고, 도시의 바쁜 일과로 인해 복잡한 전통조리법 대신 간단한 조리법의 요리를 선호하게 되었다. 또한 제1차 세계대전과 제2차 세계대전을 겪으며 빠르고 간소한 요리법이 발달하게 되었으며 이는 영국의 특징적인 식문화 형성의 원인이 되었다. 현재는 미국의 즉석식문화를 재빨리 수용하는 등 전 세계의 음식문화를 끊임없이 받아들이고 변화를 시도하고 있으나 일반적으로 영국의 기후가 일조량이 적고 기온도 낮아 농작물을 재배하기 적합하지 않으며, 금욕을 중시하는 청교도의 영향으로 인해 음식에 대한 감각이 상대적으로 부족할 수밖에 없다는 평도 있다.

식문화의 특징

• 영국식 아침식사

25 _ 잉글리시 블랙퍼스트

영국인들은 보통 하루에 네 번 식사를 한다breakfast, lunch, tea, dinner. 특히, 아침식사와 오후의 차는 영국의 전형적인 식문화를 보여 주는 것이라 할 수 있다.

영국인은 아침을 잘 먹는 편이다. 산업혁명 이후 도시의 노동자들은 아침부터 고된 일을 해야 했기 때문에 든든히 아침을 먹는 문화가 형성된 것이다. 주재료는 돼지고기와 달걀로, 푸짐하고 기름진 음식을 먹는 것이 특징이다. 잉글리시 블랙퍼스트English breakfast는 일반적으로 과일주스, 시리얼, 베이컨, 달걀, 토마토, 토스트, 요구르트와 과일, 커피 또는 홍차로 구성되어 있다.

• 차문화

차tea는 1655년 유럽에 최초로 수입되었고, 영국에 들어오기 전 17세기 네덜란드에서 유행하였다. 이후 1820년 영국의 식민지였던 인도의 아삼지방에서 차가 발견된 후 영국 중상류층에게 보편화되기 시작했다. 영국에는 하루 여섯 번, 아침 5시, 오전 11시와 점심 직후, 오후 3~4시와 5시, 저녁 때 차 마시는 시간이 있을 정도로 새벽부터 밤까지 하루 종일 차를 마신다고 해도 과언이 아니다. 오전 11시와 오후 3~4시경의 차는 일상화되어 있을 정도이며 샌드위치나 케이크, 잼을 바른 스콘 등을 곁들여 식사를 대신하기도 한다. 중상류층의 영국인은 아삼, 다즐링 등의 인도산 차나 우롱차 등의 고급 중국 차를 마시기도 하지만 일반적으로는 영국에서 섞어 만든 블렌디드 티blended tea를 많이 마신다. 차를 만드는 행위와 차를 대접하는 행위는 음식 접대 예절로서 중요하게 여겨지며, 차를 마시는 행위 자체가 자신의 신분을 과시하는 수단이었기 때문에 지방과 계급에 따라 차와 곁들이는 음식이 다르기도 하다. 그러나 최근에는 바쁜 일상과 커피 선호도의 증가 추세로 인해 영국인들의 차 섭취량이 예전보다 많이 줄었다고 보고된다.

26 _ 애프터눈 티와 스콘

27 _ 영국식 차포트와 찻잔

• 펍문화

펍pub은 영국 어디서나 흔하게 볼 수 있는 곳으로 맥주를 마시며 쉴 수 있는 공간

28 _ 영국의 펍
출처 : Flickr(The Queen Vic).

을 의미하는데, 정식 명칭은 퍼블릭하우스Public house이다. 중세시대에 만남의 장소로 이용되거나 여행자들이 머물던 여인숙, 선술집이 그 기원이라고 할 수 있다. 서 있는 채로 맥주를 마시거나 맥주 잔을 들고 밖으로 나와 담소를 즐기기도 한다. 다양한 종류의 맥주뿐 아니라 아침 · 점심 · 저녁식사를 모두 할 수 있는 레스토랑의 성격도 가지고 있다.

2 영국음식의 특징

주요 식재료

• 감 자

영국인들은 전통적으로 고기와 빵을 선호하였으나 18세기 말 흉작으로 인한 식량난을 해결하기 위해 감자를 주식으로 받아들이게 되었다. 서늘한 기후로 인해 감자 농사가 발달하였고, 섬나라이기 때문에 생선이 많은 특징을 반영하여 발달된 대표적인 요리는 피시 앤 칩스fish & chips이다. 단어 그대로 감자튀김과 생선튀김을 함께 먹는 것으로 조리법도 단순하고 쉽게 먹을 수 있는 패스트푸드 중 하나이다. 오븐에 넣어 구운 통감자에 버터 및 여러 토핑을 얹은 자켓포테이토는 가격이 저렴하고 길

29 _ 자켓포테이토

30 _ 피시 앤 칩스

거리에서 쉽게 볼 수 있는 대중적인 음식이다. 이 외에도 소시지와 매시포테이토를 함께 먹는 뱅거스 앤 매시, 포테이토 케이크 등이 있다.

치 즈

대표적인 영국 치즈로는 체더치즈cheddar cheese를 들 수 있다. 영국 낙농업의 중심지로 풍부한 목초지와 천연동굴이 잘 형성된 영국의 체더지방에서는 오랜 숙성 기간을 거쳐야 하는 치즈가 16세기부터 제조되고 있으며 현재 세계에서 가장 많이 만들어지고 있다. 산업화의 영향으로 치즈제조 역시 대규모 공장화가 진행되었으나 여전히 지역별 특색 있는 소규모 농가의 치즈가 인기를 끌고 있다. 체더치즈 이외에도 스틸턴stilton, 체셔cheshire, 웬슬리데일wensleydale 등이 있다.

치즈롤링축제

치즈롤링cheese-rolling축제는 영국 글로스터Gloucester 주의 쿠퍼스 언덕에서 1800년부터 매년 5월 마지막 주에 열리는 축제로, 지역 특산품인 '더블 글로스터 치즈'를 알리는 것이 목적이다. 30° 정도의 가파른 언덕 위에서 3kg 정도의 덩어리 치즈를 굴리고 수백 명의 참가자들은 치즈를 잡기 위해 언덕을 굴러내려가게 된다. 마지막에 치즈 덩어리를 제일 먼저 잡는 사람이 우승하게 되며 우승자에게는 치즈 한 덩어리가 선물로 주어질 뿐이지만, 승부를 겨루기보다는 함께 즐기는 축제로서의 성격이 강하다.

대표음식

로스트비프 로스트비프roast beef는 쇠고기 덩어리에 소금, 후추를 뿌려 통째로 오븐에 구운 요리로, 고기를 구울 때 나오는 육즙에 레드와인을 넣어 만든 그레이비 소스나 머스터드 등을 곁들여 먹는다.

요크셔푸딩 요크셔푸딩yorkshire pudding은 밀가루에 달걀, 우유를 넣고 반죽한 후 로스트비프의 육즙을 얹어 오븐에 구운 후 고기와 곁들이는 푸딩을 말한다. 요크셔지방의 대표적인 음식이다.

31 _ 요크셔푸딩

32 _ 하기스

33 _ 하기스를 이용한 음식

하기스 하기스haggies는 스코틀랜드의 전통음식으로 양이나 송아지의 염통, 허파, 간 등을 소금, 후추, 양파 등으로 양념하여 다시 그 동물의 위장 속에 넣고 삶아낸 요리이다.

파이 파이pie는 밀가루 반죽에 고기나 과일 등을 넣고 오븐에 구운 요리로 다진 양고기와 양파를 매시드 포테이토로 싼 세퍼즈파이, 과일, 건포도 등을 넣은 민스파이 등 여러 종류가 있다.

스카치 위스키 스카치 위스키scotch whisky는 스코틀랜드지방에서 4~5세기 무렵부터 제조되었으며 세계에서 가장 많이 소비되는 위스키이다. 품질 관리를 위해서 위스키의 전 제조과정을 책임지는 몰트 마스터를 두고 있다. 원료에 따라 몰트 위스키, 그레인 위스키, 블랜디드 위스키가 있으며 대표적인 브랜드로는 발렌타인, 시바스리갈, 조니워커 등이 있다.

샌드위치 18세기 영국의 존 몬테규 샌드위치 백작의 이름에서 유래된 음식으로 공무로 바쁜 백작을 위해 그의 하인이 일하면서 먹을 수 있도록 빵에 고기를 끼워넣은 데서 시작되었다고 한다. 그 당시 격식을 차리며 식사하는 문화임에도 불구하고 샌드위치의 간편함 때문에 인기를 끌게 되었다. 영국에서 점심식사로 흔히 먹는 메뉴로, 영국 곳곳에서 샌드위치 전문점을 볼 수 있다.

밀크티 진한 홍차에 따뜻한 우유를 섞어서 마시는 것으로, 위에 부담을 주지 않기 때문에 아침에 먹기 좋다. 영국인들은 1인당 하루 평균 6~7잔의 홍차를 마신다고 한다. 샌드위치, 케이크, 비스킷을 곁들여 먹기도 한다.

:• 제이미 올리버

제이미 올리버Jamie Oliver는 2003년 대영제국 훈장을 받은 영국의 스타 셰프로, 제이미의 네이키드 셰프The Naked Chef 방송을 통해 유명해졌으며, 누구나 '건강한 음식'을 먹을 자격이 있다는 음식 철학을 가지고 학교급식 개선에 앞장서 결국 2005년 감자튀김과 탄산음료 등 정크푸드를 급식에서 사라지게 했다. 신선하고 흔히 구입할 수 있는 재료를 이용한 조리법을 개발하여 건강한 음식과 먹는 행복을 강조하는 식탁문화를 주도하였다. 2012년 삼성 런던올림픽 홍보대사로 활동하여 우리에게 친숙하기도 하다.

스카치에그 스카치에그scotch egg는 완숙으로 익힌 달걀을 소시지고기로 감싸고 빵가루를 묻혀 튀긴 것으로 식사를 대신할 수 있는 대중적인 영국음식이다.

34 _ 스카치에그

패스티 패스티pasty는 영국의 콘웰지방에서 유래된 팬케이크의 일종으로 다진 고기와 향신료, 여러 가지 채소 등을 패스트리 반죽에 넣고 구운 것을 말한다. 가지고 다니면서 먹기 좋기 때문에 콘웰지방 광부들의 점심식사 메뉴였다고 한다.

35 _ 패스티

일상식

영국인은 아침식사를 가장 중요하게 여긴다. 점심식사는 보통 주 요리와 후식으로 구성되는데, 주 요리로는 육류나 생선을 채소와 감자를 곁들여 먹고 후식으로는 주로 푸딩 종류나 타르트를 먹는다. 오후에 먹는 식사인 차tea는 3~4시에 먹는 애프터눈 티afternoon tea와 5시에 먹는 하이 티high tea로 나눌 수 있는데, 차와 함께 비스킷이나 케이크를 먹는다. 하이 티의 경우 차를 곁들인 저녁식사를 의미하기도 하는데, 조리된 음식을 같이 먹는다. 저녁식사를 간단히 먹을 것인지, 정식을 갖추어서 먹을 것인지는 애프터눈 티로 먹는지, 하이 티로 먹는지에 따라 결정된다.

식사예절

여성이 식사 자리에 착석할 때는 남성이 도와주는 것이 기본예절이다. 식사에 초대된 경우 먹지 않는 음식에 대해 미리 알려줘야 하며, 주인이 먼저 식사를 시작한 후 식사를 한다. 음식을 제공받았을 때는 매번 감사의 표시를 하며 항상 포크와 나이프를 이용하여 음식을 먹는다. 식사 후에는 접시에 나이프와 포크를 함께 올려놓음으로써 식사가 끝났다는 것을 알리고, 너무 많은 음식을 입에 넣거나 소리를 내며 먹는 것은 예의에 어긋나는 행동이다.

차를 마실 때는 티백tea bag을 사용하지 않고 반드시 찻잎을 찻주전자에 넣어 우린 다음 찻잎을 걸러 내는 차 거르개tea strainer를 사용하는 것이 전통적인 방식이다.

애프터눈 티타임에는 3단 트레이에 다양한 디저트가 담겨 나오는데, 보통 1단에는 스콘과 샌드위치, 2단에는 케이크, 3단에는 마카롱, 과일 등이 세팅된다. 가장 밑에서부터 위로 올라가며 먹는다.

프랑스와 영국의 식문화 비교

구분	프랑스	영국
식재료	기후가 농작물재배에 적당하여 채소와 과일이 풍부하다.	• 기후가 적합하지 않아 채소와 과일은 대부분 수입한다. • 서늘한 기후로 인해 감자 생산량이 많다. • 섬나라이므로 생선요리가 발달하였다.
조리법	식재료 고유의 맛을 살리는 요리법을 중요시한다.	신선한 요리보다는 찌거나 삶는 요리, 튀김요리가 대부분이다.
아침식사	• 유럽식 아침식사(continental breakfast) • 빵, 잼, 크루아상, 카페오레 등 단음식 위주이다.	• 영국식 아침식사(English breakfast) • 돼지고기와 달걀이 주 메뉴로 푸짐하고 기름진 것이 특징이다.
디저트	신선한 과일, 마카롱, 프티프루 등	파이, 푸딩 등
음료	• 와인문화 • 와인 산지인 부르고뉴, 보르도, 상파뉴, 루아르, 론 등에서 지역별로 개성 있는 와인이 발달했으며 연간 100억 병 이상 생산한다.	• 차문화 • 영국의 홍차 소비량이 전 세계 소비량의 50% 가까이 되며, 영국 인구의 82%가 홍차를 하루에 4~5잔씩 즐긴다.

좀 더 조사해 보기

1. 프랑스와 영국의 각 지역별 식문화의 차이점 및 대표음식을 알아보자.

2. 유네스코 세계 무형문화유산인 프랑스 미식문화는 무엇을 의미하는지 알아보자.

3. 오늘날 프랑스 식문화를 있게 한 요리 거장인 앙토냉 카렘Antonia Carême 브리야 사바랭Jean Anthelme Brillat-Savarin, 오귀스트 에스코피에Georges-Auguste Escoffier에 대해 좀 더 알아보자.

4. 영국 스타 셰프인 제이미 올리버Jamie Oliver, 고든 램지Gordon Ramsay에 대해 좀 더 알아보자.

5. 프랑스와 영국요리 전문점을 방문하여 각 나라별 대표음식을 체험해 보고 특징이 무엇인지 알아보자.

Collection

알사스식 플렘베

만드는 법

1 따뜻한 물에 설탕과 이스트를 풀고 밀가루와 소금을 넣어 반죽한다.
2 반죽을 1시간 정도 숙성시킨다.
3 따로 밀가루를 버터에 볶아 우유를 풀어주어 베사멜소스를 만든다.
4 양파는 캐러멜라이징시킨다.
5 반죽을 얇게 펴고 크림치즈와 베사멜소스를 섞어 바른 뒤 베이컨과 양파를 얹어 260도 오븐에서 7분 구워낸다.
6 새싹잎을 뿌려 낸다.

*재료 강력분 1kg, 이스트 20g, 물 650g, 설탕 1큰술, 소금 1작은술, 베이컨 2장, 양파 1/2개, 크림치즈 50g, 가니시 샐러드용 새싹 10g

베사멜소스
밀가루 2큰술, 버터 2큰술, 우유 1컵, 넛맥과 소금 조금씩

퐁뒤

만드는 법

1 각종 치즈를 다진다.
2 퐁뒤 그릇에 마늘을 잘라 문지른다.
3 와인 1컵을 끓여 치즈 2컵과 섞고 약불에 녹인다.
4 완전히 녹으면 전분 1큰술을 키르시 1큰술에 풀어 넣어준다.
 – 농도 보아가며(쓴맛을 줄이려면 꿀 1큰술을 넣는다)
5 빵을 큰 큐브로 썰어 빵바구니에 담는다.
6 사이드로 절인 양배추, 오이피클, 양파 절임을 준비한다.
7 퐁뒤가 끓으면 빵을 꿰어 퐁뒤에 감아서 후추를 뿌려 먹는다.

*재료 그루에르치즈 400g, 에멘탈치즈 400g, 마늘 1알, 옥수수전분 1큰술, 키르시(체리술) 1큰술, 백포도주 2큰술, 블랙올리브 1병, 미니오이피클 조금, 통후추 넉넉히, 바게트 1줄

곁들임용
절인 양배추 · 오이피클 · 양파 절임 조금

Chapter 11

북유럽의 식문화

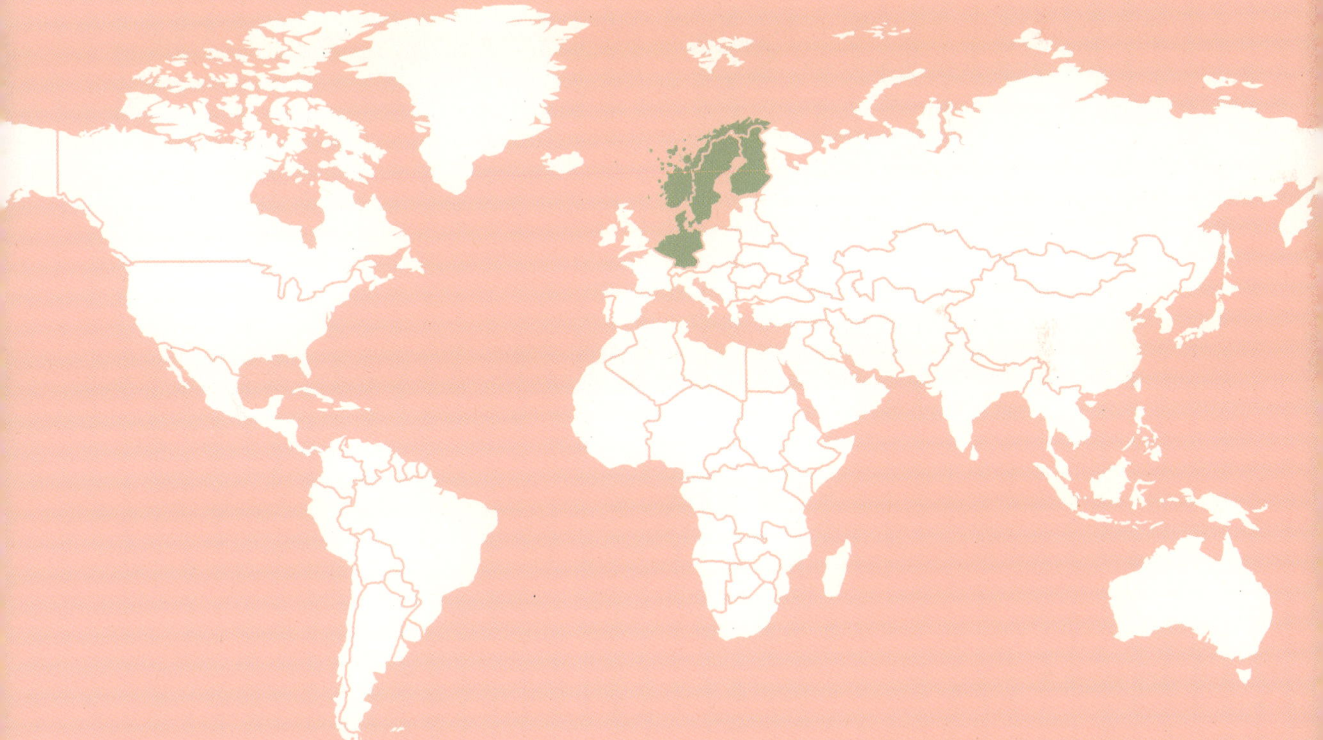

Northern Europe

북유럽의 많은 부분을 차지하고 있는 스칸디나비아인Scandinavian은 바이킹의 후예들로 같은 문화적 유산을 가지고 있으며, 같은 민족의 나라들로서 옛날에는 국경의 한계가 뚜렷하지 않았다. 또 서로 지배하기도 하고 지배받기도 하였기 때문에 모든 면에서 유사성이 많지만 다른 유럽국가와는 지리적으로 떨어져 있기 때문에 문화와 식생활에 다소 차이가 있다. 이 지역은 유럽과 역사적으로 다른 특색이 나타나며, 이는 유럽대륙의 새로운 사조와 기술이 지역적 단절로 인하여 유입되는 데 어려움이 있었기 때문이다.

✪ 학습목표

- 유럽 연합의 분류에 따라 노르딕 5국 중에 하나인 덴마크, 스웨덴, 핀란드와 독일, 스위스, 오스트리아의 북유럽에 속하는 나라들의 식문화와 식재료에 대해서 알아본다.
- 남 · 서유럽과 다른 북유럽의 독특한 음식문화 특징에 대해서 알아본다.

독 일 Federal Republic of Germany

나라명 | 도이칠란트 연방 공화국 **면 적** | 35만 7,050km²(세계 47위) **인 구** | 약 8,244만 명
수 도 | 베를린 **공용어** | 독일어 **통 화** | 유로(EUR)
종 교 | 로마 가톨릭교(30.7%), 개신교(32.3%) **인종(민족)구성** | 게르만족

1 식문화의 발달배경

자연환경

독일은 유럽에서 7번째로, 세계에서는 63번째로 넓은 나라이다. 국토는 유럽 중앙부에 위치하여 9개국과 국경을 접하고 북해 및 발트 해와 맞닿아 있다.

지형은 남쪽에서 북쪽으로 갈수록 차츰 낮아지며, 알프스지대, 중앙구릉지대 북부 독일 평야의 4대 자연구역으로 나뉜다. 그리하여 도나우 강 외에 큰 강은 북해와 발트 해로 흘러든다.

독일의 기후는 북서부지역은 해양성 기후, 남동부는 대륙성 기후를 나타낸다. 전반적으로 겨울은 한랭이며, 여름은 온화하나 변덕스러운 날씨를 보인다.

사회문화적 배경

독일의 인종은 주로 게르만족이며 접경지역에서는 소수민족이 살고 있다. 종교는

개신교와 천주교, 기타 종교가 각각 1/3 정도씩으로 알려져 있다.

역사적으로 독일은 프랑스, 오스트리아, 네덜란드, 영국 등과 같은 강대국과 인접해 있어 이들의 침입을 받아 항상 괴롭힘을 받고 살았지만 문화적으로는 많은 영향을 받았다. 그러한 배경이 현재의 배타적이고 보수적이며 단결력이 강한 독일인을 만들었고 무엇이든 견고하고 실용적으로 만드는 국민으로 만들었다.

식문화의 특징

1 _ 독일식 유명빵 프레첼 빵

전통적으로 독일은 아침을 중요하게 여겨 다양한 빵과 콜드컷cold cuts, 치즈, 잼, 마멀레이드marmalade, 꿀, 달걀, 커피와 티를 즐겨먹는다. 그리고 저녁은 간소하게 아침과 비슷하게 빵과 고기, 소시지, 치즈, 채소들과 함께 먹으며 점심을 하루 중 가장 중요한 식사로 여겼다. 하지만 독일도 지난 50년 동안 다른 유럽 국가들의 영향을 받아 현재는 많은 사람들이 점심을 간소히 먹고 아침은 두 번째로 중요한 식사가 되었다. 반면, 저녁은 온 가족이 모여서 먹는 중요한 시간이 되었다.

2 독일음식의 특징

주요 식재료

• 맥 주

독일은 알프스 산에서 내려오는 물이 석회질을 많이 함유하고 있어 물이 탁하다. 이러한 이유로 물을 정제해서 가공하여 사용했는데, 이러한 이유로 맥주가 발달하게 되었다.

기원전 게르만인들은 빵으로 맥주를 빚었는데, 얼마 지나지 않아 싹 틔운 보리녹맥를 건조하여 맥아엿기름를 만들어 맥주를 빚기 시작하였다.

독일의 맥주는 지역에 따라 그 종류와 맛이 다양하며 아무리 작은 마을이라 하더라도 독특한 맥주가 있다. 매년 독일에서는 92억L가 양조되는데, 이는 독일 국민 1인당 약 145L를 마시는 것이며 병으로 따지면 평균 300병이 넘는 양이다.

: 소시지

독일에는 "사람은 빵만 먹고 살 수 없다. 반드시 소시지와 햄이 있어야 한다"라는 속담이 있다. 독일의 음식문화를 이렇게 잘 함축한 것도 없다. 대부분의 독일 가정 식탁에 하루도 빠지지 않고 오르는 소시지와 햄은 독일 사람들에게 빼놓을 수 없는 가장 기본적이고 중요한 음식이다.

2 _ 다양한 소시지, 햄과 콜드컷

소시지란 돼지고기 등의 여러 가지 육류를 통째로 또는 염장한 후 곱게 갈아 동물의 창자에 채워 삶거나 훈연 처리한 육가공품을 말한다.

표 11-1 | 독일의 지역별 음식의 특징

지 역	주요 도시	특 징	대표음식	비 고
바이베른	뮌헨	바바리언 음식의 기원은 시골스러움이다.	다양한 육류와 삶은 감자 또는 크뇌델	지리적으로 가까운 오스트리아와 체코의 음식문화와 많은 점에서 흡사하다.
니더작센	한노베르, 올덴버그 등	주로 토속적인 음식이며 매우 영양가가 높으며 맛이 있다.	아스파라거스, 펌퍼니컬 브레드	일년 내내 온도 차이가 많이 없는 지역이다.
튀링겐	에어푸르트, 게라 등	다양한 곡물과 채소가 재배되고 있으며, 독일에서 2번째로 큰 면적의 향신료를 재배한다.	츠비벨쿠헨(양파케이크), 비프룰라드	사냥감으로는 붉은 사슴, 노루, 멧돼지, 토끼, 오리, 산양

오스트리아의 음식문화

오스트리아의 요리는 독일요리에 헝가리요리가 가미되어 독특한 맛을 내며, 종류 또한 다양하다. 전통요리로 비엔나슈니첼wiener schnitze ; 송아지고기커틀릿이 유명하며, 굴라시gulasch ; 매콤한 헝가리식 수프와 다양한 소시지요리도 먹어볼 만하다. 또 커피와 케이크도 맛있다.

음식값은 비교적 비싼 편이지만, 서민레스토랑 인바이슬Beisl, 가스트하우스Gasthaus에서 싸고 맛있는 가정식 요리를 맛볼 수 있다. 또 바인켈러Weinkeller라고 하는 선술집과 빈 교외의 그린칭 등에 있는 호이리게Heurige에서도 가벼운 식사가 제공된다. 비엔나 숲의 인근 마을에서 갓 수확한 포도주를 파는 곳으로 유명한 호이리게에서는 전통적인 가정식 삶은 쇠고기요리 등을 제공하는 것으로 유명하다.

비엔나식 슈니첼

호이리게

전통 가정식 삶은 쇠고기요리

카페사회학 : 유네스코 무형문화유산이 된 빈의 카페문화

커피는 단순한 기호식품이 아니라 식습관 이상의 것을 변화시키는 힘이 있다. 사람을 취하게 하는 술을 마시는 술집이나 여성들만의 전유물이던 차 모임과는 달리 카페에서 커피를 마시면서부터 사람들은 처음으로 낮에 공공장소에 모여 담소를 나눌 이유를 갖게 되었다. 처음에는 개인적인 취미로 커피 마시는 모임이 시작되었지만 곧 학문이나 정치, 종교적인 토론장으로 카페의 성격은 변화되어 갔다.

빈의 카페

사회적 만남의 매개가 된 카페는 근대 프랑스혁명의 시작점으로 유명하다. 이러한 사회적 만남의 장으로 가장 유명한 곳이 오스트리아의 빈이다. 헝가리-오스트리아제국의 분할과 세계 1 · 2차 세계대전의 막후정치의 중심이었던 빈에서는 비엔나 커피라는 용어가 생길 정도로 근대 · 현대사회의 중요한 정치적 담론과 토론이 이루어졌다. 유럽의 문학, 예술, 정치, 철학 등 인문학과 사회학의 거두들이 빈에 집결되어 학문의 꽃을 피운 장소가 바로 빈의 카페들이며 유네스코는 이들 카페의 토론문화 전통을 보전하고자 2013년 유네스코 문화유산에 오스트리아 빈의 카페문화를 공식 등록하였다.

스위스 Swizerland

나라명 | 스위스 연방 **면 적** | 4만 1,285km²(세계 47위) **인 구** | 약 759만 명
수 도 | 베른(법률상으로는 없음) **공용어** | 독일어, 프랑스어, 이탈리아어, 로만슈어
통 화 | 스위스 프랑(CHF) **종 교** | 로마 가톨릭교
인종(민족)구성 | 복수 민족(게르만 알라만인, 라틴 부르군트인)

1 식문화의 발달배경

자연환경

스위스는 유럽의 서부–중앙에 위치한 국가로 다양한 지형과 기후를 가지고 있는 나라이다. 특히, 산악지대가 많은 남쪽지역보다는 북쪽에 많은 인구가 모여 살고 있다.

스위스의 기후는 보편적으로 온화하지만 지역에 따라 크게 달라진다. 산악지대는 혹한의 기후로 만년설이 존재하며 반대로 남쪽 끝은 지중해성 기후를 가지고 있다. 여름은 따뜻하고 부분적으로 비를 동반하여 습도가 있어서 목초지를 가꾸는 데 용이하여 세계적으로 유명한 낙농국가로 성장하였으며 겨울은 다소 변덕스러운 기후를 가지고 있다.

사회문화적 배경

프랑스, 독일과 오스트리아 등이 부딪히는 접경이 되었기에 식문화도 강한 게르

3 _ 굴라시 소스의 크뇌델

4 _ 스위스의 말린 고기와 소시지들

만적 요소를 가지고 있다. 주로 육류와 육가공품, 치즈 등이 식문화의 중심을 이루며 알프스산간의 소박하고도 넉넉한 보존식을 많이 사용한다.

2 스위스음식의 특징

주요 식재료

: 치즈

알프스의 깨끗한 자연환경과 그 속에서 자라는 건강한 소, 그리고 오랜 세월을 거쳐 전해 내려온 치즈에 대한 노하우는 스위스 치즈를 세계 최고로 이끄는 요소들이다.

스위스 동북부에 위치한 아펜젤지역에서 생산되는 아펜젤러 치즈는 스위스를 대표하는 고급 치즈 중 하나로 생산과정에서 사용되는 허브 간수에 의해 매우 독특한 맛과 향을 지니고 있다. 스위스 치즈를 대표하는 가장 유명한 치즈로 '스위스 치즈의 제왕'이라고도 불리는데, 미묘한 견과류의 향과 함께 약간의 산미를 느낄 수 있다. 어떤 요리에도 잘 어울리며, 특히 그뤼에르 치즈와 함께 퐁뒤요리의 주 재료로 쓰이기도 한다.

스위스의 가장 대표적인 음식은 퐁뒤fondue이다. 퐁뒤는 지역음식이었는데, 스위스 치즈협회에 의해 전략적으로 치즈 판매를 증가시킬 계획에 의해 유명해지게 되

5 _ 퐁뒤

6 _ 다양한 치즈

었다. 프랑스의 퐁드르 fondre : 녹다에서 온 말로서 긴 꼬챙이 끝에 음식을 찍어 녹인 치즈나 소스에 담가 찍어 먹는 음식을 말한다.

그 외, 뢰스티rösti라는 감자요리도 유명한데, 전통적으로 스위스 전 지역에서 아침식사로 애용되었으나 지금은 뮤즐리muesli에 의해 그 위치를 빼앗겼지만 지금까지 메인요리의 사이드음식으로 또는 그 자체로 많은 사랑을 받고 있는 요리이다.

타트tarts와 퀴시quiches 역시 전통적인 스위스음식으로, 특히 타트는 달콤한 사과에서부터 양파까지 다양한 재료를 이용하여 만들어지고 있다.

초콜릿

1875년 최초의 밀크 초콜릿이 만들어져 판매됐고, 로돌프 린트는 1879년 초콜릿의 맛과 향을 좋게 하고 부드럽게 만드는 가공방식인 정련conching기법을 개발했으며 이는 오늘날 초콜릿을 만들 때 반드시 거치는 표준공정이 되었다.

스위스 초콜릿은 코코아매스, 코코아버터, 설탕, 우유 등을 넣어 만드는데, 우유 함량이 높은 밀크 초콜릿 위주이며, 알프스의 넓은 초원에서 신선하게 짜낸 우유가 스위스 초콜릿을 부드럽고도 달콤하게 만든다.

일상식

스위스에서는 지역에 따라 많은 다른 음식이 있지만 파스타, 피자와 같은 이탈리

7 _ 사과 스투르델

8 _ 스위스의 레스토랑

아음식이 가장 일반적이며 에멘탈 치즈emmental cheese, 바체린vacherin 그리고 아펜젤러appenzeller와 같은 치즈를 많이 먹는다.

스위스의 아침식사는 마가린, 빵, 버터, 꿀, 치즈, 시리얼, 우유, 따뜻한 초콜릿우유, 커피, 차이며 점심은 파스타, 감자요리, 고기, 생선, 해산물, 채소 등을 먹는다.

노르딕 국가

나라명 | 덴마크 / 스웨덴 / 핀란드 **면 적** | 4만 3,094km² / 44만 9,964km² / 33만 9,145km²
인 구 | 약 547만 명 / 약 905만 명 / 약 526만 명
수 도 | 코펜하겐 / 스톡홀름 / 헬싱키 **공용어** | 덴마크어 / 스웨덴어 / 핀란드어
통 화 | 크로네(DKK) / 크로나(SEK) / 유로(EUR) **종 교** | 루터교 **인종(민족)구성** | 게르만계

1 덴마크

덴마크는 윌란 반도와 여러 섬으로 이루어져 있으며 빙하 침식에 의해 산이 별로 없고, 평야가 많은 자연환경을 가지고 있다.

게르만계의 덴마크인이 거의 대부분이며 인구는 약 550만 명 정도이다. 덴마크어가 공용어이며 안데르센의 나라로도 유명하다.

덴마트는 유제품의 왕국, 맛있는 패스트리가 유명하며, 세계에서 가장 많은 양의 돼지고기를 수출한다. 또한 세계에서 두 번째로 많은 버터, 세 번째로 많은 양의 치즈를 수출한다.

주요 식재료로는 돼지고기, 유제품, 피클 헤링 등이 있으며 대표음식은 프리카델레르, 카르보나데르이다. 일상식으로 아침은 커피와 라이 브래드, 점심은 샌드위치, 저녁은 가족과 함께 따뜻한 음식을 즐긴다.

덴마크는 유명 핫도그 체인 스테프핫도그STEFF HOTDOG의 본국이기도 하다.

❷ 스웨덴

스웨덴은 스칸디나비아 반도에 위치하는 국가이다. 사계절이 뚜렷하고, 연중 기온이 온화하며 멕시코 만류의 영향으로 동일 위도상의 다른 지역보다 따뜻하여 남부와 중부지방은 여름에 종종 25~30℃에 이른다. 북부지방은 북극 기후의 영향으로 6개월간 영하의 온도가 계속된다.

높은 복지와 함께 높은 세금 부담률이 특징이며 학교, 보육, 건강, 연금, 노인복지, 사회복지사업 등을 국가가 거의 무상으로 제공한다.

스웨덴의 식문화는 다른 스칸디나비아 국가들처럼 전통적으로 조리법이 단순한 편이다.

주요 식재료로는 청어, 호밀, 각종 베리와 버섯 등이 있으며 대표음식은 스웨덴식 미트볼, 스뫼르고스보르드가 유명하다.

일상식으로 아침은 주로 오픈 샌드위치와 바삭한 빵 또는 시리얼을 먹으며 저녁은 6, 7시경에 든든히 먹는다.

❸ 핀란드

핀란드는 국토의 3분의 2가 삼림지대이고, 나머지는 북극권이다. 후기 빙하기에 형성된 호수들은 이 나라 자연환경의 특징이며, 소택지와 습지를 포함하면 국토의 약 10%가 물로 이루어져 있다. 또한 아이슬란드를 제외하고는 세계에서 가장 북쪽에 위치하고 있는 나라이다.

11세기경 스웨덴의 점령하에 기독교로 개종하여 6세기(1150~1809) 동안 스웨덴의 통치하에 있었고, 이때 핀란드는 경제, 정치, 문화, 종교적으로 유럽의 문명과 통합된 시기이다.

핀란드 식문화는 기후에 큰 영향을 받는다. 일년 내내 날씨가 거칠므로 신선한 과일과 채소를 얻기가 쉽지 않기 때문에 뿌리채소와 곡물류의 소비가 많다. 그래서 주요 식재료는 곡류, 베리류, 순록 등이다.

대표음식은 캐비지롤, 완두콩수프, 발효된 우유제품 등이 있으며, 일상식으로는 점심은 주로 정오에 따뜻한 음식을 섭취하는데, 간혹 샌드위치나 샐러드 등의 간편식을 즐기기도 하며 런치박스는 다른 유럽과는 다르게 찾아보기가 힘들다.

노르딕 국가의 음식예절

- 식사 전 팔꿈치를 식탁 위에 올리는 것은 "당신이 한 음식이 상당히 기다려지고 입맛이 좋다"라는 뜻이다.
- 선물을 받거나 어떤 호의를 받으면 어깨 밑부터 팔꿈치 윗부분까지 부드럽게 쓰다듬으며 감사함을 표시하는 등 상당히 많은 감사 표현을 해야 한다.
- 의자의 왼편으로 들어가서 의자를 당겨 식탁과 10cm 정도 가까이 바른 자세로 앉아야 한다.
- 남성은 여성이 자리에 앉고 난 뒤에 앉아야 하며 여성은 핸드백을 자기 등과 의자 사이에 놓거나, 행거를 사용하여 걸어야 한다.
- 버터그릇이나 소금에 손이 닿지 않을 때에는 옆 사람에게 부탁하고 필요에 따라서는 심부름 하는 사람을 불러 작은 소리로 부탁한다.
- 뷔페 식을 먹을 때는 너무 많이 담아 음식이 그릇에 남지 않도록 한다.
- 식당에서 음식을 먹은 후에 웨이터에게 "맛있었다"라고 말하는 것이 예의이다.

* 대표요리 컬렉션

Collection

머쉬룸소스와 치즈 가니시의 양고기구이

만드는 법

1 버터에 머쉬룸 통조림 건더기만 넣어 볶는다(생버섯이 있으면 더 넣어도 좋음).

2 페퍼치즈를 잘게 다지고 생크림을 부어 끓인다.

3 적양파는 스텐 팬에 버터로 캐러멜라이징한다.

4 양고기는 램스파이스를 충분히 뿌려 포일에 싸서 20분씩 뒤집어가면서 바비큐 한다.

5 치즈 가니시를 만든다.

6 접시에 양고기를 스테이크처럼 썰어 담고 적양파와 캐러멜, 머쉬룸소스를 더하여 낸다.

*재료 버터, 양송이 40g(슬라이스 된 머쉬룸 통조림도 됨), 페퍼치즈 50g, 파마산치즈 20g, 생크림 100g, 적양파 1개(캐러멜라이징), 뼈 바른 양다리살, 램스파이스

스칸디나비아식 페퍼소스연어구이

만드는 법

1 포일에 버터 반 바르고 연어 껍질 쪽이 아래로 가게 놓는다.

2 연어살 쪽에 마늘 다진 것과 버터, 허브솔트, 후추로 간을 한다.

3 포일을 봉하고 220도 오븐에 넣어 6분 정도 구운 후 포일을 벗겨서 3분 굽는다.

4 페퍼소스는 양파, 당근을 브르노와즈로 썰어 볶다가 생크림을 붓고 페퍼치즈를 넣어 녹인다.

5 채소 가니시나 셀러리를 곁들여 낸다.

*재료 생연어 100g, 버터 50g, 마늘 2쪽, 허브솔트, 후추, 타임 1가지, 레몬, 생크림 100g, 페퍼치즈 50g, 쿠킹포일

채소 가니시
양파 1/4개, 당근 1/4개, 빨간색 피망 1/4개, 감자 1/2개, 브로콜리 1조각

Chapter 12

슬라브문화권의 식문화

Slavic People

러시아를 중심으로 하는 슬라브문화권은 인도 유럽계의 슬라브어를 사용하는 민족의 후손이다. 약 6세기경 흑해 연안(오늘날의 우크라이나 지역)의 슬라브족들이 동유럽과 중앙아시아, 발칸 반도의 남유럽으로 각각 거주지를 확장하며 시작되었다. 슬라브문화권은 한 민족에서 분화되어 유사한 언어를 사용하는 공통점이 있는 반면 다른 유럽 국가보다는 비교적 늦게 절대 왕정이 확립되었고 또 제1, 2차 세계대전을 거치며 자유민주주의와 공산주의 간에 격렬한 충돌이 발생한 현장이다. 언어와 민족의 공통성에도 불구하고 지역 간의 민족 계파 갈등과 이슬람과 가톨릭, 동방정교가 얽히면서 오늘날까지도 첨예한 갈등의 진원이 되었으며, 음식문화에서도 다이내믹한 조합이 형성되었다. 가장 넓은 지역을 차지하는 러시아는 전통적으로 농민들의 소박한 식생활이 널리 퍼져 있는 반면 발칸지역은 500여 년간의 오스만투르크의 지배를 거치면서 동방적인 요소가 많이 스며들었다. 동부 유럽은 슬라브민족의 식문화요소에 헝가리, 오스트리아 등 이웃한 게르만풍의 식문화가 가미되어 같은 슬라브민족임에도 식문화의 차이를 엿볼 수 있다. 러시아와 동부 유럽, 발칸 반도의 여러 슬라브문화권 국가들에서 나타나는 식문화의 공통분모와 특성, 식문화의 차이점들을 살펴보자.

✪ 학습목표

- 슬라브문화권의 자연과 역사가 이 지역의 식문화에 미친 영향을 알아본다.
- 러시아의 전통식문화와 공산주의에 의한 인위적인 식문화 변화에 대하여 알아본다.
- 슬라브국가들의 식문화전통 중 유네스코 무형문화재로 등록된 사례를 알아본다.

러시아와 동부 유럽 Russia & Eastern Europe

나라명 | 러시아, 우크라이나(동슬라브), 동유럽 : 폴란드, 체코(서슬라브), 발칸 반도(남슬라브)

인 구 | 약 1억 5,000만 명(러시아) **공용어** | 인도 유럽어족의 슬라브어파

종 교 | 동방정교(러시아, 동슬라브), 가톨릭교(서슬라브, 우크라이나), 이슬람교(발칸 반도)

인종(민족)구성 | 슬라브족

1 슬라브민족의 식문화 발달배경

러시아를 중심으로 하는 슬라브문화권은 인도 유럽어계의 슬라브어를 사용하는 문화권역이다. 슬라브 민족은 약 6세기경 흑해 북쪽 우크라이나의 드네프르 강변에서 시작하여 북아시아부터 동남부유럽, 중앙아시아로 퍼져가며 형성한 다양한 국가들을 형성하였다. 이동민들은 점차 지역을 확장하며 토착민들을 흡수, 통합하였고 서로 다른 자연 조건하에 역사적으로 훈족의 침입과 오스만투르크의 지배를 거치면서 서로 상이한 식문화 양상을 나타내게 되었다.

원래 슬라브지역의 출발점이었던 흑해 연안의 우크라이나나 그루지아는 온난한 날씨와 풍부한 강우량으로 오늘날에도 세계적인 밀 곡창지대이다. 그러나 동쪽으로 이동하여 러시아 지역에 자리 잡은 슬라브족은 한대의 기후와 척박한 토양으로 인하여 오랫동안 빈곤한 생활을 하였으며 소박한 농민들의 식문화가 주류를 이루었다.

서쪽으로 이동한 슬라브족은 유고와 슬로바키아, 루마니아 등의 국가를 형성하였다. 이들은 토착민과의 교류와 더불어 훈족의 침입 등을 거치면서 인접한 오스트리

1 _ 슬라브민족의 이동과 분포

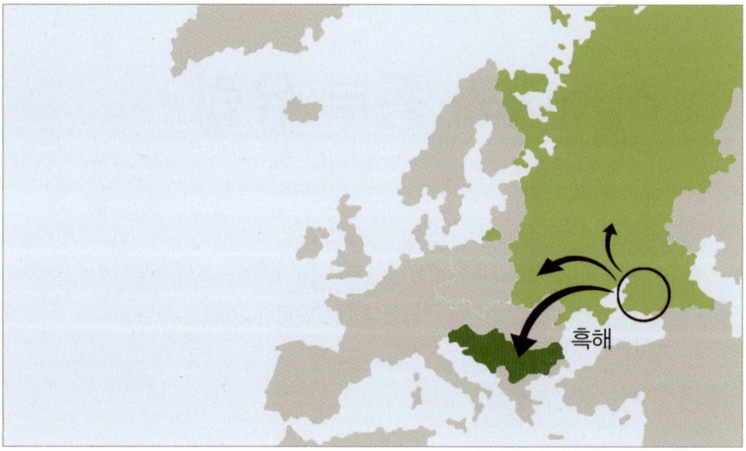

아와 헝가리 등 게르만족의 식문화에 많은 영향을 받았다. 또한 종교적으로도 가톨릭을 신봉하여 정교를 국교로 하는 러시아와 차이가 있다. 반면 남쪽으로 이동한 슬라브민족들은 지금의 발칸 반도에 자리 잡아 오스만투르크의 오랜 지배를 받는 동안 이슬람문화권과 충돌하는 현장이 되었다.

2 러시아의 식문화

자연환경

동부 슬라브문화권의 중심 국가인 러시아는 지구상에 가장 큰 국토 면적을 가진 나라로 전 지구 육지의 1/8을 차지하는 광대한 대륙과 세계 산림의 1/5에 이르는 다양한 산림 자원을 가지고 있다. 지역별로 다양한 기후대가 나타나는데, 러시아의 서남부에 위치한 우크라이나와 소치를 중심으로 하는 흑해 연안과 동부 유럽은 온난한 날씨와 풍부한 수량으로 세계적인 곡창지대를 이룬다. 반면 러시아 북동부의 시베리아지역은 대륙성 기후로 혹심하고 긴 겨울의 툰드라지대가 펼쳐져 있다. 러시아 국토의 대부분은 높은 위도에 존재하여 봄, 가을이 매우 짧고 여름과 겨울의 기온 차이가 매우 커서 감자와 호밀이 주된 곡류가 되며 전통식단에서 채소와 과일이

귀하다. 또한 고원에서 방목으로 기른 양이나 숲에서 사냥한 야생동물이 주된 육류 재료로 사용되어 왔다.

역 사

러시아 농민들의 전통 식생활은 이 지역의 혹독한 기후와 거친 환경에 따른 야생동물과 감자, 생선으로 이루어진 소박한 것이지만 16~18세기 러시아제국의 확장기에 서구 유럽문화를 받아들였던 귀족과 왕가의 화려하고 정교한 요리 또한 러시아의 전통 식문화의 한 축을 차지하고 있다. 19~20세기 공산주의의 치하에서 소비에트연방의 정치구조는 이 지역의 전통 식문화에 큰 변형을 유발하였다.

이들은 한때 몽골족의 침입에 의해 작은 나라들로 분산되기도 하였지만 18세기경부터 모스크바대공국이 중심이 되어 폴란드부터 알라스카에 이르는 대제국으로 확장되었다. 볼세비키 혁명 이후 이 지역은 범슬라브주의의 기치 아래 강력한 공산독재체제로 통일되었으나 1991년 소비에트 연맹이 붕괴된 이후 인종, 종교, 역사적인 배경이 다른 각 국가들로 독립하였다.

종 교

러시아는 비잔틴시대 이후 동방정교를 국교로 확립하였지만 공산시대를 지나면서 공식적인 국교가 금지되었다. 그 결과 현재 동방정교42%, 무교40%, 이슬람교8% 정도, 가톨릭교5%, 기타 토속신앙을 보유한 사람들로 이루어져 있다. 특히, 지역적으로 이슬람권과 인접한 국경을 지닌 지역이나 가톨릭 전승이 강한 지역이 구별되어 있어 지역적으로 음식문화가 다르게 나타난다.

식문화 변화

러시아는 근대 이후 역사적 격동기를 거치며 짧은 시간 내에 식문화의 양상이 크게 변하였다. 과거 인구의 대부분을 차지한 농민들의 식생활은 감자와 양배추, 숲에서 잡은 야생동물들과 가금류를 이용한 매우 단순하고 소박한 것인 반면, 18세기 대러시아왕국시대에 유럽으로부터 도입된 화려하고 정교한 음식과 연회문화 역시 러시아 식문화의 다른 얼굴이다. 특히, 지역토착세력과 귀족층을 중심으로 발달한 러시아의 왕실 식문화는 지금도 러시아식 서비스라는 이름으로 정통 양식의 식사 제공방식의 모범이 되고 있다.

화려함과 소박함이 공존하던 러시아의 식문화는 공산혁명에 의해 큰 변화를 겪었다. 공산체제하에서 소비에트 정부는 범슬라브 민족주의에 입각하여 슬라브 전역의 전통요리 중에서 일부를 단순, 표준화시킨 식단을 러시아 표준으로 제시하였다. 이를 소비에트식 식사라고 하는데, 소련 연방의 어느 곳에서나 구할 수 있는 제한된 수의 식재료를 사용하되 단순한 조리방법으로 대량 조리할 수 있는 음식들로 정형화된 식단이었다. 이 식단들의 토대는 전통 러시아음식의 기원이 되는 그루지아 지방식에 프랑스계와 오스트리아-헝가리식계 토착음식을 결합시킨 것이다. 또한 화려한 러시아 황실 서비스 방식을 개량, 단순화하여 4개의 코스로 진행되는 식사 서비스 방식도 확립하였다.

이 소비에트식 식사는 공산주의식 강제 적용이 사라진 오늘날에도 회사, 대학 등 저렴한 가격으로 다수의 사람에게 음식을 제공하는 단체급식장과 간단한 레스토랑, 가정에서 그 편의성으로 자주 사용된다. 냉전시대 단순함과 실용성을 강조한 소비에트식 식사가 널리 이용되다가 1990년 자유화 이후 각 지방의 고유 지방색을 살린 전통식들이 회복되고 있다.

주요 식재료

러시아의 넓은 초원지대에서 생산되는 주된 작물은 호밀과 보리, 메밀, 해바라기씨, 감자, 양배추 등 한랭지역에서 잘 자라는 식물들이다. 과거 소비에트 연방기에는 농토의 광대함에도 불구하고 생산성은 매우 저조하여 곡류의 수입국이었으나 러시아가 개방화되면서 곡류 생산량이 크게 증가하여 2009년 이후 미국과 EU에 이은 세 번째의 밀수출국이 되었다. 또한 대서양과 북극해, 태평양으로 열려 있는 넓은 해안선을 가진 러시아는 세계적인 어류 자원의 공급지이기도 하다. 규모의 경제를 갖춘 원양어선단과 양식 어업 및 캐비아 등 어류 가공품의 수출이 증가하고 있다.

2 _ 러시아의 대표 어업 가공품인 캐비아

일상식과 대표음식

러시아 일상식은 대개 첫 요리로는 국물이 많은 수프가, 두 번째 요리로는 고기와 생선, 가금류, 달걀 등이 다양한 감자요리와 함께 메인접시로 나온다. 감자 대신 메밀로 만든 핫케이크나 곡류가 육류와 함께 나오기도 한다. 세 번째는 차나 커피, 우유, 캐비아 등 음료이며 네 번째 메뉴는 디저트로 구성된다. 샐러드는 일반적인 코스 외에 따로 서브되는데, 대개 토마토나 오이, 양파 등으로 구성되며 드레싱은 스메타나smetana라고 하는 발효된 진한 크림을 사용한다. 향신료의 사용은 제한되어 있으며 대부분의 가정에서 정교의 금식일을 지켜 목요일에는 고기 대신 생선을 메인디시로 준비한다.

시치 : 러시아의 국민요리

시치shici는 양배추를 주 재료로 만든 수프로 수천 년간 슬라브음식의 첫 번째 코스로 이용되었다. 감자, 양배추 등 수확량과 저장성이 높은 채소를 기반으로 생선, 가금류와 야생동물, 버섯과 베리류 및 꿀로 맛을 낸 수프와 스튜를 시치라고 부르며 사회적인 계층이나 지역에 관계없이 애용된다. 유지방의 함량이 높은 생크림을 발효시킨 스메타나를 얹어 빵과 같이 제공하는데, 추운 날씨에 뜨끈하게 먹으며 열량이 높다. 여름에는 근대와 같은 녹색 채소의 양을 늘려 차갑게 먹는다.

3 _ 양배추와 비트로 만든 보르시치 : 위에 발효 생크림인 스메타나를 얹어 낸다.

시치는 러시아의 모든 지역, 모든 계층에서 연중 사시사철 아침과 점심, 저녁 어느 때나 애용한다. 가난한 농민들은 양배추와 양파,

절임채소만으로 새콤하게 시치를 만들고 부유한 가정에서는 넉넉한 육류와 향신채소, 당근이나 버섯, 치즈를 넣어 맛을 낸다. 주 재료에 무엇을 더 첨가하든 시치는 러시아식 나무 스토브에 오래 끓여 만들어 채소의 맛이 국물에 우러나게 만드는 전통 컴포트 푸드위로음식이다.

수프에는 대개 빵을 곁들이는데, 주곡인 호밀과 보리, 밀과 조로 이들을 이용한 흑빵과 호밀 팬케이크가 일상적이다. 호밀과 보리는 맥주와 보트카, 러시아인들이 코카콜라처럼 마시는 크바스kvass와 같은 알코올음료를 제조하는 데도 많이 사용된다.

사슬릭과 펠메니

유명한 러시아의 대표 육류요리로는 타르타르족과 코카서스민족 이동의 역사적 흔적을 찾아볼 수 있는 사슬릭이 유명하다. 사슬릭은 유목민들의 이동 시 칼에 고기를 꿰어 굽던 전승에서 나온 것으로 러시아전역에서 찾아볼 수 있다.

우크라이나지방에서는 쇠고기와 돼지고기로 작은 완자를 빚은 후 고기만두를 만들어 항아리에 넣고 밀빵으로 밀봉하여 재 속에서 푹 익혀 내는 펠메니라는 음식이 유명하다.

1800년대 연해주와 아무르에 이주한 고려인들이 집단 거주지를 이루어 살다가 스탈린의 강

4 _ 러시아의 대표 육류요리 사슬릭

5 _ 시베리아의 작은 만두요리 펠메니

6 _ 코타지치즈로 속을 채운 호밀전병 블리니와 스메타나

7 _ 한식세계화의 일세대라고 할 수 있는 카레이스키 샐러드

제이주정책에 의해 중앙아시아로 추방되었다. 현재도 약 2만 명 이상의 고려인들이 있지만 거의 현지에 동화되어 있다. 카레이스키 샐러드는 고려인들이 배추가 없는 중앙아시아에서 가장 많이 먹는 채소인 당근을 사용하여 김치를 담근 것에서 연유한다. 채소가 부족한 중앙아시아에서 고려인사회뿐 아니라 시장 등지에서도 흔히 찾아볼 수 있으며 카자크스탄 등 중앙아시아에 널리 퍼져 있는 피클형 샐러드이다.

크바스

러시아와 우크라이나의 전국 각지 어디서나 볼 수 있는 유명한 음료는 크바스이다. 러시아의 코카콜라라고도 불리는 크바스는 흑밀빵을 발효시킨 음료로 알코올 도수가 1.2% 정도이지만 러시아에서는 술로 분류되지 않고 여름에 냉차처럼 거리에서 판다. 전통적으로는 가정에서 만들어 마셨지만 현대에 와서 식품회사에서 만든 크바스를 거리의 큰 트럭에 실고 다니며 파는 길거리 음료수이다. 청소년부터 노인에 이르기까지 인기가 있는 크바스는 냉차로도 마시지만 식재료로도 사용된다. 여름철에는 토마토와 오이, 양파와 햄 등 재료를 넣어 오크로시카차가운 수프로 만들어 먹거나 겨울에는 스메타나발효된 생크림를 얹어 뜨겁게 마시기도 한다.

8 _ 러시아 국민음료 크바스

자쿠스키 : 재정 러시아 왕실요리의 전승

16~18세기 러시아는 유럽으로 문호를 개방하고 프랑스의 세련된 요리와 조리기법을 받아들였다. 이 시기에 다양한 훈제 육류와 어류, 패스트리, 샐러드, 채소와 초콜릿, 아이스크림, 와인 등 전통적으로 사용된 러시아 식재료가 아닌 식품들이 외국으로부터 수입되었으며 제조방식 역시 도입되었다. 생활에 여유가 있던 지방 지주들과 도시의 귀족계층은 새로운 식재료에 마음을 열고 러시아요리에 활발하게 접목을 시도하였으며, 그 결과 다양한 조합의 음식들이 새로 생겨났다. 또한 중세부터 정찬의 기준이 되던 프랑스식 정찬방식을 개선하여 음식이 순차대로 제공되는 러시

아식 서비스를 시작하였고 이는 19세기 이후부터는 전 세계적으로 양식을 제공하는 기준 틀이 되었다.

오늘날 러시아의 명절에는 각 가정에서 대개 18세기 러시아 왕가의 요리들에서 유래된 다양한 축제음식을 준비한다. 축제음식 준비에 많은 공을 들이는데, 이는 축제 음식상이 가족의 명예를 보이는 것이기도 하고 전승된 신앙심에서 명절의 식탁이 복을 기원하는 의미가 강하기 때문이다. 제정 러시아시대의 화려한 음식 전통을 계승한 자쿠스키zakuski 음식들은 소비에트 연방시대에도 살아남아 파티나 리셉션 음식으로 이용되었으며, 오늘날 축제나 명절음식에 각 가정에서 만들어 손님을 접대하는 데 이용되고 있다.

자쿠스키는 축제나 명절에 차려지는 러시아식 전채 모듬을 의미하며 뷔페스타일로 차려진다. 일상식 첫 번째 코스인 수프를 대신하는 자쿠스키는 다양한 찬 음식으로 이루어진 호화로운 첫 번째 코스요리이다. 다양한 소스와 절임고기들, 치즈 등을 사용하며 식재료와 조리방식이 복잡하고 정교하다. 조리된 육류들과 콜드컷, 햄류,

유네스코 세계 무형문화유산 : 그루지아식 와인 만들기

가장 오래된 천연발효 와인의 발굴터를 상징한 그루지아의 우표

슬라브민족의 기원이 되는 지역인 남부 코카서스의 유적지에서 인류역사상 가장 오래된 포도주가 발굴되었다. 그루지아인들은 가을에 야생포도를 수확하여 크베리스kvevris라고 불리는 진흙항아리에 담고 나무뚜껑으로 밀봉하여 땅에 파묻었다. 우리나라의 겨울 김장을 담그는 것과 같이 겨울내 적정한 지온으로 인해 서서히 포도주로 발효된 와인을 제조하였는데, 이런 방식으로 저온 숙성한 그루지아 와인은 약 50~60년 이상 보관이 가능하다고 한다. 기원전 4000년 전부터 그루지아에서 전승되어 오는 이 와인제조방식은 오늘날에도 동일한 방식으로 제조되고 있으며 그 독특함으로 인하여 2011년 유네스코 무형문화유산에 등재되었다.

훈제생선류와 러시안 샐러드, 피로즈키pirozhki ; 고기로 속을 채운 튀김빵, 절임채소류, 달걀, 치즈, 오픈 샌드위치, 카나페류, 버섯류, 빵 등이 차려지며 두 번째 메인 음식이 나오기 전에 속을 채우도록 한다.

서구에 알려진 자쿠스키의 가장 대표되는 음식은 캐비아이다. 캐비아는 철갑상어 알을 염장가공한 것으로 차가운 얼음 보드카나 다른 강한 알코올 음료와 함께 제공된다.

3 동부 유럽(서슬라브지역)의 식문화

폴란드, 체코, 슬로바키아, 리투아니아 등 동유럽지역은 이주해온 슬라브족들이 토착민들과 함께 만들어간 식문화를 토대로 형성되었다. 대륙성 한대 기후의 영향으로 열량이 많고 에너지가 풍부한 식사량을 기본으로 한다. 기본적으로 우크라이나와 러시아, 벨라루사의 슬라브음식과 유사하지만 이 지역에 나중에 유입된 고트족, 훈족, 게르만족의 음식문화가 함께 섞여서 이웃나라인 헝가리, 오스트리아, 독일 음식의 영향이 남아 있다. 예를 들어, 러시아의 국민수프인 시치와 유사한 수프를 동유럽 사람들도 일상적으로 애용한다. 그러나 양배추와 감자, 비트 등 뿌리 채소가 주 재료인 시치와 달리 파프리카와 고기를 많이 넣은 메인요리 같은 수프인 굴라시는 헝가리 음식문화의 영향을 받았다. 주식도 러시아보다 육류의 사용이 많고 치즈와 훈연한 돼지고기, 소시지와 햄 등의 사용이 많은 점도 게르만적인 요소를

9 _ 파프리카를 많이 넣은 굴라시풍의 수프

10 _ 폴란드의 송아지고기와 빵푸딩요리

보여 주고 있다. 이 지역의 대표음료는 맥주로 독일이나 오스트리아 다음으로 소비량이 많다.

종교적으로 가톨릭을 신봉하는 동부 유럽의 나라들에서 공통적으로 볼 수 있는 식문화 전통 중의 하나는 크리스마스 이브 정찬이다. 동부 유럽의 여러 가정에서는 12사도를 상징하는 12개의 식사코스로 이루어진 크리스마스 이브 정식을 차린다. 나라나 지역마다 메뉴는 조금씩 다르지만 공통적으로 달걀, 우유, 치즈는 넉넉히 사용한다. 크리스마스 정찬에 나오는 이 12코스는 모두 육류를 사용하지 않고 메인요리도 생선과 버섯, 다양한 곡류로 만드는 특징이 있다.

부활절의 빵, 파스카

부활절을 맞아 동부 유럽뿐 아니라 슬라브문화권 여러 나라 주부들이 가장 공을 들이는 것이 부활절 빵 파스카, paska의 준비이다. 파스카는 단순한 빵이 아니라 한해의 복을 점치는 중요한 주술적 의미가 있어 부활절 즈음에 빵을 굽는 일은 특별한 제례적 의미를 가진다. 시골지역에서는 아직도 파스카가 잘 구워지면 그해는 복을 많이 받는다고 믿기 때문에 빵이 부푸는 동안 가장은 문 앞에서 타인이 드나들거나 부정타는 것을 막고 빵이 구워지는 동안 가족들은 아무도 풀석 주저앉거나 큰 소리를 내면 안 된다는 등의 금기가 있다. 파스카가 잘 구워지면 주부는 십자가나 로제트, 태양, 나뭇잎, 새와 벌 등 풍요를 상징하는 상징물을 반죽으로 빚어 장식하는데, 이 장식물들은 태양과 빵을 연결시킨 고대 신앙의 상징물들이다.

부활절 아침 미사가 끝나면 각 가정은 파스카와 장식 달걀, 홀스래디시, 버터, 치즈, 돼지기름, 햄, 소시지, 여러 곡류의 씨앗 등이 담긴 바구니를 교회광장에 펼치고 파스카의 중심에 초를 꽂은 후 불을 켜서 성직자의 축복을 받는다. 그리고 집으로 돌아가 부활절 아침식사를 시작한다.

부활절의 아침
출처 : Смукровнч_Освящен не-кулнчей(1901).

부활절의 빵바구니

4 발칸 반도(남슬라브지역)의 식문화

11 _ 크로아티아의 채소시장

알프스산맥의 남쪽 끝부분인 발칸지역은 지중해성 기후를 가진 해안과 대륙성 기후를 가진 중부지역으로 대별된다. 슬로베니아, 크로아티아, 불가리아와 세르비아 등 발칸 반도의 여러 나라들은 같은 언어를 쓰는 슬라브족에서 파생된 민족이지만 훈족의 침입에 의해 동부나 서부 슬라브지역과 단절되어 음식문화면에서도 다른 점이 많다.

역사적으로도 비잔틴 문명과 게르만 문명 및 오스만투르크 문명의 영향이 함께 부딪치는 발칸지역은 현재도 가톨릭, 정교, 이슬람 마을이 서로 마주보며 공존하는 특성상 마을마다 종교적인 차이에 의한 식습관의 차이도 많다.

아드리아 해를 끼고 있는 슬로베니아와 크로아티아는 육류보다는 채소와 과일의 소비가 많고 지중해에서 나오는 도미, 광어, 다양한 생선요리와 조개류를 많이 조리하여 거의 이탈리아의 식문화와 유사하다. 게르만의 영향이 강했던 동슬라브지역과는 달리 역사적으로도 이 지역은 오랫동안 아드리아 해 건너편의 베네치아 식민지로 20세기 초까지 이탈리아 문화권에 있었기 때문에 피자와 파스타, 리조토 등의 쌀요리가 일상적이다. 경질밀과 올리브유, 와인의 사용이 많은 지중해풍의 식습관을 가진다.

12 _ 크로아티아의 해산물요리

13 _ 아드리아 해의 농어 카르파치오

14 _ 오렌지와 장미향을 가미한 아랍 스타일의 세몰리나 케이크

반면, 세르비아와 불가리아 등 내륙지역은 500여 년간 오스만투르크의 식민지로 있었던 역사로 인해 튀르키예와 아랍풍의 음식 색채가 짙다. 또한 러시아의 도움을 받아 튀르키예를 몰아내고 이후 범슬라브주의의 기치 아래 러시아와 동화된 부분으로 인하여 러시아 식문화의 특징도 강하게 나타난다. 남쪽으로 내려갈수록 이슬람 마을이 증가하여 이슬람율법에 의한 식사를 중요하게 생각한다.

유네스코 무형문화유산 : 크로아티아의 진저브레드 리시타르

발칸 반도의 크로아티아에서는 결혼식이나 발렌타인데이, 생일, 크리스마스 등 축하해 줄 일이 있는 날에는 꼭 꿀을 넣어 만든 전통 진저브레드 쿠키 리시타르licitar를 선물로 주는 풍속이 있다. 리시타르는 하트 모양으로 만든 뒤 설탕공예로 다양한 장식을 그려 낸 것으로 2010년 유네스코에서는 크로아티아의 진저브레드 공예가 무형문화유산으로 전승된 것을 인정하여 무형문화재로 등재되었다. 특히, 크리스마스에 크로아티아의 수도인 자그레브 중앙 광장에는 대형 크리스마스 트리를 설치하고 시민들이 소원을 적어 만든 다양한 리시타르를 매달고 축복을 기원하는 풍속이 있다. 진저브레드쿠키는 꿀과 밀가루, 달걀과 물만 재료로 사용하여 반죽을 만들고 장식용 자연색소로 정성껏 꾸며 집집마다 전승 비법이 따로 있을 정도이다. 최근에는 리시타르의 독특한 문양을 각종 그릇과 냅킨 등에 응용하여 크로아티아의 민속도구임을 표시하는 경우도 많다.

크로아티아의 진저브레드쿠키들

5 식문화 비교 : 보드카 벨트와 주류지도

보드카는 러시아어로 '물'을 뜻하는 '보다voda'에서 유래했다. 보드카는 14~15세기 동슬라브족인 폴란드에서 제조된 증류주로 밀, 호밀, 수수, 포도 등을 발효시킨 후 증류하여 만든다. 초기에 보드카는 각종 향신료나 약초를 넣어 약용으로 제조되어 제정 러시아시대에는 제조법을 비밀로 부칠 정도로 비전되어 왔으나 소비에트혁명 이후 망명한 보드카 제조자에 의해 제조기술이 유럽으로 전파되면서 세계적으로 알려졌다. 알코올 도수가 약 40°에 이르는 보드카는 한때 러시아인들을 알코올 중독으로 몰아넣고 출산율을 떨어뜨릴 정도로 사회적 폐해가 많다는 보고가 있었다. 그럼에도 불구하고 여러 칵테일의 베이스로 응용되면서 최근 들어 슬라브권이 아닌 미국과 독일 및 북구 유럽에서도 생산과 소비가 급격히 늘어나고 있다.

15 _ 여러 종류의 러시아산 보드카

보드카가 동슬라브지역인 폴란드에서 기원함에도 불구하고 실제적인 소비는 서슬라브지역인 러시아와 북구에서 많이 이루어지는 것과 대조적으로 동부 슬라브지

알렉스 드 용에의 세계주류지도

알렉스 드 용에Alex de Jonge는 슬라브지역의 식문화 특성을 보트카 벨트라고 정의하였다. 그가 제안한 세계주류지도Geoalcoholic map에 의하면 유럽은 주로 마시는 주류에 따라 맥주를 마시는 게르만권과 포도주를 마시는 남유럽, 지중해권 그리고 보드카를 메인 주류로 소비하는 슬라브 권역, 쌀로 만든 곡주를 마시는 아시아권으로 나눌 수 있다.

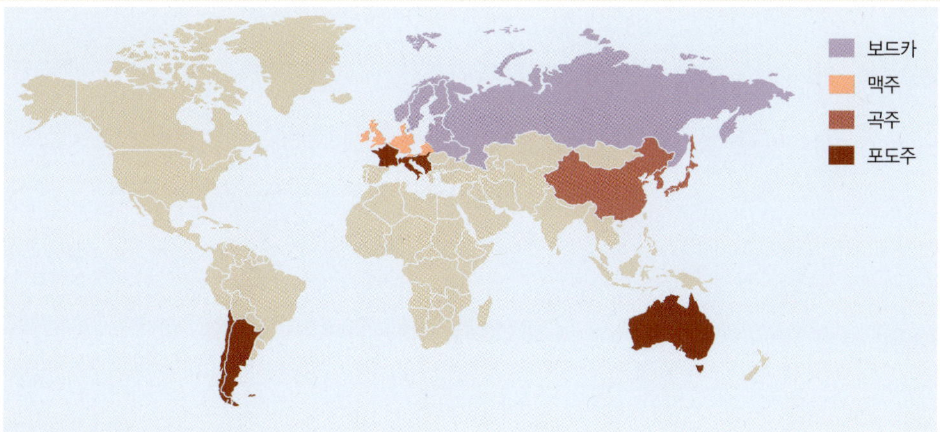

역은 전통적으로 맥주의 소비강국이다. 체코는 유명한 필스너 맥주의 원산지이며 소규모 맥주 양조장에서 나오는 다양한 맥주를 즐긴다. 국민 일인당 맥주의 소비량도 독일, 오스트리아 다음으로 3위를 기록할 정도이다. 남슬라브지역인 발칸 반도에서는 전통적인 지중해풍의 식문화권답게 포도 재배지가 널리 펼쳐져 있고 와인의 소비량이 많다.

좀 더 조사해 보기

1. 우크라이나의 전통요리에 대하여 조사해 보자.

2. 슬라브권의 국민요리 사슬릭의 기원을 알아보자.

3. 동유럽의 식문화를 중부 유럽의 식문화와 비교해 보자.

* 대표요리 컬렉션

collection

보르시치 borsch

만드는 법

1 미리 물에 쇠고기, 닭가슴살, 월계수잎, 양파를 넣고 육수를 낸다.

2 비트와 당근을 깍둑썰어 버터에 볶는다.

3 레드와인식초를 넣고 10분 이상 볶으며 육수를 조금 첨가해준다.

4 토마토 소스를 넣어준다.

5 육수에 넣고 감자, 양배추를 첨가하여 뭉근하게 끓인다.

6 다 끓으면 마늘과 양파, 파슬리를 다져 넣고 소금과 후추로 맛을 낸다.

7 수프볼에 담고 스메타나를 한술 얹어 흑빵과 함께 낸다.

*재료 쇠고기 150g, 닭가슴살 1개, 감자 1개, 당근 1개, 양파 1개, 양배추 1/6개, 비트 3개, 토마토 소스 3큰술, 레드와인식초 1큰술, 마늘 2쪽, 파슬리 조금, 스메타나(사워크림으로 최근 러시아에서 유행하는 식으로 마요네즈로도 대체 가능), 흑빵

불가리안 요구르트 디저트 Bulgarian yogurt desert

만드는 법

1 멸균우유 1L를 개봉하지 않은 채 전자레인지에 1분간 데운다.

2 용기에 부어 플레인 요구르트 1병을 풀어 넣어준다.

3 38℃ 정도의 온도로 하룻밤 발효시킨다.

4 설탕 캐러멜을 금색 정도로 만들어 시럽과 식용유 1큰술 정도를 섞은 뒤 견과류를 통으로 넣어 볶고 조리대에 쏟은 후 미지근하게 식으면 손으로 쪼개놓는다.

5 디저트볼에 굳은 요구르트를 담는다.

6 묽은 꿀을 한 바퀴 돌리고 견과류 구워진 것과 레몬 절임을 얹어낸다.

* 꿀을 좀 넉넉히 치거나 레몬청을 넣어주어야 신맛은 죽고 단맛이 올라간다.

*재료 멸균우유 1L, 플레인 요구르트 1컵, 견과류(호두, 피스타치오아몬드) 1/2컵, 올리고당 3큰술, 식용유 2큰술, 꿀 2큰술, 레몬 절임 조금

Chapter 13

북아메리카의 식문화

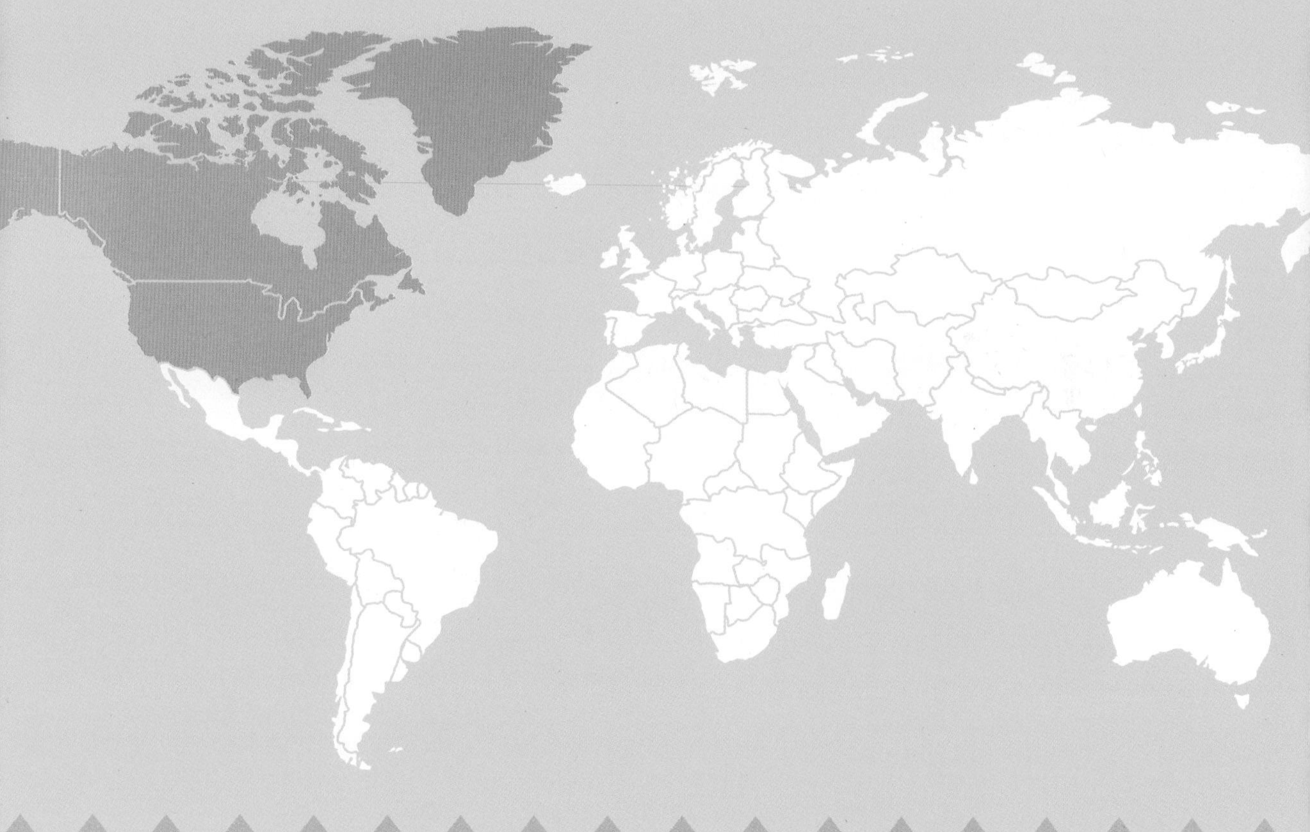

North America

북아메리카는 미국, 캐나다, 멕시코 3개국으로 구성되어 있다. 하지만 문화적 관점으로 보면 북아메리카는 보편적으로 미국, 캐나다만을 일컫는다. 면적은 약 2,470만 9,000km²로, 지구면적의 4.8%, 전체 육지면적의 16.5%을 차지하며 2016년 기준 약 6억 명이 살고 있다. 아시아와 아프리카에 이어 세 번째로 면적이 넓으며 아시아, 아프리카, 유럽 다음으로 인구가 많은 대륙이다.

북아메리카는 문화가 매우 다양하여 흔히 용광로melting pot문화라 불리고 있지만 사실은 각기 다른 소수민족들이 그들의 문화를 유지하면서 앵글로색슨문화가 주를 이루는 북미에서 본인만의 색을 내며 살아가고 있다.

✪ 학습목표

- 유럽과 아시아에 비해 비교적 짧은 역사를 가진 북아메리카 국가들의 식문화와 식재료에 대해서 알아본다.
- 미국과 캐나다의 식문화의 유사점과 차이점에 대해서 알아본다.

미 국 United States of America

나라명 | 아메리카 합중국 **면 적** | 983만 3,517km²(세계 3위)
인 구 | 3억 2,909만 명 **수 도** | 워싱턴 DC **공용어** | 영어 **통 화** | 달러(USD)
종 교 | 기독교 **인종(민족)구성** | 백인 61%, 히스패닉 18%, 흑인 12%, 아시안 6%, 원주민 0.7%

1 식문화의 발달배경

자연환경

미국The United States of America(USA)은 United States, America 또는 단순히 the States라고 불리는 연방공화국으로 본토의 48주에 알래스카 및 하와이를 합쳐 50개 주와 콜럼비아 특별구수도 워싱턴로 이루어져 있다. 북쪽으로는 캐나다, 남쪽으로는 멕시코와 국경을 맞대고 있으며, 북아메리카 북서쪽에 있는 알래스카 주는 동쪽으로 캐나다와 서쪽으로 베링해협을 사이로 러시아와 마주한다. 그 외 태평양과 카리브해에 해외 영토를 보유하고 있다. 총 면적으로는 세계 세 번째이고 본토 면적은 네 번째로 넓은 나라이다.

사회문화적 배경

정치, 경제, 과학 등 여러 방면에서 세계 최강대국인 미국은 방대한 국토에서 제공되는 풍부한 농 · 축 · 수산물, 세계에서 가장 진보된 식품 가공 및 포장기술, 마케팅 및 유통체계로 인해 식생활이 풍요롭고 간편하다. 그 외에도 경제 발전으로 인한 구매력 등이 현재 식생활문화의 기초를 이루고 있다. 세계 각 지역에서 이주해 온 사람들로 인구는 3억 2,909만 명2019년 기준에 이르고 백인61%, 히스패닉18%, 흑인12%, 인디언과 동양계6.7%로 이루어져 있다.

식문화의 특징

개척 초기 미국의 음식문화는 원래 이곳에 바탕을 두었던 원주민과 스페인, 프랑스의 영향을 받았다. 그 후 세계의 강자로 부상한 영국의 음식문화가 미국 음식문화의 기초가 되었고, 여기에 세계 각국에서 미국으로 이민 온 여러 민족의 음식문화가 혼합되어 있다. 현대음식은 곧 미국음식이라 할 정도로 전 세계의 음식문화를 소화하여 새로운 음식문화를 만들어 내는 곳 또한 미국이라고 할 수 있다.

미국 식문화의 특징은 다음과 같다.

- 육류 섭취가 식생활의 주를 이룬다.
- 먹는 양이 많고 단맛이 강한 후식과 음료를 좋아해 열량 섭취가 많다.
- 미리 양념하지 않고 조리한 뒤 소스를 얹어서 먹는다.
- 오븐을 활용한 요리가 많다.
- 다민족국가로 각 나라의 고유의 음식을 가지고 있으며 이를 활용한 퓨전음식 역시 발달하였다.

1 _ 미국의 슈퍼마켓 과일코너

2 _ 미국의 슈퍼마켓 냉동코너

미국인의 아침식사

지역에 따라 조금씩 차이가 있기는 하지만, 제대로 차려진 미국인의 아침식사는 보통 달걀요리, 미트요리, 감자요리, 빵이나 토스트, 커피로 구성된다. 아침식사에 서비스되는 미트요리에는 베이컨이나 캐나다 베이컨Canadian bacon, 소시지, 햄 등이 있으며, 감자요리에는 해시 브라운hash brown, 프렌치 프라이 등이 있다. 토스트 대신 와플이나 팬케이크를 내기도 한다. 아침식사에 주로 차를 마시는 다른 영어권 국가들과는 달리 미국이나 캐나다에서는 크림, 설탕을 곁들인 커피를 선호한다. 이렇게 차려진 아침식사는 보통 주말이나 특별한 날에 즐긴다.

미국인의 아침식사

- 통조림 등 가공식품과 냉동식품, 즉석식품 등 편이식품이 발달하였다.
- 냉동식품, 반조리식품을 많이 먹고 외식을 즐기는 등 식생활에 소비되는 비용, 시간, 노력을 절약하는 실용성 중심의 식생활을 유지한다.
- 최근 건강을 고려한 건강식이 인기로 저열량, 저염, 저콜레스테롤 섭취를 위해 동양의 식생활에 대한 관심이 증가하고 있다.

주요 식재료

해산물

동쪽 뉴욕 주의 핑거 레이크에서는 민물장어, 메기 등이 많이 잡히는데, 게, 새우,

3 _ 구운 랍스터와 버터 소스

4 _ 다양한 해산물

5 _ 오이스터와 소스

랍스터, 가재 등의 갑각류 중 특히 덩그니스 크랩벤쿠버 크랩은 북서쪽 해안에서, 블루 크랩은 동쪽 연안인 체사피크 베이에서 많이 잡히며, 뉴올리언스가 있는 루이지애나 주에서는 가재가 많이 잡힌다. 그 외 각종 조개류와 굴은 동서 연안에서 고루 잘 잡히고 있다.

옥수수

옥수수는 미국 농업 경제에 중요한 역할을 하는 작물로, 미국은 전 세계에서 옥수수를 가장 많이 재배하는 나라이다. 아이오와 주와 일리노이 주에서 주로 재배되며 수확량의 20%를 수출하고 있다. 말린 옥수수를 거칠게 갈아 놓은 것을 콘밀cornmeal이라고 하는데, 끓는 물에 콘밀을 넣고 끓여 된 죽처럼 만든 음식을 콘밀머쉬cornmealmush라고 하며 주로 미국 남부지역에서 많이 먹는다.

옥수수로 만든 콘플레이크cornflakes는 미국의 흔한 아침식사이며, 팝콘popcorn은 흔한 간식이다.

감 자

미국 음식문화에서 감자는 우리나라의 쌀과 같이 중요한 역할을 차지한다. 매우 다양한 종류의 감자가 요리에 이용되고 있는데, 러셋 포테이토, 레드 스킨 포테이토, 핑거링 포테이토 등 다양한 모양과 맛의 감자는 미국음식에 중요한 부분을 차지하고 있다. 그중 특히 미국식 패스트푸드와 함께 서비스되는 프렌치프라이, 해쉬 브라운 등이 있으며, 체더 치즈나 사워 크림과 함께 먹는 베이크 포테이토, 뉴욕 주에

6_ 미국 슈퍼마켓에서 판매하는 다양한 감자

서 주로 먹는 솔트 포테이토는 한입 사이즈의 뉴 포테이토를 소금물에 삶은 후 버터와 함께 서비스하는 요리이다.

케이준요리와 크레올요리의 차이점

케이준 스파이스

뉴올리언스의 소울푸드흑인전통음식는 흔히 케이준Cajun 또는 크레올Creole이라 표현된다. 케이준이 서민층을 대표하는 투박하면서도 검소한 요리를 뜻한다면, 크레올은 정교한 프렌치 스타일이 엿보이는 요리를 일컫는다. 케이준인들은 1620년대 캐나다의 아카디아 지방, 지금의 노바스코샤 주에 이주해 살던 프랑스인들이 1755년 영국인들에 의해 미국 루이지애나 지방으로 강제 이주돼 살게 됐다고 한다. 이 사람들이 만들어 먹던 음식이 바로 케이준음식이라고 할 수 있다. 반면, 남부요리의 대표 가운데 하나인 '크레올음식'은 원조로 보면 케이준과는 조금 달랐다. 크레올음식을 만들어 먹던 사람들은 대다수가 부농이었기 때문에 주방도 대규모화하고 싶어했다. 이 사람들의 조리법 역시 이 요리를 만들던 주방장들처럼 프랑스나 스페인에서 건너왔다. 그러나 200년 가까운 세월이 흐르면서 케이준음식과 크레올음식은 서로 수렴해서 지금은 거의 차이를 알아볼 수가 없다. 케이준이나 크레올이나 잠발라야와 검보수프가 대표음식으로 활용되기 때문이다.

표 13-1 | 지역별 음식의 특징

지역	주요 도시	특징	대표음식	비고
동북부 지역	메인, 뉴햄프셔, 버몬트, 매사추세츠, 로드아일랜드, 코네티컷 주 등	영국, 독일에서 이주해 온 이민자가 개척을 한 지역	수코타시, 차우더, 베이크드빈스	미국 북동부에 위치해 있으며 미국 국민의 19% 이상이 거주한다.
중서부 지역	일리노이, 인디아나, 미시간, 오하이오, 위스컨신, 아이오와, 미네소타 주 등	우유, 치즈, 칠면조, 돼지, 옥수수, 귀리, 사과, 감자, 양배추, 버섯 등 곡물과 과일이 풍부하게 나오는 지역	바비큐, 프라이드 치킨, 치즈	미국의 대평원지역으로 "the breadbasket of America", 즉 "미국의 빵바구니"라는 닉네임이 붙은 지역이다.
서부 지역	애리조나, 콜로라도, 아이다호, 몬타나, 네바다, 뉴멕시코, 유타 주 등	서부지역의 음식은 원주민과 멕시코, 유럽 이민자문화에 많은 영향을 받았으며 지역에 따라 음식의 차이가 많다.	덩그니스 크랩 수프, 콥샐러드, 캘리포니아 롤	풍부한 신선한 식자재와 다양한 이민자들이 가져온 다양한 요리 기술과 향신료가 어우러져 퓨전요리(fusion cuisine)라는 새로운 장르가 시작된 곳이기도 한다.
남부 지역	플로리다, 조지아, 메릴랜드, 노스캐롤라이나, 사우스캐롤라이나 주 등	유럽에서 건너온 백인 조상들의 후손, 미국 원주민들, 아프리카에서 온 흑인 노예의 후손들이 만들어 낸 복합적인 문화이다.	호핀존, 검보수프, 크러피시	1960년대부터 생기기 시작한 소울푸드(soul food)는 남부지역의 아프리카-미국의 문화에 가장 중요한 부분이다.
태평양과 하와이	하와이와 아시아, 태평양 연안의 섬	하와이는 미국 내에서 가장 아시아 민족이 많이 거주하는 지역이며 동시에 가장 많은 문화가 어우러진 주이다.	피피카울라, 스팸무수비	19세기 멕시칸 카우보이 존 파커에 의해 시작된 대규모 소 방목은 1990년 전까지 급속도로 성장하였지만 그 이후 25% 줄어들었다.

❷ 미국 원주민의 음식문화

동부의 삼림지대

7 _ 원주민의 음식 수코타시

이 지역 원주민들의 중요한 음식재료는 '세 자매three sisters'라고 불리는 옥수수와 콩, 호박이다. 이 세 작물은 서로 도움을 주며 같이 자라기 때문에 이렇게 불리기 시작했는데, 콩은 옥수수 줄기를 타고 올라가며 자라고 호박 넝쿨은 콩과 옥수수 밭에 펼쳐져서 서로 공생하며 자라기 때문이다. 그 외 퀴노아quinoa, 아마란스amaranth, 해바라기 등의 작물이 동쪽 삼림지대에서 많이 자라는 식재료이다. 콘브레드, 수코타시succotash가 대표적인 음식이다.

북서쪽지대

미국의 북서쪽에 거주하는 원주민들은 연어나 다른 생선, 다양한 해산물, 버섯, 베리류, 사슴, 오리, 토끼와 같은 고기류를 주 식재료로 사용하였으며 크리스토퍼 콜럼버스Christopher Columbus에 의해 소개된 럼rum이 유명하다. 동쪽에 거주한 원주민과는 다르게 북서쪽에 살고 있던 원주민은 주로 사냥을 통해 생활을 했는데, 그 이유는 비교적 온화한 기후 덕분에 한곳에 정착하여 농경생활을 할 필요 없이 일년 내내 풍족한 식재료를 사냥을 통해 섭취하는 것이 편하였기 때문인 것으로 짐작된다.

남동쪽지대

남동쪽에 거주하는 원주민들의 식문화는 현재 미국의 남부 식문화에 기본 틀을 제공하였다.

그중에서도 가장 중요한 식재료는 옥수수이다. 옥수수는 가루로 갈아서 또는 죽 형태로 만들어서 먹었으며 옥수수빵과 위스키 같은 술까지 제조가 가능하여 부족들에게 매우 중요한 교역 상품이기도 하였다. 그 다음으로는 감자를 들 수 있는데, 감자 역시 옥수수와 같이 매우 다양한 형태의 음식으로 섭취되었다.

⁖ 퓨전요리

퓨전fusion, 크로스 오버cross over 요리는 국내에서는 생소한 단어지만 서양에서는 이미 1980년대부터 보편화된 요리 장르이다. 직역하면 "혼합음식"이란 뜻으로, 서양의 조리기법과 동양의 조리기법의 장점만을 조화시켜 전혀 색다른 맛을 만들어 내는 것을 말한다. 본래 퓨전이라는 말은 음악 용어로 클래식과 대중가요의 만남 같이 서로 다른 장르가 어울린 색다른 음악이나, 재즈와 록, 발라드 등 장르가 분명하지 않고 이것 저것 섞인 노래를 뜻한다. 이런 음악 용어를 요리에 도입해 격식을 벗어난 재료 혼합이나 조리방법 등 일반적인 요리상식을 뒤집는 것이 퓨전요리이다.

수프와 샌드위치

뉴잉글랜드 클램차우더수프

캐나다 Canada

나라명 | 캐나다　**국토면적** | 998만 4,670km²(세계 2위)
인 구 | 3,727만 명　**수 도** | 오타와　**공용어** | 영어, 프랑스어　**통 화** | 달러
종 교 | 기독교　**인종(민족)구성** | 백인 86.9%, 아시아계 9%, 원주민 3.3%, 흑인 2.8%

1 식문화의 발달배경

자연환경

캐나다 하면 대부분의 사람들은 복지가 좋은 나라, 면적이 넓고 날씨가 매우 추운 나라로 인식을 하고 있을 것이다. 캐나다는 전 세계에서 두 번째로 큰 영토를 자랑하는데, 한반도의 45배, 남한 땅의 100배가 넘는 광대한 국토를 가지고 있다. 또한 자연환경이 매우 아름답다.

사회문화적 배경

캐나다는 1867년 세워진 연방정부로 1931년에 영국 연방의 자치령으로 독립한 국가이다. 전체 인구의 약 50%를 영국계가, 30%를 프랑스계가 차지하고 있으며 그 외에 독일계, 이탈리아계, 네덜란드계 등 3,727만 명(2019년)이 살고 있다. 따라서 고

집스러운 프랑스계와 명예를 존중하는 영국계, 자유로움을 추구하는 미국계가 미묘한 조화를 이루며 발전하고 있다. 최근에는 캐나다 정부의 이민 장려정책으로 아시아계도 많아지고 있다.

식문화의 특징

캐나다는 아직도 영국과 프랑스의 문화가 공존하는 국가로 유럽에 가까운 정취를 갖추고 있다. 캐나다에는 프랑스 음식문화가 우세하며 캐나다만의 대표적인 음식이 별로 없다. 캐나다 음식문화에는 이민을 온 국가 또는 민족의 전통음식이 공존하고 있다. 대도시에서는 프랑스, 중국, 한국, 그리스, 레바논, 멕시코 등 여러 나라의 음식을 접할 수 있다.

2 캐나다음식의 특징

주요 식재료

캐나다의 광대한 국토와 비옥한 땅, 양면의 대서양과 태평양은 다양하고 신선한 채소와 곡물, 육류와 해산물 등을 제공하고 있으며 지역이 넓다 보니 지역마다 정착한 이민자들에 의해 다양한 식문화가 자리 잡고 있다. 대개 영국식 캐나다요리는 미국식과 영국식 요리와 흡사하지만 퀘벡 등 프랑스어를 사용하는 지역의 음식은 프랑스요리의 특성을 많이 지니고 있다.

5대호 연안의 와일드 라이스

와일드 라이스wild rice는 캐나다 라이스 또는 인디언 라이스라고도 불린다.

와일드 라이스는 아시아 지역에서 먹는 쌀과는 다른 작물이며 바깥 표면은 약간 거칠고 안쪽은 부드러우며 익혀서 먹으면 견과류에서 나는 풍미와 약간의 채소 맛이 난다.

주로 작은 호수나 지류에서 자라며 오리나 수생 야생 동물의 먹이로, 또 인간에게는 식용으로 사용되고 있다. 영양학적으로는 단백질 함량이 높으며 식이섬유 함량 역시 높다. 반면, 지방 함량은 낮고 글루텐이 없으며 칼로리가 낮아 현대인의 건강식 메뉴로 다양하게 활용되고 있다.

밴쿠버 연어

연어는 캐나다에서 가장 많이, 그리고 흔히 접하는 요리재료이다. 연어는 다른 생선에 비해 지방 함량이 높고 맛이 좋아 1년의 거의 반이 겨울인 캐나다인들에게는 안성맞춤의 생선이다. 연어는 민물에서 산란된 후 바다로 이동해 시간을 보내고 다시 산란 시기가 되면 민물로 회귀하는 본능을 가지고 있다. 캐나다 서쪽지역의 많은 강 하류에서는 여름에 걸쳐 가을에 치눅chinook이나 코호coho 연어를 볼 수 있다. 특히, 연어에 함유된 오메가-3의 영양학적 가치가 알려져 더욱더 각광받는 식품이 됐으며, 요리로는 연어스테이크뿐만 아니라 훈제연어, 연어차우더수프, 연어샐러드 등 무수히 많다.

노바스코셔 주의 랍스터

노바스코셔의 랍스터가 유명한 이유는 위치 때문일 것이다. 북극해에서 내려오는 차디찬 바닷물은 랍스터를 더디게 자라게 하고 살은 더욱 단단해지고 찰지게 만든다. 이 랍스터는 집게를 가지고 있는 종류로 아메리칸 랍스터라고도 불리며 집게가 없는 것은 스피니 랍스터 또는 슬리퍼 랍스터라 불린다. 랍스터는 가장 고소득을 창출하는 갑각류로 랍스터를 양식하는 어부들은 고소득을 올리고 살고 있다. 랍스터를 이용한 음식으로는 랍스터 뉴버그lobster

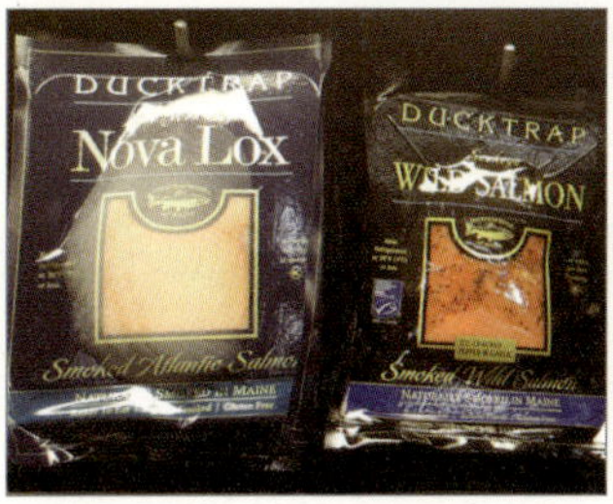

8 _ 훈제연어

9 _ 신선한 랍스터

newberg, 랍스터 테르미도르lobster thermidor 등 전통적인 유럽요리가 있으며 그 외 랍스터비스크수프, 랍스터파스타, 랍스터롤 등 다양한 응용요리를 만들 수 있다.

일상식

- 캐나다인은 대체로 대식가이다.
- 이민자들에 의해 들어온 음식들로 인해 매우 다양한 음식을 가지고 있다.
- 아침은 주로 시리얼, 패스트리, 과일주스, 커피, 티, 핫초콜릿 등의 따뜻한 음료를 즐긴다.
- 점심으로는 샌드위치와 수프를 즐기며 학생들은 햄치즈샌드위치, 칩 또는 프레츨, 과일 등을 도시락으로 가지고 간다.
- 저녁은 지역에 따라 달라진다. 서쪽 또는 동쪽 해안에 사는 캐나다인들은 해산물을 즐겨 먹으며 서쪽, 특히 앨버타 주는 쇠고기, 닭고기, 돼지고기를 즐긴다.
- 그레이비gravy소스를 즐기며 다양한 형태의 감자요리와 함께 먹는다.
- 디저트로는 메이플 시럽으로 만든 메이플 업사이드 다운 케이크 또는 메이플 선데 등이 유명하다.

지역별 음식의 특징

브리티시컬럼비아

브리티시컬럼비아British Columbia는 캐나다의 서쪽 끝에 위치한 지역으로 전통적으로 영국의 영향을 많이 받은 곳이지만 최근에 아시아와 동유럽의 이주민들에 의한 영향으로 다양한 음식문화가 공존하는 곳이다. 태평양을 접하고 있어 크랩, 대구, 연어, 굴, 새우, 다른 갑각류 등의 다양한 해산물이 풍부하며 바비큐, 베이크, 프라이, 스모크 등의 다양한 요리방법으로 음식을 만들고 있다.

밴쿠버와 빅토리아 지역은 많은 호텔과 티 숍에서 스콘, 샌드위치, 케이크 등과 함께 전통적인 영국의 애프터눈 티afternoon tea를 서비스한다.

앨버타

10 _ 안심스테이크

11 _ 등심스테이크

앨버타Alberta 주는 세계적으로 쇠고기가 유명한 곳으로, 특히 육즙이 풍부하기로 명성이 높다. 쇠고기는 브레이즈, 민스, 바비큐, 스큐어 등의 다양한 요리 방법으로 다루어지며 주로 감자, 채소를 곁들여낸다. 그 외 와일드 베리, 너트, 알파파와 클로버 넥타로 만든 꿀이 이곳의 특산품이다.

온타리오

온타리오Ontario 주는 식민지시대부터 영국의 식문화 영향을 받았으며 비교적 뚜렷한 4계절 덕분에 신선한 제철 식재료를 이용하는 지역이다. 그중에서도 토론토는 전 세계로부터 유입된 이민자들에 의해 전해진 다양한 음식문화가 공존하는 도시이다. 나이아가라폭포 지역은 과일과 와인 생산지로 유명하며 그중 아이스와인은 세계에서 가장 우수한 품질을 자랑하고 있다. 메이플시럽 역시 온타리오 주에서 많이 생산되고 있으며 납작한 형태의 도넛인 비버테일beavertails은 메이플시럽과 잘 어울린다.

퀘 벡

퀘벡Quebec 주는 전통적으로 프랑스의 음식문화와 원주민의 음식문화가 혼합된 형태이며, 대표적인 음식으로는 투어티에어tourtiere, 미트 파이, 파테 시누아pate chinois ; 페퍼드파이와 비슷하지만 고기와 옥수수, 감자가 들어감, 타르트오쉬크르tarte au sucre, 메이플시럽파이, 푸틴poutine, 녹인 치즈와 그레이비소스를 얹은 감자튀김요리, 완두콩수프peas soup 등이 있다. 몬트리올은 퀘벡의 주요 도시로 많은 유대인 이민자들의 영향을 받았으며 훈제된 고기나 햄, 베이글이 유명하다. 퀘벡 주 역시 세계적으로 유명한 메이플시럽 생산지로서 이를 활용한 타피taffy, 팬케이크, 메이플시럽파이와 같은 다양한 음식이 유행하고 있다.

12 _ 메이플시럽

13 _ 푸틴

③ 캐나다 원주민의 음식문화

거주지역과 환경

"Native Canadians"과 "Aboriginals"라는 단어는 1600년경 유럽 탐험가와 무역업자들이 캐나다에 들어오기 전부터 살던 원주민들의 후손들을 일컫는 말이다. 이들은 무리를 지어 부족을 형성하고 사냥이나 낚시, 들판에서 나는 곡물을 거두어 생계를 유지했다. 거주지역은 전 북아메리카대륙을 다 포함하고 있었으나, 유럽인들이 캐나다의 동쪽 해안지역으로 들어온 이후 더 이상 유지되지 못하고 있다.

이뉴잇족은 캐나다의 가장 북쪽에 거주하고 있으며 1999년 4월 1일에 누나부트Nunavut가 캐나다의 새로운 준주가 되었다.

역사와 음식

1996년에 이루어진 인구 조사에 따르면 원주민의 인구는 약 80만 명에 이르는 것으로 알려졌으며 이를 세 그룹으로 나누면 퍼스트 네이션First Nation이 55만 4,000명이고, 메티스Metis가 21만 명, 그리고 이뉴잇Inuit이 4만 명인 것으로 밝혀졌다.

메티스인들은 예전 유럽인들이 모피무역업으로 들어왔을 때 캐나다 원주민 여성과의 결혼으로 생긴 후손들이며, 이뉴잇인들은 700~800년 전에 캐나다의 북극지역에서 이주해온 툴레Thule인의 후손들이다. 북극지역에 가까운 지역이므로 여름은 짧고 긴 겨울을 나기 위해서 짧은 여름에 잠깐 나는 베리류 등 과일과 생선을 주로 말려서 저장하였으며 옥수수, 와일드 라이스와 같은 곡물을 즐겨 먹었다. 특히, 페미칸pemmican이라는 고기 완자는 칼로리가 높고 동물의 가죽으로 감싸두면 오래 저장할 수 있어 즐겨 먹는 음식이었으며, 유럽에서 건너온 탐험가, 무역업자들에게도 전해졌다.

종교 및 축제 관련 음식

원주민들의 전통적인 축제는 곡식을 추수하는 시기나 계절적인 식자재의 사용가능 여부에 따라 열린다. 한 예로 거대한 연어를 잡는다든가, 어린 청년이 처음으로 바다표범이나 들소 사냥에 성공했을 때 이를 축하하는 행사가 열린다.

캐나다 메이플시럽

동부 캐나다에서는 해마다 눈이 녹기 시작하고 동물들이 겨울잠에서 깨어나는 봄이 오면, 간절히 고대했던 단풍나무 시럽의 계절이 시작된다. 캐나다는 세계 메이플시럽의 85%를 생산하고 있다. 캐나다 산림은 장대한 적단풍, 흑단풍, 사탕단풍나무로 울창한데, 봄의 추운 밤 기온과 따뜻한 낮 기온이 적당히 어우러져 메이플시럽을 생산하는 데 사용되는 투명한 수액을 다량 만들어 낸다.

캐나다에서 메이플시럽을 생산하는 지역은 퀘벡 주, 온타리오 주, 뉴브런즈윅 주, 노바스코샤 주이다. 캐나다에는 약 1만 500개의 생산업체가 있으며 퀘벡 주에 가장 많다. 메이플시럽은 오랫동안 캐나다문화의 일부가 되어 왔다. 캐나다의 원주민들은 초기 정착인들에게 수액을 채취하여 그것을 끓여 메이플시럽을 만드는 법을 가르쳐 주었다. 메이플설탕은 북미의 동부에서 처음으로 생산된 설탕의 종류로 사탕수수 설탕을 사용하기 시작한 1875년 전까지 대표적인 감미료였다.

캐나다산 메이플시럽제품은 현재 세계 전역의 45개국에서 소비되고 있으며, 전통적인 메이플시럽에서 메이플설탕, 메이플버터, 메이플사탕은 물론 시리얼, 요구르트 등과 같이 메이플시럽을 함유한 다양한 제품들이 생산되고 있다.

캐나다 서쪽에 거주하는 원주민들에게는 포틀래치potlatches라 불리는 행사가 있는데, 이 행사는 주로 아이가 탄생했거나, 여자아이가 결혼 적령기가 되었을 때, 또는 아들이 결혼을 할 때 행해졌으며, 현대에는 원주민들의 문화와 전통을 유지하는 목적으로 행해지고 있다.

1996년에 "National Aboriginal Day"가 선포되어 매년 6월 21일에 행사가 열리고 있으며, 연어, 와일드 라이스, 버펄로 등의 식재료를 이용한 음식을 즐기고 있다.

* 대표요리 컬렉션

애플과 건포도포리지

만드는 법

1 사과는 다이스해서 건포도와 계핏가루를 뿌린 뒤 버터를 넉넉히 넣고 충분히 볶는다.
2 물에 소금을 조금 넣어 붓고 오트밀을 넣어 끓인다.
3 오트밀이 불으면 수프볼에 담고 계피와 흑설탕을 추가한 후 우유를 둘러 부어낸다.

*재료 사과 1/2개(다이스 20인분), 건포도 20g, 버터 20g, 오트밀 30g, 계핏가루, 소금, 우유, 흑설탕

추수감사절 칠면조구이

만드는 법

1 칠면조는 가슴살과 다리살을 분리한 후 다리살은 힘줄을 제거하고 소금, 후춧가루, 로즈메리, 타임으로 마사지를 한 다음 밀가루를 살짝 뿌린 후 돌돌 말아서 붙여서 실로 묶는다.

2 분리된 칠면조 뼈는 갈색이 나도록 오븐이나 프라이팬에서 구운 후 양파, 당근, 셀러리악을 넣고 브라운 칠면조 육수를 만든 다음 밀가루와 버터로 만든 브라운 루와 브라운 칠면조 육수를 이용하여 소스를 만든다.

3 감자는 익혀서 으깬 다음 우유와 소금, 후춧가루로 간을 하고 셀러리악과 고구마, 당근은 먹기 좋게 자른 후 오븐에 구워서 칠면조구이와 함께 낸다.

4 크랜베리소스를 곁들여 낸다.

*재료 칠면조 3마리, 프레시 로즈메리 50g, 프레시 타임 50g, 파슬리 50g, 통마늘 100g, 밀가루 2컵, 버터 900g, 감자 15개(큰 것으로), 우유 1L, 당근 6개, 셀러리악 3개, 고구마 6개, 크랜베리 소스 약간

Chapter 14

중남아메리카의 식문화

Latin America and the Caribbean

중남아메리카는 라틴 아메리카Latin America로도 불리며 라틴어를 근본으로 하는 로망스어 군의 언어를 쓰는 지역을 말한다. 리오그란데 강 이북의 앵글로 아메리카가 게르만어파에 속하는 영어를 쓰는 것에 대비해서 사용하는 단어이다. 그러나 라틴아메리카와 중남미가 반드시 일치하지는 않는다. 그것은 아랍지역이 중동권역과 반드시 일치하지 않는 것과 같은 이치일 것이다. 공용어는 스페인어, 혹은 포르투갈어이며 거주하는 사람은 원래 생활하던 원주민과 나중에 들어온 라틴계 백인, 노예로 팔려온 흑인의 후예들로 이루어졌으며, 메스티소**백인 + 원주민**처럼 혼혈인도 꽤 된다. 스페인과 포르투갈의 영향으로 가톨릭이 굉장히 많이 퍼져 있으며 축구 열기가 뜨거운 것도 공통점이다.

✪ 학습목표

- 중남아메리카에서 사용되는 주요 식재료와 요리법에 대해 알아본다.
- 중남아메리카 주요 나라별 음식문화의 차이에 대해 알아본다.

멕시코 United Mexican States

나라명 | 멕시코 합중국 **면 적** | 196만 4,375km²(15위)
인 구 | 약 1억 3,232만 명 **수 도** | 멕시코 시티 **공용어** | 스페인어 **통 화** | 페소(MXN)
종 교 | 로마 가톨릭교 **인종(민족)구성** | 백인 60%, 메스티소 30%, 원주민 9%

1 식문화의 발달배경

자연환경

북아메리카 남부에 삼각형 모양으로 자리 잡은 멕시코는 북에서 남으로 3,000km 넘게 뻗어 있다. 지형과 기후는 거친 사막인 북쪽에서 중부의 광대하고 높은 고원 지역, 열대 우림인 남쪽에 이르기까지 변화가 있다. 해안저지대는 열대 내지 아열대 기후이며 저지대는 사막이 펼쳐진 건조지대이다. 멕시코의 국토는 고도의 차이가 커서 다양한 식생의 동 · 식물들이 자란다.

사회문화적 배경

멕시코의 원주민은 기원전 3만 년경 시베리아에서 아메리카로 이주한 아메리카 인디오의 후손으로 예상된다. 이들은 기원전 6500년에 농경을 시작하여 멕시코 고추인 칠리를 재배했으며, 기원전 5000년경에는 여러 종류의 옥수수, 콩을 재배하였다. 1521년 스페인의 지배가 시작되고 로마 가톨릭교가 전파되었으며, 이후 300년간 스페인 통치를 받으며 원주민의 문화와 스페인의 라틴문화가 혼합, 융화되어 이색적이고 독특한 음식문화 형성의 기초가 되었다.

2 멕시코음식의 특징

주요 식재료

: 옥수수

1 _ 옥수수

멕시코에는 밀과 쌀이 소개되었음에도 불구하고 거의 모든 지역에서 주된 전분으로 옥수수를 사용하고 있다. 옥수수는 멕시코인들의 기본 식량으로 전통적인 방식을 이용하여 요리한다. 옥수수를 말린 후 라임석과 같이 물에 불려서 갈아서 사용하는데, 이 방식은 옥수수 내 부족한 트립토판의 이용성을 극대화시킨 것으로 고대인의 지혜로운 식재료 사용법의 대표적인 예이다. 옥수수는 멕시코 음식의 중심이라고 할 수 있다. 거의 모든 멕시코 음식에 옥수수가 쓰이기 때문이다. 옥수수는 토르틸라tortila, 타말tamale, 포졸pozole, 아톨레atole를 만드는 주재료이며, 타코taco, 퀘사디아quesadilla, 엔칠라다enchilada, 토스타다스tostada 같은 대표적인 멕시코음식을 만든다.

옥수수는 16세기에 포르투갈인들에 의해 아프리카로 전해진 후 아프리카의 가장 중요한 주식이 되었다.

: 칠리 페퍼

고추의 원산지로서 멕시코 음식에는 다양한 종류의 고추가 사용된다. 매운맛이 아주 강한 하바네로와 할라페뇨부터 크고 순한 벨페퍼에 이르기까지 고추는 멕시코음식의 정체성을 표현하는 식재료이다. 멕시코 음식의 가장 큰 특징은 매콤한 맛인데, 이는 칠리 페퍼를 통해서 얻어지는 것으로 단순히 매운맛만을 내는 것이 아니라 풍미를 더해주는 역할도 하고 있다. 음식이나 스낵에 칠리 페퍼가 들어 있지 않으면 핫소스를 곁들어 먹고 과일이나 달콤한 디저트에도 칠리 페퍼를 사용할 정도로 멕시코인들의 사랑을 독차지하는 식재료라 할 수 있다.

2 _ 멕시코 시장에서 판매되는 칠리 페퍼

3 _ 다양한 크기와 모양의 칠리 페퍼

4 _ 다양한 칠리 페퍼

: 토마토

멕시코에서 토마토를 재배한 것은 BC 500년 전으로 거슬러 올라가며 야생 토마토는 현재 토마토와 많이 달랐다. 토종 토마토는 오늘날의 토마토보다 크기가 작고 초록색이었는데, 수 세기 동안 종자가 계량되면서 지금의 맛있고 다양한 형태로 발전하였다. 토종 토마토의 일종인 초록색의 토마틸로tomatillo는 아직도 멕시코 요리에 이용된다. 멕시코요리에서는 레시피에 따라 다른 종류의 토마토가 사용되며 엔칠라다enchilada소스에서 타코taco나 베리토burrito소스에 이르기까지 쓰이는 토마토가 모두 다르다.

5 _ 토마토

식문화의 특징

멕시코음식은 강렬하고 다양한 풍미와 화려한 데코레이션, 여러 가지 향신료를 쓴다는 점이 특징이며, 아즈텍과 마야를 포함한 원주민 음식문화와 스페인 음식문화가 잘 어우러져 발전해왔다. 16세기에 멕시코를 정복한 스페인 정복자들이 들여온 쌀, 쇠고기, 돼지고기, 닭고기, 와인, 마늘, 양파 등과 원주민들이 사용하던 옥수수, 토마토, 바닐라, 아보카도, 구아바, 파파야, 파인애플, 칠리 페퍼, 콩, 호박, 고구마, 땅콩, 칠면조 등이 대표적인 식재료이다.

텍스-멕스

텍스-멕스Tex-Mex ; 텍사스와 멕시코를 결합한 단어는 미국 남부 지방 텍사스에서 시작된 요리 스타일로 멕시코음식과 미국음식이 혼합된 퓨전요리를 말한다.

토르틸라에 치즈와 고기, 콩, 칠리 페퍼, 향신료 등을 듬뿍 사용하는 것이 텍스-멕스요리의 특징이다.

파히타

토르틸라수프

퀘사디야

텍스-멕스 대표요리들

지역별 음식의 특징

북부지역

멕시코의 북쪽지역은 히스패닉시대 전부터 남부지역과 다른 음식문화를 가지고 있었다. 그 이유는 메마른 땅을 가지고 있어 농사에 적합하지 않았기 때문인데, 유럽인들이 멕시코에 도착한 이후부터 소나 염소, 양들을 키우기 시작했다. 자연히 그릴grilling이라는 요리방법이 성행했으며 우유가 풍족하였으므로 케소 프레스코queso fresco, 란체로ranchero 등의 다양한 치즈가 생산되고 있다. 또 다른 특징은 옥수수 대신 밀을 주로 생산한다는 점이며, 밀을 이용해 밀 토르틸라를 만드는데, 그 종류가 40여 가지에 이른다.

남부지역과는 다르게 황량한 기후를 가진 북부지역은 건조와 통조림canning 등의 저장방법이 발달하였다.

와하카

와하카Oaxaca 지역은 면적에 비해 생태계가 다양하며, 원주민의 음식 역시 다양하게 발달하였다. 중앙 계곡에서는 채소가, 해안가에서는 풍부한 해산물이, 베라크르즈와의 접경 지역에서는 열대과일이 자란다.

와하칸 음식문화의 중요한 특징 중 하나는 몰레이다. 몰레는 수십 종의 다양한 향신료를 돌절구에 갈아서 만드는데, 가장 유명한 것이 초콜릿이 든 블랙 몰레이다.

6 _ 밀 토르틸라로 만든 부리토

7 _ 초콜릿 몰레소스의 치킨요리

8 _ 몰레를 얹은 멕시칸라이스

• 유카탄 반도

유카탄Yucatan 반도의 음식은 타 지역에 비해 특별한데, 그 이유는 캐리비언, 중앙 멕시코, 유럽, 중동의 문화와 마야Mayan 음식문화가 주를 이루고 있기 때문이다. 멕시코의 다른 지역과 마찬가지로 옥수수가 중요한 기본 식재료이지만 주로 가난한 사람들은 멀건 음료 형태로 마실 수 있는 포졸pozole이란 음식을 만들어서 흔히 먹었으며 아나토annatto란 스파이스를 주로 사용하였다. 마야문화의 영향을 받은 코치니타 피빌cochinita pibil이라는 음식은 바나나잎에 다양한 고기를 싸서 구덩이에 있는 오븐에 익혀 먹는 요리이다.

• 멕시코 시티

멕시코 시티Mexico City는 다른 멕시코지역 사람뿐만 아니라 세계 여러 나라의 이민자들이 모여 다양한 음식문화를 선보이고 있다. 특히, 길거리 음식이 매우 유명한데, 타코 스탠드, 토르타 숍, 런치 카운터 등이 그 예이다.

3 멕시코 원주민의 음식문화

멕시코의 원주민음식은 아즈텍제국으로까지 거슬러 올라간다. 현재의 음식문화에 뚜렷하게 남아 있는, 그리고 세계로 많이 퍼져 있는 고대 멕시코인들의 음식에 대해서 자세히 알아보자.

옥수수

마이즈maize 또는 콘corn이라고도 불리는 옥수수는 아즈텍제국시대부터 멕시코에서 가장 중요한 곡물로 수천 년 동안 재배되었다. 옥수수는 주로 가루로 만들어져 납작한 형태로 된 토르틸라 또는 타말레, 음료의 형태로 소비되었으며 요즈음에는 음식으로 뿐만 아니라 캔디, 소의 사료, 테이프, 박스의 재료로까지 쓰이고 있다.

초콜릿

멕시코가 세계에 선사한 가장 큰 음식 선물은 초콜릿일 것이다. 카카오 빈은 아즈텍제국시대에 크나큰 보물로 여겨졌으며 음식으로뿐만 아니라 화폐로도 사용되었다. 카카오 빈은 주로 진한 음료로 사용되었지만 설탕이 없었기 때문에 지금의 초콜릿 음료와는 큰 차이가 있는 맛이었다. 대신, 페퍼peppers, 콘 밀corn meal, 스파이스를 넣어 마셨으며 현재도 아톨레atole라고 불리는 비슷한 음료가 존재한다. 지금도 멕시코에서는 카카오 빈을 발효시켜 초콜릿뿐 아니라 음식에도 사용하고 있다. 초콜릿 몰레는 다양한 향신료에 초콜릿을 넣어 만든 멕시코의 독특한 소스이다.

그 외 다양한 식재료

콩과 호박은 옥수수를 포함하여 가장 중요한 아즈텍제국시대의 세 가지 식재료이며, 그 외 아즈텍제국시대의 사람들은 그 외에도 칠리, 토마토, 라임, 캐슈넛, 감자, 고구마, 땅콩 그리고 초콜릿을 먹었다. 그리고 꿀을 채취하기 위해 벌을 키웠고 고기와 알은 칠면조에서 얻었으며 개와 오리도 길들여 식량으로 사용했다. 사냥과 낚시를 통해 사슴, 토끼, 이구아나, 생선, 새우 등을 구하였으며 메뚜기와 벌레도 식량으로 사용하였다.

아르헨티나 Argentine Republic

나라명 | 아르헨티나 공화국 **면 적** | 276만 6,890km²(8위)
인 구 | 약 4,510만 명 **수 도** | 부에노스아이레스 **공용어** | 스페인어
통 화 | 페소(ARS) **종 교** | 로마 가톨릭교 **인종(민족)구성** | 유럽계 백인 95%

1 식문화의 발달배경

자연환경

아르헨티나는 라틴어 argentumsilver에서 유래하였는데, 그 이유는 처음 스페인 정복자들이 은광이 존재한다는 루머를 따라 이 지역에 도착했기 때문이다.

남아메리카의 남쪽에 위치해 있는 아르헨티나는 서쪽에 안데스 산맥이 위치해 있으며, 남동쪽으로는 대서양에 면해 있다. 아르헨티나는 여섯 개의 주요 지역으로 나누어지는데, 중앙과 동쪽지역의 비옥한 초원지대인 팜파스pampas, 파라나와 우르과이 강에 둘러싸인 메소포타미아Mesopotamia와 안데스 사이의 대평원지역인 그란 차코Gran Chaco, 안데스의 동쪽에 위치한 쿠요Cuyo, 북쪽의 아르헨티나 노스웨스트Argentine Northwest, 남쪽의 대고원지역인 파타코니아Patagonia이다.

사회문화적 배경

아르헨티나의 공용어는 스페인어이며, 인구는 4,510만 명이고 로마 가톨릭교가 국교로 전 인구의 90%가 로마 가톨릭교 신자이다. 아르헨티나 국민의 95% 정도가 유럽계 백인이며, 그중 스페인과 이탈리아 등 남부 유럽계가 반 이상을 차지한다. 인디오 원주민은 전 인구의 5% 정도에 지나지 않는다. 아르헨티나는 지역적으로 남아메리카에 속하기는 하나, 국민성, 풍습, 생활습관 등은 대부분 유럽식이다. 라틴계 특성인 쾌활한 성격을 가지고 있고 생활 자체를 즐기며 살아가는 것을 중요시하나 라틴 특유의 열정을 밖으로 나타내지 않는다.

식문화의 특징

아르헨티나인들은 먹는 것을 사랑하는 것으로 정평이 나 있다. 사교적인 모임에서는 흔히 음식이 중심이 되며 타인을 집으로 초대하여 식사를 대접한다는 것은 우정과 배려 교류의 의미를 담고 있다. 일요일의 저녁 식사는 일주일 중 가장 중요한 식사로 여겨지며 종종 아르헨티나의 바비큐인 아사도 asado를 준비하곤 한다.

9 _ 아사도

2 아르헨티나음식의 특징

주요 식재료

아르헨티나는 그들 고유의 음식문화와 유럽의 이민자들, 특히 이탈리아와 스페인으로부터 이주해온 사람들의 지중해식 음식문화가 잘 혼합된 형태라고 할 수 있다.

: 쇠고기

아르헨티나의 식재료 중 가장 중요한 위치를 차지하고 있는 것은 쇠고기이다.

아르헨티나는 세계에서 쇠고기를 가장 많이 먹는 나라 중 하나로, 2016년 기준 국민 1인당 연간 쇠고기 소비량이 54.5kg으로 우루과이에 이어 세계 2위를 기록하였다. 같은 해 우리나라의 국민 1인당 연간 쇠고기 소비량은 15.5kg이었다.

대부분의 지역에서 쇠고기를 중심으로 한 식단을 가지고 있으며 스페인어로 고기란 의미를 가진 카르네carne는 아르헨티나에서는 쇠고기를 의미한다.

: 곡 물

아르헨티나의 농업은 자본 집중적이며 총 수출량의 1/4이 콩, 밀, 옥수수 같은 가공하지 않은 곡물로서 국토의 10%가 곡물재배지역이다. 곡물 생산량의 절반은 가축의 사료로 사용된다.

특히, 옥수수, 밀, 수수, 쌀, 보리가 중심이 되는 곡물은 이 나라의 가장 중요한 수출품인 동시에 많은 양이 국내에서 소비되고 있으며, 콩이나 해바라기씨로 만든 오일 또한 중요한 수출품이면서 아르헨티나의 중요한 식재료로 자리 잡고 있다.

: 와 인

10 _ 아르헨티나 와인

아르헨티나의 와인 생산량은 세계 5위의 규모로 스페인에 뿌리를 두고 있으며 아르헨티나의 음식문화에도 지대한 영향을 미치고 있다.

역사적으로 아르헨티나의 와인 제조자들은 와인의 질보다는 양에 더 관심이 많았으며 생산량의 90%가 국내에서 소비된다. 아르헨티나는 1990년까지 수출할 수 있는 양질의 와인은 아니었지만 유럽 외의 지역에서 와인을 가장 많이 생산하는 나라였다. 1990년대 이후 와인의 질을 향상시키면서 수출이 활성화되고 지금은 남미에서 가장 많은 양을 수출하고 있다.

지역별 음식의 특징

중앙지역과 라 팜파스

부에노스아이레스Buenos Aires와 로사리오Rosario, 코르도바Cordoba와 같은 도시들이 위치한 중앙지역은 스페인과 이탈리아뿐만 아니라 독일, 스위스, 중동지역으로부터 온 이민자들의 음식문화가 함께 어우러져 발전한 곳이다. 특히, 이탈리아 이민자들로부터 전해진 파스타와 피자는 이 지역뿐만 아니라 아르헨티나 전역에서 쉽게 접할 수 있는 음식으로 색다른 점은 초창기 피자가게들이 스페인인들에 의해 운영되면서 스페인풍의 피자, 파스타가 만들어졌다는 점이다.

북서지역과 쿠요

이 지역은 원주민 인디언과 잉카의 음식문화 영향을 가장 많이 받은 곳으로 감자, 옥수수, 밀, 퀴노아quinoa, 페퍼, 호박, 토마토 등의 식재료를 주로 사용하고 있다. 가장 대표적인 음식은 휴미타humita와 타말tamale로 고기와 옥수수가루를 옥수수껍질 안에 넣은 후 요리를 한다. 고기, 감자, 치즈 등을 넣은 엠파나다스empanadas 역시 이 지역의 중요한 음식 중 하나이다. 호박이나 감자가 들어간 로크로locro와 카르보나다carbonada 같은 스튜 타입의 음식도 이 지역음식의 또 하나의 특징이다.

11 _ 엠파나다스와 카르보나다

메소포타미아

아르헨티나의 북동쪽에 위치한 메소포타미아 지역은 습도는 높지만 매우 푸르른 지역이다. 많은 강과 해안을 끼고 있어 도라도dorado, 파쿠pacu, 수루비surubi, 실버사이드silverside와 같은 다양한 생선들이 잡히며, 카사바cassava가 많이 재배되어 카사바 녹말가루를 이용해 만든 치즈빵인 차파chipa를 많이 먹는다. 또한 아르헨티나에서 가장 유명한 음료인 마테mate의 원료 예르바 마테yerba mate가 이 지역의 특산품이다. 예르바 마테는 주로 뜨거운 음료를 만들지만 찬물을 사용할 경우 테레레terere라고 불린다.

3 아르헨티나 원주민의 음식문화

과라니족

아르헨티나의 인디언 원주민들은 유럽의 탐험가들이 오기 훨씬 이전부터 살고 있었으며, 북서쪽에 거주하던 인디언들은 호박, 멜론, 고구마 등을 재배하던 농부들이었고, 북서쪽에 거주하던 과라니Guarani라고 불리는 인디언들은 사냥을 하며 살아오던 부족이었다. 과라니족은 지금의 파라과이, 우루과이, 아르헨티나, 브라질 남쪽, 볼리비아 접경지역에 거주하고 있다. 특히, 이 민족은 그들만의 고유의 언어를 가지고 있는 것이 큰 특징이다.

케추아족

중앙 안데스지역에 거주하던 케추아족Quechua people은 잉카제국의 후예들로서 높은 수준의 문화를 가지고 있다. 이 부족은 어디에 거주하느냐에 따라 삶의 방식이 크게 다른데, 땅이 비옥하여 농사가 가능한 지역에 사는 경우도 있으나, 대부분의 부족은 안데스 산맥의 황량하고 가파른 경사면에 거주하여 토양도 비옥하지 못하며 강한 바람과 추운 날씨를 이겨내야만 했다.

감자와 퀴노아quinoa 곡물이 가장 중요한 식재료였으며 고기 또는 감자 스튜가 가장 흔한 음식이다.

12 _ 퀴노아

마푸체족

'그 땅의 원주민people of the land'이란 의미의 마푸체족Mapuche peoples은 아르헨티나의 남서쪽에 토착민으로 거주한 부족이다. 스페인 정복자들의 새로운 음식문화와 융화되어 물과 밀을 섞어 만든 빵에 블랙베리 잼을 곁들여 먹는 카투토catuto와 호박, 감자, 옥수수 그리고 고기를 함께 섞어 만든 스튜인 차르키칸charquican이라고 불리는 음식이 지금까지 남아 있다.

브라질 Federative Republic of Brazil

나라명 | 브라질 연방 공화국 **면 적** | 851만 4,877km²(5위) **인 구** | 약 2억 1,239만 명
수 도 | 브라질리아 **공용어** | 포르투갈어 **통 화** | 헤알(BRL) **종 교** | 로마 가톨릭교
인종(민족)구성 | 백인계 55%, 혼혈 38%, 흑인계 6%, 황색인계 1%

1 식문화의 발달배경

자연환경

브라질은 남아메리카와 라틴아메리카에서 가장 큰 나라이며, 면적이나 인구 수에 있어 세계에서 다섯 번째로 큰 나라이다. 그리고 세계에서 포르투갈어를 쓰는 가장 큰 나라로 아메리카대륙에서는 유일하다.

동쪽으로는 대서양을 면하고 있으며 해안선은 7,491km에 달한다. 그 외 베네수엘라, 우루과이, 아르헨티나, 콜롬비아, 볼리비아, 페루 등의 국가와 국경을 접하고 있다.

사회문화적 배경

브라질인의 대부분은 로마 가톨릭교를 믿으며 포르투갈어가 공용어이다. 적극적 혼혈정책과 오랜 이민의 역사로 인종구성이 다양한데, 백인계가 55%, 혼혈이 38%,

흑인계가 6%, 황색인계가 1%를 차지한다.

브라질은 1500년에 포르투갈인인 카브랄이 발견하였다. 16세기에 포르투갈인들은 사탕수수를 재배하기 위해 아프리카 흑인노예를 대거 브라질로 이주시켰다. 18세기에는 유럽이 쇠퇴하고 독일, 이탈리아 등 유럽 사람들이 브라질에 이주하면서 유럽, 아프리카 흑인, 인디오 원주민의 영향을 받아 전통적인 문화를 유지하는 반면, 남부 지방은 백인의 유럽문화와 비슷하다.

식문화의 특징

브라질의 음식문화는 인디오 원주민, 흑인 그리고 유럽인의 음식문화가 혼합된 것이라 할 수 있다. 브라질 사람들의 평균적인 식사는 쌀과 콩, 쇠고기요리, 샐러드 등으로 구성되며 주로 카사바 가루cassava flour, farofa와 섞어서 음식을 한다. 아침식사로는 열대과일, 타피오카, 햄 앤 치즈 샌드위치, 빵과 버터 등을 먹으며 달콤한 커피나 주스, 핫초콜릿을 곁들인다. 브라질 사람들에게 점심과 저녁은 중요한 식사시간이고 쌀은 브라질 사람들의 가장 중요한 음식이다. 그 외 구운 감자, 카사바, 바나나, 고기와 치즈 등을 즐긴다. 가장 인기 있는 스낵으로는 브라질 국민 간식이라고 불리는 파스텔pastel, 닭고기 크로켓, 엠파나다 등이 있으며 코코넛과 땅콩을 이용한 디저트가 주를 이룬다.

13 _ 브라질 전통 콩스튜

14 _ 옥수수와 호박을 넣은 쇠고기스튜

❷ 브라질음식의 특징

주요 식재료

브라질의 음식문화는 다른 북 · 중남미의 나라와 같이 이민자들의 음식문화와 전통적인 문화가 함께 어우러져 그들만의 고유의 음식문화를 꽃 피웠으며 각 지역마다 독특한 음식문화를 발전시켜 왔다. 브라질의 가장 대표적인 식재료는 다음과 같다.

⁚ 카사바

카사바cassava는 마니오크manioc, 유카yucca, 만디오카mandioca 또는 타피오카 루트tapioca root 등의 다양한 이름으로 불리며 열대, 아열대지역에서 많이 재배되는 작물로 남아메리카가 원산지이다. 카사바는 열대지역에서 쌀과 옥수수 다음으로 가장 많이 섭취하는 탄수화물 공급원이지만 단백질의 공급원으로서는 적당하지 못하다.

'브라질의 여왕'이라는 별칭을 가지고 있는 카사바는 흡사 길쭉한 고구마처럼 생겼는데, 가루로 만들어 죽으로 해먹거나 크레페crepe와 같은 모양으로 만들어 코코넛 등을 뿌려 먹기도 하며 버터에 구워서 조찬이나 애프터눈 티afternoon tea 또는 디저트로 준비해서 먹는다.

⁚ 팜 오일

포르투갈에서 덴데 오일dende oil로도 알려진 팜 오일palm oil은 야자수의 과육에서 얻은 기름으로 β-카로틴이 다량 함유되어 있어 붉은색을 띠고 있다. 포화지방 함량이 높아 산화가 더디고 고열에서 사용이 가능하여 식품제조공정에서 많이 사용되는데, 전통적으로 브라질요리에 쓰이는 팜 오일은 가공되지 않은 상태로 보통 적은 양만을 사용하므로 건강에 크게 해롭지 않다. 전통적으로 아카라제acaraje라는 음식에 팜 오일이 쓰이는데, 콩을 갈아 만든 반죽을 팜 오일에 튀겨내 만든다. 팜 오일은 특유의 색과 향을 지니고 있어 브라질 음식에서 그 어떤 다른 것과 대체가 안 되는 중요한 식재료이다.

코코넛워터와 코코넛밀크

코코넛워터coconut water는 신선하고 푸른빛이 도는 코코넛 열매 안에 들어 있는 액체로 코코넛이 성숙해지면 코코넛워터가 증발하면서 젤리 같았던 열매 속이 점점 단단해진다. 상쾌한 맛을 지닌 코코넛워터는 영양학적으로는 매우 우수한 반면 칼로리는 낮아 다이어트 식품으로도 주목을 받고 있다. 또한 물을 구할 수 없는 곳이나 물이 오염된 곳에서 대체할 수 있는 식재료이다.

반면, 코코넛밀크coconut milk는 성숙한 마른 코코넛을 이용한 가공품으로 코코넛밀크를 만들기 위해서는 성숙한 코코넛의 단단한 내부를 갈고 끓인 물을 부은 후 섞어서 식힌 다음 짜내야 한다. 이렇게 짜낸 즙을 끓인 것을 크림이라고 부르며 그 다음에 짜낸 것을 밀크라고 한다. 코코넛밀크는 음료로는 사용하지 않으며 주로 요리에 이용하고, 특히 바이아Bahia 주에서 많이 사용한다.

지역별 음식의 특징

남동부지역

브라질리안 넛Brazil Nut은 브라질 남부지역의 특산품으로 가장 인기 있는 스낵이며 동시에 수익이 많이 나는 수출품이다. 쌀과 콩은 가장 흔한 식재료이며 그 외 생선과 쇠고기, 돼지고기 등을 즐겨 먹는다.

리오Rio, 사오 파울로Sao Paulo 그리고 미나스 제라이스Minas Gerais에서는 페이조아다feijoada라는 음식이 매우 유명한데, 주로 수요일 또는 토요일 점심에 즐겨 먹는다.

페이조아다는 콩과 고기를 함께 끓인 스튜의 일종으로 브라질을 대표하는 음식이다. 과거 브라질의 흑인 노예들이 만들어 먹었던 음식에서 시작되었으며, 보통 쌀밥에 곁들여 먹는다.

15 _ 페이조아다

북부지역

이 지역은 아크레Acre, 아마조나스Amazonas, 아마파Amapa, 파라Para, 론도니아Roraima, 로라이마Roraima, 그리고 토칸틴스Tocantins 주로 이루어져 있으며 다양한 토속음식이 발달해 있다. 특히, 파라Para 주의 특색 있는 음식인 파투 누 투쿠피Pato no tucupi, duck in tucupi는 투쿠피소스에 오리고기를 넣어 만든 음식인데, 투쿠피는 카사바에서 추출한 노란색의 즙으로 브라질 요리에 사용되는 독특한 재료이다.

북동부지역

브라질의 북동쪽 음식문화는 페르남부쿠Pernambuco와 바이아Bahia지역의 해안가에 퍼져 있는 아프리카 음식문화와 그 지역에 살고 있는 민족의 식습관에 의해 많은 영향을 받고 있다.

대표적인 음식으로는 빵, 새우, 코코넛밀크, 땅콩가루, 팜 오일 등을 넣고 만든 스튜의 일종인 바타파vatapa가 있으며 보보 드 카마라오bobo de camarao는 카사바와 코코넛밀크, 새우로 만든 음식이다.

남부지역

브라질의 남부지역은 전통적으로 가축을 키우며 살아왔으며 많은 독일 이민자들의 영향 덕분에 육류를 이용한 음식문화가 발전하였다. 다양한 파스타 외에 중앙 유럽에서 흔히 먹던 소시지와 디저트류, 그리고 남부 브라질에서 유래된 브라질 스타일 바비큐인 슈하스코churrasco를 이용해 다양한 종류의 음식 등을 구워 먹는다.

3 브라질 원주민의 음식문화

인디언 원주민

브라질 인디언 원주민은 주로 브라질의 오지로 통하는 북부와 북동부에 거주하며 음식문화를 발달시켜 왔고 풍부한 천연 자원 덕분에 자연의 식품을 그대로 섭취한다.

브라질 음식문화에서 브라질 인디언 원주민들의 가장 큰 공헌은 브라질에서 가장 많이 소비되는 식재료 중 하나인 카사바를 사용했다는 점일 것이다.

포루투갈 이주민

포루투갈 이주자들은 브라질 음식문화를 좀 더 세련되게 만들었다. 그들은 발달된 농업기술과 가축을 기르는 기술을 가지고 있었으며 가축의 부산물 중 우유를 이용하여 치즈를 만들었고, 고기를 이용하여 훈제 소시지 등을 만들어 먹었다. 또한 포르투갈인들의 전통음식인 대구는 주로 브라질 남부지역에서 발달하였는데, 특히 상파울루나 리우데자네이루에 가면 맛볼 수 있다.

아프리카

브라질의 사탕수수밭에서 일할 노동력을 제공하기 위해 아프리카로부터 이주한 흑인들은 그들이 살던 곳에서와는 다른 식재료들로 인해 새로운 음식문화를 개발할 수밖에 없었다. 아프리카 이주자들의 가장 중요한 식재료는 아프리카에서 가져온 덴데 오일dende oil이며, 이 덴데 오일로 튀긴 음식은 노동을 많이 하는 이들에게 열량을 제공하는 귀중한 식재료였다.

4 브라질의 카니발음식

카니발carnival은 브라질의 파티 기간을 말한다. 그리고 카니발음식은 카니발의 중요한 요소로서 전통적인 파티의 일부라 할 수 있다. 카니발 기간 동안 여러 가지 다양한 음식들을 볼 수 있는데, 몇몇 음식은 카니발 기간 동안만 즐길 수 있는 음식들이다.

16 _ 카니발 사진과 길거리 음식 및 음료 사진

카니발 기간 동안에는 다양한 길거리 음식들을 만날 수 있다. 패스트리와 볼로스 bolos, muffins or pies는 카니발의 필수 아이템이다. 이들 아이템은 다양한 모양과 재료로 속을 채우는데, 이 속은 과일, 생선, 육류 그리고 매콤한 향신료 등으로 채워 짭조름, 달콤, 매콤 등 다양한 여러 가지 맛을 느낄 수 있다.

Collection

파히타

만드는 법

1 팬에 기름을 두르지 말고 밀토르틸라를 데운다.

2 쇠고기는 불고기감으로 준비하여 굵게 채 썰어 소금과 후추를 뿌려 센 불에서 볶는다.

3 색 피망과 양파, 청양고추를 채 썰어 같이 볶는다.

4 채소가 살짝 숨이 죽으면 내열 접시에 담고 치즈를 뿌린 다음 그릴에 치즈가 녹을 정도로 굽는다.

5 레몬과 고수, 아보카도로 장식한다.

6 따뜻한 토르틸라와 함께 살사멕시카나, 쪽파를 뿌린 사워크림과 같이 낸다.

*재료 밀토르틸라 4장, 소불고기감 채 썬 것 200g, 빨강, 노랑, 초록 피망 1/2개씩, 양파 1/4개

살사멕시카나
토마토 2개, 양파 1/4개, 청양고추 1개, 소금, 후추, 사워크림, 레몬 1/2개, 아보카도 1개, 올리브유 1큰술, 고수(선택사항)

퀘사디아Quesadilla

만드는 법

1 팬에 기름을 두르지 말고 토르틸라를 데운다.

2 닭가슴살은 한 입 크기로 썰어 소금과 후추를 뿌려 팬에 볶고 색 피망과 양파, 청양고추를 채 썰어 같이 볶는다.

3 토르틸라를 깔고 모차렐라와 체다치즈부터 깐 뒤 닭과 채소 볶은 것, 몬트레이잭치즈, 모차렐라 순으로 올리고 토르틸라를 반으로 접어준다.

4 팬에 기름을 두르고 퀘사디아를 노릇하게 구워 방사선으로 잘라 둘러 담고 위에 고수, 붉은 피망과 레몬, 사워크림을 뿌려 장식한다.

*재료 플라워 토르틸라 4장, 닭가슴살 200g, 빨간 피망 1/2개, 양파 1/4개, 청양고추 1개, 소금, 후추, 모차렐라치즈, 몬트레이잭치즈 4장, 사워크림, 레몬

참고문헌 reference

국내문헌

강대훈 · 최성웅 · 윤인자 · 김윤인(2010). 한국음식과 세계음식문화. 진영사.

구난숙 · 권순자 · 이경애 · 이선영(2006). 세계 속의 음식문화. 교문사.

구난숙 · 권순자 · 이경애 · 이선영(2012). 세계 속의 음식문화. 교문사.

구성자 · 김희선(2010). 새롭게 쓴 세계의 음식문화. 교문사.

권경애(2008). 아유르베딕 단식 프로그램 개발. 창원대학교 교육대학원 상담심리전공 교육학 석사학위논문.

김동욱(2004). 동남아 음식여행. 김영사.

김복래(2013). 프랑스 식도락과 문화정체성 : 가자 가스트로노미의 천국으로. 북코리아.

김숙희(2007). 세계의 식생활과 음식문화. 대왕사.

김우조(1996). 인도인의 식관습과 음식문화. 외대사학 7, 85-112.

김의근 · 김석지 · 박명주 · 이선익 · 이철우(2013). 세계 음식문화. 백산출판사.

김종욱 · 최은희 · 한정숙 · 이종호 · 이지현(2011). 다문화시대의 식생활문화. 백산출판사.

김혜영 · 조은자 · 한영숙 · 김지영 · 표영희(2004). 문화와 식생활. 효일.

김희섭 · 유혜경 · 윤재영 · 이정희 · 최영희 · 최정희(2005). 세계 요리문화 산책. 도서출판 대가.

동아시아식생활학회연구회(2004). 식의 문화(식의 정보화). 광문각.

동아시아식생활학회연구회(2009). 식의 문화(조리와 먹거리). 광문각.

동아시아식생활학회연구회(2012). 식의 문화(식의 사상과 행동). 광문각.

리우쥔루 지음, 구선심 옮김(2008). 중국문화(3) : 중국음식. 도서출판 대가.

린다 시비텔로(2008). 음식에 담긴 문화 요리에 담긴 역사. 도서출판 대가.

린다 시비텔로 지음, 최정희 · 이영미 · 김소영 옮김(2011). 음식에 담긴 문화 요리에 담긴 역사. 도서출판 대가.

매일경제신문사 컬러풀아프리카 프로젝트팀(2011). 컬러풀 아프리카. 매일경제신문사.

민혜련(2012). 프랑스 음식문화. 살림.

박경덕(2012). 기회의 땅 아프리카가 부른다. 원앤원북스.

박금순 · 정외숙 · 한재숙 · 박어진(2003). 세계의 음식문화. 효일.

박지하 · 이봉효 · 이상남 · 송익수 · 안상영 · 한창현(2010). 한의학과 아유르베다의학의 약재 비교 고찰(Ⅰ). 大韓本草學會誌, 25(4).

성태종 · 이연정 · 이욱 · 박경태 · 김동석 · 박미란 · 김인숙 · 신충진 · 최수근(2007). 음식문화 비교론. 대왕사.

신계숙(2012). 역사로 본 중국음식. 살림.

쓰지하라 야스오(2002). 음식 그 상식을 뒤엎는 역사. 창해.

양향자(2006). 세계음식문화여행 : 아프리카 오세아니아 편. 크로바.

원융희(2007). 음식으로 찾아가는 47개국 문화여행. 자작나무.

유한나 · 계수경 · 김효연 · 김진숙(2009). 함께 떠나는 세계 식문화. 백산출판사.

유한나 · 계수경 · 김효연 · 김진숙(2012). 함께 떠나는 세계 식문화. 백산출판사.

이규철(2006). 북아프리카 문화의 이해. 부산외국어대학교출판부.

이보순 · 함형만 · 김정숙 · 이한숙 · 배현수(2013). 한국의 음식문화와 전통음식. 백산출판사.

이부춘(1998). 자연건강식으로 보는 세계음식문화. 넥서스.

21세기연구회(2008). 진짜 세계사, 음식이 만든 역사 : 아무도 알려주지 않은 음식 이야기. 월간쿠켄(주)베스트홈.

이지상(1999). 나는 늘 아프리카가 그립다. 디자인하우스.

이효지(2008). 한국음식의 맛과 멋. 신광출판사.

임영상 · 최영수 · 노명환(1997). (음식으로 본) 서양문화. 대한교과서.

전소현(2007). 세계의 음식문화. 진영사.

정현숙 · 조연숙(2012). 세계 식생활 문화의 이해. 양서원.

정혜경 · 오세영 · 김미혜 · 안효진(2013). 식생활 문화. 교문사.

조문수(2005). 세계의 요리와 유명 레스토랑. 백산출판사.

조시형(2012). 아프리카 종단 배낭여행 62일. 여행마인드.

조윤주 · 우나리야 · 김현정 · 최원석(2011). 세계의 식생활과 문화. 파워북.

주영하(2011). 맛있는 세계사 : 음식, 인류 역사 1만 년을 가득 채운 그 달콤 쌉싸래한 이야기. 소와당.

케이블 TV 채널 Q채널 "아시아의 건강기획 –자연으로 치유한다" 인도의 아유르베다 편.

한창현 · 박지하 · 이상남 · 송익수 · 이봉효(2010). 아유르베다와 티베트 의학의 기본이론과 한의학과의 비교 고찰. 韓國韓醫學研究院論文集, 16(3). 30.

허식(2011). 아프리카 궁금하십니까?. 21세기사.

허용선(2005). 맛있는 세계여행 : 여행가 허용선의 음식기행. 조선일보생활미디어.

국외문헌

Carmack(2006). *Thai cooking*. PERIPLUS.

Choi, Trieu Thi, Von Holzen, & Heinz(2007). *Authentic Recipes from Vietnam*. Tuttle Pub.

Gilles Fumey, Olivier Etcheverria(2004). *Atlas mondial des cuisines et gastronomies*. Éditions Autrement.

Ken Albala & Greenwood(2010). *Food culture around the world*. Prentice Hall.

Paul Fieldhouse(1995). *Food and Nutrition. Customs and culture*. Champman & Hall.

Solomon H. Katz & William Woys Weaver(2002). *Encyclopedia of food and culture*. Scribner.

웹사이트

http://blog.daum.net/venus1205/8472140

http://blog.naver.com/PostView.nhn?blogId=kangkaru1&logNo=150145674938

http://canada.angloinfo.com/lifestyle/food-and-drink/regional-cuisine/

http://e-foodservice.co.kr/food/main03-02.html (인도음식 정리/인도 문화의 이해)

http://en.wikipedia.org/wiki/Agriculture_in_the_United_States

http://en.wikipedia.org/wiki/Maple_syrup

http://flavorsofbrazil.blogspot.kr/2011/11/ingredients-dende-oil-azeite-de-dende.html

http://gordiohan.egloos.com/3814602 (인도 향신료에 대하여(개인블로그))

http://incredibleindia.co.kr/sub4/sub4_2.htm (인도관광청 음식)

http://ko.wikipedia.org/wiki/%EB%AF%B8%EA%B5%AD

http://ko.wikipedia.org/wiki/%EB%B6%81%EC%95%84%EB%A9%94%EB%A6%AC%EC%B9%B4

http://ko.wikipedia.org/wiki/%EC%BA%90%EB%82%98%EB%8B%A4

http://ko.wikipedia.org/wiki/%ED%8C%8C%EC%9D%BC:Chicken_Tikka_Masala.jpg (위키백과)

http://newdle.noonnoppi.com/xmlView.aspx?xmldid=72790

http://sarangbabo.com/wine_chille/2049

http://www.austria.info/uk/austrian-cuisine/wiener-schnitzel-1561297.html

http://www.beefinfo.org/Default.aspx?ID=16&ArticleID=31&SecID=1

http://www.beefusa.org/beefindustrystatistics.aspx

http://www.berichllc.com/html/north_american_culture.html

http://www.bongkim.com/bongkim/skin/board/b_webzine/print.php?bo_table=b01_08&wr_id=302 (인도 궁중요리에 대해)

http://www.braziliansfood.com/brazil-carnival-food.htm

http://www.buzzfeed.com/gabrielakruschewsky/traditional-brazilian-foods-you-need-to-eat-right-now

http://www.canadabeef.ca/us/en/quality/Standards/default.aspx

http://www.canadafood.co.kr/products/beverages/icewine/

http://www.canadafood.co.kr/products/maple-syrup/maple-syrup/

http://www.dietnet.or.kr/fculture/fculture5_3.html (세계의 음식문화 중 08. 인도의 음식문화/대한지역사회영양학회)

http://www.doopedia.co.kr (두산백과사전 두피디아)

http://www.ecoliteracy.org/essays/we-are-what-we-eat

http://www.epa.gov/oecaagct/ag101/beefbackground.html

http://www.everyculture.com/Bo-Co/Canada.html

http://www.everyculture.com/wc/Norway-to-Russia/Quechua.html

http://www.foodbycountry.com/Algeria-to-France/Argentina.html

http://www.foodnetwork.com/recipes/swiss-fondue-recipe0.html

http://www.globalwindow.org (KOTRA 해외비즈니스정보포털)

http://www.grainscanada.gc.ca/wheat-ble/wbm-mwb-eng.htm

http://www.hc-sc.gc.ca/fn-an/food-guide-aliment/using-utiliser/plan-eng.php

http://www.hoteltravel.com/kr/denmark/guides/overview.htm

http://www.hoteltravel.com/kr/finland/guides/overview.htm

http://www.krei.re.kr (한국농촌경제연구원 (월간)세계농업)

http://www.lifeinus.com/Information/fooddrink.cfm?TopicID=62

http://www.simplyrecipes.com/recipes/feijoada_brazilian_black_bean_stew/

http://www.tasteofaustria.org/index.php/features/food-by-regions

http://www.traveltochile.net/chile-food.htm

http://www.unesco.org/culture/ich/en/lists (Intangible Culture Heritage List)

http://www.unesco.org/culture/ich/index.php?lg=en&pg=00011&RL=00437 (유네스코 인류무형문화유산)

http://www.usdrybeans.com/resources/production/

http://www.wikipedia.org (위키피디아)

http://www.worldwidewebawards.net/Food/Finland.html

http://www.worldwidewebawards.net/Food/Switzerland.html

찾아보기 index

저 / 자 / 소 / 개

최정희

서울대학교 대학원 식품영양학과 박사

ICIF 이탈리아 조리학교 졸업

현재 백석예술대학교 외식산업학부 교수

최남순

이화여자대학교 대학원 식품영양학과 석사

이화여자대학교 대학원 식품영양학과 박사

현재 배화여자대학교 식품영양과 교수

조우균

이화여자대학교 대학원 식품영양학과 석사

이화여자대학교 대학원 식품영양학과 박사

현재 가천대학교 식품영양학과 교수

이영미

이탈리아 볼로냐대학교 음식문화와 역사전공 석사

서울대학교 대학원 식품영양학과 박사

현재 명지대학교 식품영양학과 교수

차성미

연세대학교 대학원 식품영양학과 석사

연세대학교 대학원 식품영양학과 박사

현재 한양여자대학교 외식산업과 교수

전관수

경희대학교 관광대학원 박사

George Brown College Culinary Management(Diploma course)와
Culinary Art–Italian(postgraduate course)전공

현재 경희대학교 조리산업학과 겸임교수

개정판

Food and Culture around the World

세계 식생활과 문화

2014년 9월 5일 초판 발행
2019년 9월 3일 개정판 발행
2025년 3월 5일 개정 4쇄 발행

지은이 | 최정희 · 최남순 · 조우균 · 이영미 · 차성미 · 전관수
발행인 | 유제구
발행처 | 파워북
주 소 | 경기도 고양시 일산동구 호수로 358-25
동문타워2차 529호
전 화 | (02) 730-1412
F A X | (031) 908-1410
등 록 | 1997. 1. 31 제 2014-000067호
편 집 | 북스북스(hynho3196@nate.com)

정가 23,000원
ISBN 978-89-8160-406-6(93590)